»Wer heute noch stolz darauf ist, von Wirtschaft keine Ahnung zu haben, darf sich nicht wundern, wenn er bei wichtigen Diskussionen nicht mehr mitreden kann.« Millionen von Fernsehzuschauern lassen sich deshalb kurz vor der ›Tagesschau‹ von Frank Lehmann erklären, welche wirtschaftlichen Entwicklungen sich in den Börsenkursen widerspiegeln. In diesem Buch erklärt Lehmann, was die Wurzeln unseres Wohlstands sind, beschreibt die wichtigsten Entwicklungen, liefert eine präzise Bestandsaufnahme sowie einen Ausblick auf die Arbeitswelt von morgen und erläutert zentrale Begriffe. Außerdem stellt er die Lehren berühmter Ökonomen vor und prüft, ob es richtig ist, noch immer ihren Ratschlägen zu folgen. Lehmann formuliert klar und prägnant und hält mit Witz und Ironie stets eine kritische Distanz zum Thema, wobei er sich auch von populären Ideologien nicht vereinnahmen lässt.

Frank Lehmann, geboren 1942, studierte nach kaufmännischer Lehre Betriebswirtschaft und absolvierte eine Ausbildung zum Wirtschaftsjournalisten. Seit 1978 arbeitet er beim Hessischen Rundfunk in Frankfurt/Main, zunächst als Moderator und Leiter der Tagesschau-Redaktion, später des TV-Regionalprogramms und der TV-Wirtschaftsredaktion. Seit August 2001 leitet Lehmann die ARD-Börsenredaktion (TV).

Frank Lehmann
Wirtschaft

Worauf es wirklich ankommt

Deutscher Taschenbuch Verlag

Mitarbeit: Ruth E. und Friedhelm Schwarz

Durchgesehene und aktualisierte Ausgabe
Juli 2004
Deutscher Taschenbuch Verlag GmbH & Co. KG,
München
www.dtv.de
Alle Rechte vorbehalten.
© 2002 Hoffmann und Campe Verlag, Hamburg
Umschlagkonzept: Balk & Brumshagen
Umschlagfoto: © hr / Eberhard Krieger
Satz: Dörlemann Satz, Lemförde
Druck und Bindung: Druckerei C.H. Beck, Nördlingen
Gedruckt auf säurefreiem, chlorfrei gebleichtem Papier
Printed in Germany · ISBN 3-423-34096-7

Inhalt

Vorwort
Nicht Politik ist unser Schicksal,
sondern die Wirtschaft 9

1
Noch jung: Wirtschaft als Wissenschaft 19
Die Wurzeln des Wohlstands 20
Die Materialisten und die Idealisten –
   Altertum und Mittelalter 26
Schreckensbild industrielle Revolution 38
Info-Kasten: Begriffe, die man kennen muss 61

2
Wirtschaftskunde – mehr als ein Pausensnack . . 66
Berühmte Ökonomen und ihre Theorien –
   die Grundlagen 68
Info-Kasten: Berühmte und weniger berühmte
   Ökonomen in Stichworten 96
Viel Ehre für fleißige Professoren –
   der Wirtschaftsnobelpreis 98
Abschied von der Wissenschaft – es wird zu kompliziert 106

Info-Kasten: Träger des Nobelpreises für Wirtschaftswissenschaften 106
Info-Kasten: Begriffe, die man kennen muss 132

3

Reichtum und Armut – beides nimmt zu 144
Wer ist arm, wer ist reich? 146
Turbo-Kapitalismus schafft Giga-Vermögen 157

4

Interessen im Widerspruch: Arbeit und Kapital . . 170
Was ist Arbeit? 172
Kapitalismus heute 187
Abschied von Illusionen 192
Info-Kasten: Gewerkschaftsmitglieder in der EU 193
Info-Kasten: Marktwirtschaft und
   soziale Marktwirtschaft 198
An der Börse ist alles möglich 199
Info-Kasten: Begriffe, die man kennen muss 214

5

Innovationen: Salz in der Suppe 217
Von Aufschwung und Rezession: Die Konjunktur 218
Schneller, größer, besser – neue Produkte und
   Prozesse 220
Info-Kasten: Erfindungen und Ereignisse von
   besonderer wirtschaftlicher Bedeutung 225
Die »Treiber«: Autos, Maschinen, Chips 229

6
National und international – die Interessen werden neu geordnet 232

Stahl: Kein altes Eisen 232
Info-Kasten: Die zehn größten Welthandels-
   nationen 233
Deutschland erstmals Export-Weltmeister 236
Info-Kasten: Entwicklung des deutschen
   Außenhandels 237
Welt- und Geldorganisationen: Mächtig
   und umstritten 238
Europa: Einigung durch den Euro? 244

7
Wie viel Staat braucht die Wirtschaft? 246

Wettbewerbspolitik: Sicherung oder Verzerrung? 247
Info-Kasten: Einige wichtige Wirtschaftsgesetze 249
EU-Agrarmarkt vor der Wende? 252
Arbeitskosten: Darf es noch ein bisschen mehr sein? . . 253
Info-Kasten: Arbeitskosten im internationalen
   Vergleich 254
Regulierungswut: Umwelt und Energie 255
Info-Kasten: Die Interessenvertretungen 256
Info-Kasten: Was der Staat nimmt, was er gibt 260

8
Aufstieg und Fall von Borgward bis Neckermann . 261

Von Tankern und Schnellbooten 264
Mittelstand: Die heimlichen Weltmeister 267
Vom »Loslassen« bis Basel II 268

Fusionitis: Wer kann überleben? 272
Info-Kasten: Ausgewählte Mega-Fusionen und
   Mega-Übernahmen 275
Die Gier der Bosse 276
Die Größten 279
Info-Kasten: Die zehn größten Industrie- und
   Dienstleistungsunternehmen Europas 280
Info-Kasten: Die zehn Spitzenunternehmen der Welt . . 281
Info-Kasten: Die zwanzig Spitzenunternehmen
   Deutschlands 282

9
Old Economy und New Economy – die Seifenblase ist geplatzt 283
Info-Kasten: E-Commerce-Umsatz in Europa 287

Literaturverzeichnis 288

Register 292

Vorwort
Nicht Politik ist unser Schicksal, sondern die Wirtschaft

1. Die Wirtschaft im Hochgeschwindigkeitsrausch. Immer schneller, hastiger, damit auch kurzatmiger. Und das Kapital, Blut und Schmiermittel der Ökonomie, rast um den Globus mit dem Tempo von elektronischen Impulsen. Scheu wie ein Reh. Heute hier, morgen Tausende Kilometer entfernt. Immer da, wo es »was zu holen gibt«, sprich: wo man die bessere Rendite einfängt. Das alles ist zwar spannend (»Nichts ist spannender als Wirtschaft« lautet nicht umsonst der Werbeslogan eines bekannten Wirtschaftsmagazins), aber wozu ist es gut? Formel-1-Tempo, volle Kanne, Bleifuß auf dem Gaspedal – um nach dreihundert Metern, also an der nächsten Ecke, wieder voll auf die Bremse zu treten? Stopp! Macht das Sinn? Wo ist der viel beschworene unternehmerische Weitblick? Kann man vergessen, sagen viele der Angestellten-Unternehmer (»Manager«) mit flackerndem Blick, nervös zuckend. Nur der kurzfristige Erfolg zählt. Wir sind Getriebene und donnern mit dreihundert Sachen – bis zum nächsten Quartalsbericht. Der ist das Maß aller Dinge. Den müssen wir richtig »schön« machen, ihn aufblähen, damit die Erwartungen der Finanzmärkte erfüllt werden. Das ist Untergrenze. Besser ist es, die Erwartungen zu übertreffen. Das ist unser Job als Manager. – Ja, Herrschaften: Wer treibt

euch denn so? Antwort: Na die Märkte, die Börsen, die Investoren (wer immer das ist), vor allem die so genannten Analysten, die Wertpapier-Experten, Fondsmanager, alle meist erst Mitte 20, Anfang 30, die angeblich das Gras wachsen hören oder Milliarden Fondsgelder verwalten und anlegen sollen. Sie alle wollen doch nur Kohle in Form von Kursgewinnen sehen, feiern kurzfristige Erfolge und fertig. Langfristige Unternehmensstrategien? Pustekuchen. Die interessieren niemanden.

Also doch ein Sitten- und Werteverfall in der Wirtschaft? Sind die Finanzmärkte (= Börsen) die Antreiber mit wütend knallender Peitsche? Fakt ist: Noch nie war »die Wirtschaft« so sehr in den Fängen von Bulle & Bär (den Symbolfiguren der Börsen), noch nie war die so genannte Realwirtschaft so abhängig und getrieben von »den Börsen«. Was, Ihr Kurs hat sich halbiert, damit auch Ihr Börsenwert? Ihre Firma ist nur noch die Hälfte wert? Na, da wollen wir doch schnell ein Übernahmeangebot zimmern. Unsere Abteilung Fusionen und Übernahmen wird schon einen Käufer finden. Die Geldwirtschaft hat für diesen Trend eigens ein neues Kapitel aufgeschlagen und das Investment-Banking erfunden. Wen fusioniere ich mit wem? Wo können wir Übernahmen inszenieren – und damit fette Beute in Form von Provisionen machen?

So schnell kann es heute gehen. Über Nacht sitzt ein neuer Besitzer/Eigentümer in der Chefetage. (»Guten Morgen, habe den Laden gerade gekauft!«) – »Nicht Politik ist unser Schicksal, sondern die Wirtschaft«, stellte ein Mann schon Anfang des letzten Jahrhunderts fest: Walther Rathenau, bekannt als Außenminister des Deutschen Reichs, aber auch Boss von AEG, gegründet von seinem Vater Emil 1887 als Allgemeine

Electricitäts-Gesellschaft. Weitsichtig (das gab es damals noch) erkannte Kaufmann Emil Rathenau, wie die von Thomas Alva Edison entwickelte elektrische Glühlampe (1879) die Welt verändern würde, und führte die elektrische Beleuchtung und die ersten zentralen Stromversorgungsanlagen in Deutschland ein. »Das Suchen, Aufgreifen und Weiterentwickeln, nicht das Erfinden technischer Neuerungen machten ihn in Verbindung mit dem Einsatz moderner Werbe- und Finanzierungsstrategien zum ersten Unternehmensmanager in Deutschland«, schrieb der Wirtschaftshistoriker Manfred Pohl 1988 zum 150. Todestag von Rathenau. Jahrzehntelang lieferten sich »seine« AEG und Hauptkonkurrent Siemens erbitterte Gefechte um den Spitzenplatz unter den deutschen Elektrokonzernen. Mit immer neuen Erfindungen und Innovationen. Und heute? Es gibt zwar noch einige Produkte mit dem Markennamen (»Brand« auf Neudeutsch) AEG (vielleicht kennen Sie noch den Werbeslogan: Aus Erfahrung Gut), doch der Konzern ist tot, platt gemacht, er passte bei seinem späteren Großaktionär Daimler Benz (heute DaimlerChrysler) einfach nicht mehr zum viel zitierten Kerngeschäft. AEG schrieb zwar deutsche Wirtschaftsgeschichte, wie der ehemalige Daimler-Chef Edzard Reuter sagte, aber was bedeutet im Fegefeuer der Märkte heute schon Tradition? Oder Firmenkultur? Oder ein Stück Industriegeschichte? Es heißt nur: Fit fürs Museum, aber nicht mehr für den harten Wettbewerb von heute. Interessiert alles nicht mehr! Der Mantel der Geschichte hat viele solch großer Namen wie AEG zugedeckt, sie wurden von der Hochgeschwindigkeitswirtschaft erbarmungslos aussortiert als (angeblich) nicht mehr »marktfähig«. Hatte Karl Marx also doch Recht, wenn er vom »stummen Zwang der ökonomischen Verhältnisse« sprach? Haben die Unternehmer/Manager tatsächlich keine Chance einzugreifen, zu verändern, gar zu gestalten?

Gemach: Die Aussichten sind nach den ersten Erfahrungen mit der Hochgeschwindigkeitsökonomie gar nicht so düster. Wie die Mode und wie frühere Spekulationsblasen sind auch diese »Erscheinungen« kurzlebig, allerdings hartnäckig. Alte Tugenden, bewährte Erfolgsrezepte, Erfahrungen aus der Geschichte der Ökonomie lösen die Atemlosigkeit, das Kurzfristdenken wieder ab. Die bitter-»baissen« (!) Erfahrungen der letzten drei Jahre mit dem größten Sturz der Aktienkurse seit den Zwanzigerjahren des letzten Jahrhunderts haben vielen die Augen geöffnet. Mancher Saulus könnte zum Paulus werden. Plötzlich ist von Entschleunigung die Rede. Und das ach so wichtige Humankapital (»unsere« Mitarbeiter) wird gepriesen. Ein Pfund, mit dem man viel mehr wuchern müsste. Manche Produktionsverlagerung ins vermeintlich billige Ausland (Fernost, jetzt Osteuropa) wäre unterblieben, hätten die Firmen konsequent ihre humanen Produktivitätsreserven genutzt. Sechs von sieben Beschäftigten kommen unzufrieden zur Arbeit, werden nicht gefordert. Wenn viele Firmen nur wüssten, was an Wissen und Können in nicht motivierten, verängstigten Mitarbeitern schlummert, nicht abgerufen wird. Merken viele Manager nach dem Börsendesaster (endlich), dass sie das Rad zu schnell und überdreht haben? Noch eine erschreckende Erkenntnis: deutsche Manager sind im Fachwissen top, doch in der wichtigen Unternehmensstrategie und Mitarbeiterführung klar unter internationalem Standard. Blamabel, oder?

In diesem Buch wird auf einige wichtige historische Wurzeln/Vorbilder und ihre Folgen für »die Wirtschaft« eingegangen.

2. »Haste was, biste was. Haste nix, biste nix«: eine alte Volksweisheit. Und nie war sie so aktuell wie heute. Was die Welt im Innersten zusammenhält: Geld, Kohle, Kies. »Reichtum ist das höchste Gut, Armut ist die größte Plage.« All das wusste schon Goethe.

Bei Umfragen stimmen 80 Prozent dem Satz zu »Geld regiert die Welt«. Aber ebenfalls 80 Prozent bäumen sich stolz auf: Bei mir nicht! Privates Glück, Freunde, Familie, das zählt. Und wie sieht die Realität aus? Noch nie wurde Reichtum so ungeniert zur Schau gestellt wie heute, noch nie wurde mehr damit geprotzt als bei den so genannten Neureichen nach dem Zweiten Weltkrieg. Ich habe, also bin ich (wer)! Der Lockruf des Mammons – offen als Massenphänomen ausgebrochen Ende der Neunzigerjahre, als der Börsenboom einen Geldrausch, eine Hysterie bisher unbekannten Ausmaßes auslöste. Viele glaubten, sie könnten über Nacht an der Börse ein Jahresgehalt verdienen. Endlich nicht mehr morgens aufstehen und zur Arbeit gehen. Wozu die Zeit mit Arbeit vergeuden? Mit Aktien kann man doch mal schnell die Milliönchen aufs Konto buchen lassen. Börsen als Maschinen zum Gelddrucken. Der (inzwischen eingestampfte) Neue Markt der Börse als Garant für die Altersvorsorge. Was passiert, wenn Gier das Hirn frisst, ist bekannt: Noch nie seit der »Tulpen-Spekulationsblase« im 17. Jahrhundert ist wahrscheinlich so viel Geld vernichtet, verbrannt worden wie nach dem großen Geldrausch, als eine Blase nach der anderen platzte, von Internet bis Telekommunikation. Und vielen ist der Geschmack am Wertpapier (klingt fast ironisch) Aktie damit gründlichst verdorben worden. Laut Bundesbank sind in nur 2 Jahren rund 240 Milliarden Euro »verbrannt« worden. Was für eine Vertrauenskrise, noch angeheizt durch

Machenschaften von Managern, die zum kurzfristigen Erfolg verdammt sind (siehe oben) und notfalls mit Bilanzfälschungen bisher unbekannten Ausmaßes etc. nachgeholfen haben.

Zurück zum philosophischen Aspekt der Jagd nach immer mehr. Der Wert eines Menschen wird am schnöden Gehalt, an seinem Vermögen gemessen, nicht (mehr) an seinem Tun und Handeln. Die Ökonomie sei eine Megaphilosophie geworden mit Allmachtsanspruch, kritisieren Gesellschaftswissenschaftler. In der Politik, in der privaten Partnerschaft: überall zähle nur der Nutzen. Arm und Reich driften immer weiter auseinander, die Reichen werden immer reicher. Wo Tauben sind, fliegen (noch mehr) Tauben hin. »Die Kluft zwischen denen, die am steigenden Wohlstand teilhaben und denen, die davon ausgeschlossen werden, wird immer größer«, mahnt der Sozialethiker Friedhelm Hengsbach, schiebt die Schuld allerdings auch den 2003 eingeleiteten und politisch gewollten Veränderungen in den Sozialsystemen zu.

David Friedman, Sohn des berühmten Monetaristen und Nobelpreisträgers Milton Friedman, spricht vom »ökonomischen Code«, der an die Stelle von Solidarität, Nächstenliebe, Toleranz, Mildtätigkeit getreten sei. Was ist wirtschaftlich vertretbar? Welche Kosten darf ein Mensch verursachen, etwa bei Krankheit? Wie ein roter Faden zieht sich der Code durch unser Leben. Menschenwürde ist keine ökonomische Größe, also reine Nebensache. »Die Wirtschaft« hat uns damit neue Werte beschert, die viele freudig akzeptieren. »Ich konsumiere, also bin ich.« Und die Folge ist: Wer nicht mitmacht im Spiel um immer mehr Profit, wird schnell zum nutzlosen Ballast. So einfach ist das – und auch wieder nicht.

Ach ja: »Gewinne privatisieren, Verluste vergesellschaften.« Vor gar nicht langer Zeit wurde dieser Slogan als Ausgeburt linker Spinner gegeißelt. Heute ist er gesellschaftsfähig. Die Pleiten von Holzmann, Bremer Vulkan, von Kirch und Dornier, aber auch die Firmenzusammenbrüche am Neuen Markt zeigen: Die Dummen sind selten die Unternehmensführer und -gründer. Die kriegen fast immer den berühmten goldenen Handschlag, eine satte Abfindung, und sind auch juristisch (sehr oft) aus dem Schneider. Siehe EM.TV und ihre Gründer-Brüder Haffa. Keine Chance, ihnen vor Gericht das Handwerk zu legen. Den Vorsatz der kriminellen Energie nachzuweisen ist ganz schwierig. Mittlerweile freilich dreht sich der Wind der »Anlegerurteile«, auch durch verschärfte Gesetze und eine mit mehr Schlagkraft ausgestattete Bundes-Finanzaufsicht (BaFin). Endlich. Dennoch: Die Gelackmeierten sind fast immer noch die Beschäftigten und die Kleinaktionäre. Die müssen bluten.

Zurück zur Historie: Es dauerte einige Generationen, bis die breite Masse der Bevölkerung an den Früchten ihrer eigenen Arbeit teilhaben durfte. Doch dann wuchs der Wohlstand rasant, besonders in Europa, Japan und Amerika, der so genannten Wirtschafts-Triade. Da spielte die Musik. Man gewöhnte sich an gigantische Wachstumsraten. Vollbeschäftigung war ein Dauerzustand, Arbeitslosigkeit fast ein Fremdwort und höchstens eine kurzfristige Fehlentwicklung auf dem Weg zu noch mehr Wachstum und Wohlstand. Und man wiegte sich in der Illusion, dass man genug Instrumente hätte, um eventuell auftauchende Probleme im Keim zu ersticken. Alles ganz wunderbar! Die Wirklichkeit des 21. Jahrhunderts sieht freilich anders aus: eine hohe latente Arbeitslosigkeit national und international, Vollbeschäftigung nur noch ein Begriff aus dem Lehrbuch, real unbekannt. Und die Versuche, etwas gegen die Massenarbeitslosigkeit zu unternehmen, muten an wie Stochern im Nebel. »Die Wirtschaft« ist fast hilflos, die angerufene Politik (»Die Politik muss jetzt was tun«) ebenso. Dazu kommen neue Megatrends, die unser Leben umkrempeln: Globalisierung, Überalterung der Gesellschaft, Individualisierung und vor allem der Wechsel von der Industrie- in eine Dienstleistungs- und Wissensgesellschaft. Nicht mehr Muskeln entscheiden über die Zukunft jedes Einzelnen, sondern was er im Kopf hat. Hat sich das schon ausreichend herumgesprochen? Wird das in den Schulen diskutiert?

Wenn es denn so ist, dass die Ökonomie (griechisch: oikos = Haushalt, nomia = Management, Kontrolle) unser Leben mehr denn je bestimmt und es dabei um viel mehr geht als nur Haushaltskontrolle und -management, dann muss Mann/Frau auch mehr wissen über Zusammenhänge, historische Entwicklungen, Vorbilder. Klar, wir werden über die Medien täglich mit Informationen aus und über die Wirtschaft zugeschüttet. Aber wer trennt die Spreu vom Weizen, Wichtiges von Unwichtigem? Wissen entsteht, wenn man in der Lage ist, einzelne Elemente zu erkennen, sie einzuordnen und zu bewerten, kurz: zu verstehen. »Zwar weiß ich viel, doch will ich alles wissen«, forderte Genius Goethe. Langsam, Meister! Wenn wir heute in der Ära der Über-Information von allem ein bisschen wissen und verstehen, es einordnen können, dann ist schon viel erreicht. Befragungen bestätigen: Die Deutschen sind ein Volk der Finanzanalphabeten. Können noch nicht einmal eine EC-Karte von einer Kreditkarte unterscheiden, fragen sich vielleicht sogar, was beim Gehalt Brutto und Netto bedeutet und wissen nicht, wo der Sitz der Europäischen Zentralbank (EZB) ist, geschweige denn, was deren Aufgaben sind. Und woher soll's denn auch kommen, wenn an allgemein bildenden Schulen das Fach Ökonomie sträflichst vernachlässigt wird. Die reale Wirtschaftswelt – völlig ausgeklammert. Aber das ist (schon wieder) eine andere Geschichte. Dieses Buch soll Hilfestellung bieten, Verständnis vermitteln, Interesse wecken – mehr nicht, aber auch nicht weniger!

1
Noch jung:
Wirtschaft als Wissenschaft

Müssen wir uns mit Geschichte befassen, um zu wissen, worauf es in der Wirtschaft wirklich ankommt? Na klar! Aber was heißt hier schon Geschichte? Schließlich ist das meiste, was wir heute in der Wirtschaft als ganz normal ansehen und als vollkommen selbstverständlich hinnehmen, nicht viel älter als 150 Jahre. Natürlich gibt es auch einige Begriffe und Institutionen, deren Wurzeln tiefer reichen, aber nur wenige.

Viele Menschen, die heute im Rentenalter sind, haben das, was für uns bereits »Geschichte« ist, selbst erlebt oder kennen es aus den Erzählungen ihrer Großeltern. Den Wohlstand, der für uns heute selbstverständlich ist, gibt es gerade einmal seit fünfzig Jahren. Von wegen historisch!

Die griechische und römische Antike und das Mittelalter können wir in diesem Zusammenhang ruhig im Schnellschritt durcheilen. Dort liegen zwar die Fundamente unserer klassischen Bildung, aber dort werden wir nicht fündig, wenn wir nach den zentralen Regeln suchen, nach denen die Wirtschaft heute funktioniert.

Wirtschaft wurde erst im 17. Jahrhundert in den Rang einer Wissenschaft erhoben, als man erkannte, dass Zusammenhänge zwischen der Produktion von Gütern, ihrem Preis, dem Finanzwesen des Staates und der staatlichen Ordnung bestehen. Vorher betrachtete man diese verschiedenen Elemente nur isoliert und in einer vertikalen Perspektive. Alle Entscheidungen wurden von Kaisern, Königen, Fürsten und der Kirche getroffen. Bürger und Bauern hatten nur wenig zu melden. König Kunde gab es noch nicht. Der Staatsapparat diente unter wirtschaftlichen Aspekten nur als Instrument, um Geld aufzutreiben. Das war's.

Die Landwirtschaft war vor Beginn der Industrialisierung der zentrale Wirtschaftsfaktor, Grund und Boden waren die Quellen der Macht. Produziert wurde hauptsächlich zur Selbstversorgung. Es handwerkelten zwar einige wenige Menschen in den Städten, die aus heutiger Sicht erstaunlich klein waren, und abenteuerlustige Kaufleute besorgten exotische Waren aus Afrika, Indien oder Asien. Dafür brauchte man keine Wirtschaftswissenschaft. Astrologie und Alchemie entsprachen deutlich mehr den praktischen Bedürfnissen der Herrscher, denen es hauptsächlich um zwei Dinge ging: Sie wollten gut leben und Macht ausüben.

Richtig verändert hat sich unser Leben und das aller Menschen auf der Welt erst mit dem Beginn der Industrialisierung.

Die Wurzeln des Wohlstands

Schluss mit dem darwinistischen Gedankengut in der Wirtschaft. Nicht die Menschen sind unterschiedlich, sondern die Startbedingungen vor vielen tausend Jahren waren es. Der Vorsprung durch günstigere Umweltbedingungen nach der letzten Eiszeit wirkt bis heute nach.

Müssen wir bei Adam und Eva anfangen, um die heutige Wirtschaft zu verstehen? Nicht ganz. Aber 13 000 Jahre, bis zum Ende der letzten Eiszeit, sollten wir schon zurückschauen, wenn wir verstehen wollen, weshalb es den Menschen auf der Welt so unterschiedlich gut oder schlecht geht. Denn erst durch diesen Rückblick wird erkennbar, dass wir alle einem ziemlich großen Irrtum unterliegen, wenn wir glauben, dass der Wohlstand in den früh industrialisierten Ländern auf den besonderen körperlichen und geistigen Fähigkeiten und Fertigkeiten unserer Urahnen beruht.

Was in unseren Köpfen noch immer herumspukt, ist das Gespenst des Sozialdarwinismus, das sich im 19. Jahrhundert in allen Bereichen breit gemacht hat. In der Biologie glaubte man die Regeln entdeckt zu haben, nach denen der Kampf ums Dasein geführt wird. Und es war nahe liegend, diese Regeln auch auf viele andere Wissenschaften und Künste zu übertragen. Besonders gern wurde Darwins Lehre aber von der Ökonomie aufgenommen, Wirtschaftsdarwinismus also.

Die Lehre des britischen Naturforschers Charles Darwin (1809–1882) ist einfach zu verführerisch, um nicht als Begründung für die Vormachtstellung der weißen Rasse und der führenden Wirtschaftsnationen benutzt zu werden. Darwin veröffentlichte sein Hauptwerk *Über den Ursprung der Arten* im Jahre 1859. Darin belegt er nicht nur, dass es die Evolution gibt, die kontinuierliche Entwicklung der Arten, sondern er behauptet auch, dass eine natürliche Auswahl der Tüchtigsten stattfindet. Die Sache mit der Evolution war schon vor seiner Zeit bekannt, aber der vermeintliche naturwissenschaftliche Beweis, dass die Natur auf Wettbewerb setzt und die Starken bevorzugt, der war neu.

Und genau dies war die entscheidende Idee, die man im

19. Jahrhundert brauchte, um den Frühkapitalismus und den Kolonialismus vor sich selbst, dem eigenen Gewissen und den moralischen Institutionen und Lehren der Kirche zu rechtfertigen. Wenn es ein Naturgesetz ist, dass nur die Tüchtigen und die Starken überleben, bedurfte die Ausbeutung und Unterdrückung der Schwachen keinerlei weiterer Begründung. Man folgte schließlich einem höheren Willen.

Nach Darwins Lehre war das Los der Schwachen, ihr Leid ebenso unabänderlich wie das Recht der Starken, sie auszunutzen. Die Schwachen mussten untergehen, um das Überleben der Starken zu sichern. Die Schwachen, das war zu dieser Zeit nicht nur die arbeitende Klasse in Europa und Nordamerika, sondern es waren vor allem die Menschen, die keine weiße Hautfarbe hatten. Ihre Kulturen, ihre Umwelt und auch sie selbst standen – Darwin zufolge – ohnehin auf der Abschussliste der Natur. Also bedienten sich die, die sich auf der Siegerseite wähnten, hemmungslos und nahmen sich alles, was sie wollten: die Arbeitskraft, die Natur- und Bodenschätze. Und sie zerstörten, was ihnen im Weg war: Kultur, Gesellschaftsordnung und Geschichte dieser Menschen.

Im Wirtschaftsdarwinismus verbanden sich auf höchst unheilvolle Weise biologische und ökonomische Gedankengänge. Wie Darwin selbst geschrieben hat, kam ihm die Idee vom Überleben der Tüchtigsten (»Survival of the fittest«) bei der Lektüre des Buches von Thomas Malthus (1766–1834), dem englischen Wirtschaftswissenschaftler, der im Rahmen seiner Bevölkerungslehre eine baldige Hungerkatastrophe vorausgesagt hatte, die jedoch nicht eintrat. Während die meisten Ideen von Malthus heute nur noch eine Fußnote in der Geschichte sind, haben sich die Ideen von Darwin in den Köpfen der Menschen gehalten. Von Darwin führt eine direkte Verbindung zu Managementtheorien und -strategien der Gegenwart, die im letzten Teil von Kapitel 2 dargestellt werden.

Wer gnadenlosen Konkurrenzkampf betreibt und die Wettbewerber reihenweise auf die Bretter schickt, ist eben einfach der Tüchtigere und tut nur das, was die Natur ohnehin vorgesehen hat. Wer seinen Profit ohne Rücksicht maximiert, glaubt ebenfalls den Segen der Natur zu haben. Und selbst wer Almosen für hungernde Kinder in der Dritten Welt sammelt, empfindet dabei häufig genug den Dünkel des Stärkeren.

So sehr wir uns oft vordergründig um politische und gesellschaftliche Korrektheit bemühen, im Hinterkopf haben wir immer noch die aus dem Frühkapitalismus stammenden Vorstellungen, weshalb einige Teile der Welt reich und entwickelt sind und andere arm und unterentwickelt. Dabei wissen wir inzwischen dank moderner Forschung sehr genau, dass sich der Wohlstand in den hoch industrialisierten Ländern keineswegs der Rassenzugehörigkeit der dort lebenden Menschen verdankt, sondern einzig und allein den Umweltbedingungen.

Die Chancen waren nie gleich verteilt

Vor 13 000 Jahren, als die letzte Eiszeit zu Ende ging, gab es auf der Erde rund zehn Millionen Menschen und alle waren Jäger und Sammler, die auf der Suche nach Nahrung umherzogen. Sie lebten in kleinen Gruppen oder Stämmen mit oft nicht mehr als dreißig oder vierzig Mitgliedern, alle Erwachsenen waren weitgehend gleichberechtigt. Es gab keine Häuptlinge, und es gab auch keine Trennung nach Arm und Reich, denn die einzelnen Menschen unterschieden sich hinsichtlich ihrer materiellen Besitztümer kaum.

Kriege im heutigen Sinne waren unbekannt – es waren einfach zu wenig Menschen da, als dass man sich solche Verluste hätte erlauben können –, und das zentrale Prinzip, den Wohlstand der Gruppe zu mehren, war die Kooperation und nicht der Wettbewerb. Konkurrenz ist also kein biologisches Prinzip. Wie diese Gesellschaften von Jägern und Sammlern damals funktionierten, wissen wir heute durch das Studium der wenigen noch verbliebenen Kulturen. Aber schon wenige tausend Jahre später wurden viele der Jäger und Sammler sesshaft. Heute machen sie nur noch 0,01 Prozent der Weltbevölkerung aus und werden wohl bald ganz verschwunden sein.

Die Ungleichverteilung von Gütern auf der Welt und die daraus resultierende Ungleichheit der Menschen begann, als die Menschen in verschiedenen Teilen der Welt den Vorteil des Ackerbaus und der Tierhaltung entdeckten. Die günstigsten Bedingungen fanden sich damals in dem Gebiet des so genannten »fruchtbaren Halbmonds« und in China.

Als »fruchtbarer Halbmond« wird das Gebiet bezeichnet, das sich in Vorderasien von der Mittelmeerküste, dem heutigen Israel, bogenförmig bis in den Irak hinein erstreckt. Dort wurde schon vor 9000 Jahren Landwirtschaft betrieben. Die ersten domestizierten Pflanzen waren Weizen, Erbsen und Oliven, die ersten domestizierten Tiere Schafe und Ziegen. In China begann die Domestizierung von Pflanzen und Tieren rund 1000 Jahre später. Dort wurden Reis und Hirse angebaut, und Schweine und Seidenraupen dienten als Nutztiere.

Ähnlich günstige klimatische Bedingungen fanden sich auch in Mittelamerika und in den Anden. In Mittelamerika begannen die Menschen um zirka 3500 v. Chr. mit dem Anbau von Mais, Bohnen und Kürbissen. Einziges Nutztier war der Truthahn. In den Anden stützte sich die Landwirtschaft ungefähr zur gleichen Zeit auf Kartoffeln und Maniok, das Lama und das Meerschweinchen bildeten den Grundstock der Tierhaltung.

Wichtig für das Sesshaftwerden der Menschen und die weitere Entwicklung war also zunächst einmal, welche Wildpflanzen und Wildtiere wo zur Verfügung standen. Sowohl in Afrika und Australien als auch in Nordamerika gab es trotz einer vielfältigen Pflanzen- und Tierwelt keine geeigneten Kandidaten für die Domestikation. Es kam nicht darauf an, dass etwas wuchs, sondern was wuchs. Und es half auch nicht weiter, dass es zum Beispiel in Afrika riesige Tierherden gab. Weder Antilopen noch Zebras ließen sich domestizieren, afrikanische Elefanten nur unter großen Schwierigkeiten, von Nashörnern und Nilpferden ganz zu schweigen.

Von den 56 Wildgräsern mit den schwersten Samenkörnern wuchsen 32 in der mediterranen Zone Europas und sechs in Ostasien, weitere sieben fanden sich in Mittel- und Südamerika. Auch die fünf wichtigsten Nutztiere stammen aus Asien und Nordafrika, also dem Mittelmeerraum. Es sind das Schaf, die Ziege, die Kuh, das Schwein und das Pferd. Kein Wunder also, dass sich in diesen Gebieten unter günstigen Bedingungen schneller Weide- und Agrargesellschaften bildeten, die sich dann zu traditionellen Staaten entwickelten.

Und noch etwas spielte eine Rolle: Die gleichen klimatischen Bedingungen entlang der in Ost-West-Richtung verlaufenden Kontinentalachse von Europa und Asien begünstigten nicht nur die Ausbreitung von Pflanzen und Tieren, sondern auch die Verbreitung von Ideen und Erfindungen der Menschen. Dagegen durchläuft die Nord-Süd-Achse Amerikas und Afrikas ganz unterschiedliche Klimazonen. Weder Pflanzen noch Tiere gedeihen unter veränderten Klimabedingungen, sonst würden wir heute in Deutschland sicher Kaffee pflanzen und nicht die Kartoffeln aus den Anden.

Bestimmte Regionen gewannen damals dank der vorhandenen Pflanzen und Tiere einen Vorsprung von etlichen tausend Jahren bei der Entwicklung von bestimmten Kulturformen. Dieser Vorsprung hat sich bis heute gehalten und ist immer noch wirksam, wie wir an der Globalisierungsdebatte sehen.

LITERATURTIPP:
Der Evolutionsbiologe Jared Diamond hat diese Entwicklung detailliert in seinem Buch »Arm und Reich« beschrieben, für das er 1998 zu Recht den Pulitzer-Preis erhielt. Er fasst die Ergebnisse seiner Forschungen wie folgt zusammen: »Dass die Geschichte verschiedener Völker unterschiedlich verlief, beruht auf Verschiedenheiten der Umwelt und nicht auf biologischen Unterschieden zwischen den Völkern.«

Die Materialisten und die Idealisten – Altertum und Mittelalter

Ohne Landwirtschaft kein Staat, ohne Staat keine Wirtschaft. Zentrale Ordnung wirkt als Entwicklungsmotor. Wertvorstellungen bestimmen das wirtschaftliche Handeln.

Altertum und Mittelalter, nicht nur was für Philosophen, Soziologen und Kulturschaffende, auch für Ökonomen. Was wirkt davon bis heute nach? Und von welcher Zeit sprechen wir überhaupt? Historiker bezeichnen mit dem Begriff Altertum den gesamten geschichtlichen Zeitraum vor dem Mittelalter, in dem sich die ersten menschlichen Kulturen entfalteten. Räumlich beschränken sie das Altertum auf die Mittelmeerwelt mit ihren Randkulturen und die vorderasiatischen Hochkulturen. Andere Regionen in Mittel- und Südamerika sowie in China und Indien bleiben ausgeklammert. Das gilt auch bei der Definition des Mittelalters.

Das Mittelalter beginnt im 4. Jahrhundert n. Chr., ein beliebtes Grenzdatum sind die Jahre 375 bis 378, der Anfang der Völkerwanderung, und es endet 1492 mit der Entdeckung Amerikas. Danach sprechen die Historiker von der Neuzeit, die 1945 endete. Was dann folgt, ist Zeitgeschichte, die Geschichte unserer Gegenwart.

Selbstversorgung und Kleptokratie

Unter Wirtschaftsgesichtspunkten ist die materialistische Orientierung des Menschen von besonderem Interesse. Die Entwicklung von so genannten traditionellen Staaten, die hauptsächlich der materiellen Versorgung der wachsenden Bevölkerung dienten, ist die wichtigste Errungenschaft des Altertums. Hinweise auf Gesellschaften, die größer waren als alle, die jemals zuvor existierten, finden sich bereits 6000 Jahre vor unserer Zeitrechnung.

Voraussetzung für die Bildung von Staaten und ihren Vorstufen, den Häuptlingsreichen, war die Tatsache, dass es dank der immer weiter entwickelten Landwirtschaft einen Nahrungsüberschuss gab. Es brauchten deshalb nicht mehr alle Mitglieder der Gesellschaft als Selbstversorger in der Nahrungsproduktion tätig zu sein. Aus den Anführern von Stämmen, die neben ihrer Feldarbeit Führungsaufgaben übernahmen, wenn es nötig war, wurden Häuptlinge, die sich nur noch dem Regieren widmeten, sozusagen die ersten Berufspolitiker. Die brauchte man auch damals schon. Da genügend Nahrung vorhanden war, konnten auch mehr Menschen auf einer kleineren Fläche zusammenleben mit der Folge, dass die gesellschaftliche Komplexität zunahm.

Aus heutiger Sicht fragen wir vielleicht: Was heißt hier Komplexität, bei den paar Männeken? Allerdings sind wir kaum in der Lage, uns in die Menschen der Übergangszeit zum frühen Altertum zu versetzen, und selbst die alten Griechen konnten sich schon im 7. Jahrhundert v. Chr. ein menschliches Zusammenleben ohne Staat nicht mehr vorstellen. Doch fehlten den frühen Staaten zum Beispiel noch eindeutig definierte Grenzen, wie sie später die Nationalstaaten kennzeichneten. Zwischen den einzelnen Einflussbereichen gab es nur mehr oder weniger große rechtsfreie Grenzregionen. Heute gibt es nirgendwo mehr einen staatsfreien Raum. Die Erde ist restlos aufgeteilt, selbst die Rechtsverhältnisse am Südpol sind vertraglich geregelt.

Solange die Menschen in Gruppen zusammenlebten, waren sie alle miteinander verwandt, und selbst die Stämme waren niemals so groß, dass nicht jeder jeden mit Namen kannte. Aber irgendwann drängten sich auf einem Fleck so viele Menschen, dass der Einzelne die Übersicht verlor. Konflikte konnten nicht mehr innerhalb der Großfamilien gelöst werden, und auch die Entscheidungsfindung klappte auf gemeinschaftlicher Basis nicht mehr. Es entstanden die Häuptlingsreiche. Wie sie funktionierten, kann man prima bei Asterix und Obelix nachlesen, denn Gallier und Germanen lebten auch zu Zeiten der Römer noch in dieser gesellschaftlichen Organisationsform.

Die Herausbildung einer zentralistischen Herrschaft war mit Bedingungen verknüpft, die weit reichende Folgen hatten. Damit eine zentrale Herrschaft funktionieren kann, braucht sie ein Gewaltmonopol und ein Verfügungsrecht über das Land. Daraus entstand automatisch Ungleichheit in der Gesellschaft, mit dem Egalitarismus früherer Zeiten war es vorbei.

Die Gleichheit der Menschen wurde zwar ein elementarer Bestandteil der christlichen Religion. Politische und religiöse Gruppierungen versuchten auch immer wieder, in einem System der Gleichheit zu leben. Durchsetzen konnte sich die Idee nicht mehr, nachdem sie einmal abgeschafft worden war. Gleichheit existiert heute nur noch als Gleichheit vor dem Gesetz.

Die Ungleichheit im Altertum und im Mittelalter war durch Abstammung und Standeszugehörigkeit definiert und spiegelte sich natürlich auch im Besitz beziehungsweise in der Besitzlosigkeit wider. Reichtum war die Folge von Ungleichheit. Das änderte sich erst mit der industriellen Revolution, da wurde die Ungleichheit zu einer Folgeerscheinung des Besitzes von Kapital. Und damit änderte sich alles.

Bis dahin lag die Staatsführung in den Händen der Aristokratie. Dafür brauchte man aber nicht nur Gesetze, sondern auch einen Apparat, die Bürokratie. Für das alles benötigte man Geld, also Einnahmen. Die arbeitende Schicht musste dafür Tribut leisten, denn die Aristokratie »produzierte« ja selbst nichts. Aus diesen Abgaben entwickelten sich später Steuern und Zölle.

Manche Staaten haben sich zu reinen Kleptokratien entwickelt. Die Abgaben flossen in die Taschen der herrschenden

Schicht und blieben auch dort. Luxus war schon immer ein Attribut der Elite. Andere handelten mehr oder weniger redistributiv, das heißt, sie verteilten die staatlichen Einnahmen um, indem sie diese zum Beispiel für öffentliche Bauten und für gemeinsame Projekte wie Bewässerungssysteme einsetzten. Die Entwicklung von neuen Techniken war also hauptsächlich der Existenz von Staaten zu verdanken.

Zur Aufgabe der herrschenden Schicht gehörten selbstverständlich auch Kontrolle und Reglementierung der Wirtschaft, der Landwirtschaft, der handwerklichen Produktion und der kaufmännischen Tätigkeit. Der Adel entschied, wie viele Güter produziert und wie sie verteilt wurden. Manche Staaten produzierten ihren Wohlstand selbst, andere profitierten hauptsächlich vom Handel, die meisten setzten jedoch auf kriegerische Eroberungen, damit sie von den unterdrückten Völkern zusätzlichen Tribut erpressen konnten. Auch hier macht wieder die Ungleichheit zwischen Herren und Sklaven den wirtschaftlichen Erfolg der einen zu Lasten der anderen aus.

Zur Produktion benutzte man hauptsächlich »Werkzeuge mit eigener Antriebskraft«, also Sklaven. Der Handel fand nahezu ausschließlich in Form von Tauschhandel statt. Geprägte Münzen gab es seit dem 7. Jahrhundert v. Chr., doch verwendete man wahrscheinlich schon 1800 v. Chr. Silberbarren, die nach Qualität und Gewicht von Staatsbeamten gekennzeichnet waren. Das erleichterte die Geschäfte genauso wie die Einführung der Schrift. Damit war die Buchführung möglich, Handelsrouten konnten beschrieben und Karten gezeichnet werden.

Wirtschaftshistoriker haben sowohl im europäischen Altertum als auch im alten China eine außerordentlich starke materialistische Einstellung bemerkt. Die Menschen der damaligen Zeit verfügten, ähnlich wie wir heute, über eine noch nie erlebte Fülle von Gütern. Gerechtigkeit bestand aus der fairen Verteilung von Gütern unter Gleichen, Glück war gleichbedeutend mit materiellem Reichtum. Im Mittelalter veränderte sich das radikal.

Die alternative Freizeitgesellschaft des Mittelalters

Das Mittelalter wird heute oft als das »dunkle Zeitalter« bezeichnet, weil die Errungenschaften der Antike zum Teil wieder verloren gingen oder zumindest nicht weiterentwickelt wurden. Was war da los? Wurden die Menschen wieder dümmer? Warum setzten sie nicht fort, was im Altertum so viel versprechend begonnen hatte? Die neuere Forschung antwortet mit einem Stichwort: Wertewandel!

Die Menschen im Mittelalter sahen den Fortschritt darin, dass man der vorangehenden materialistischen Zivilisation eine Absage erteilte. Statt mehr Wachstum, ausgefeiltere Technik und noch mehr Besitz rückten andere, nicht-materialistische, metaphysische Werte in den Mittelpunkt. Es gab dadurch zwar einen Mangel an Gütern, aber einen Überfluss an Zeit. Und das fand man gut so. Sein statt Haben. Im 4. Jahrhundert n. Chr. lag die Zahl der offiziellen Feiertage in Europa bei 184 pro Jahr.

In den drei Wintermonaten arbeiteten die Bauern ohnehin kaum. Zu arbeiten, wenn man nicht dazu verpflichtet war, stellte eine viel größere Sünde dar, als nicht zu arbeiten, wenn man es hätte tun sollen. Zu arbeiten, wenn andere ruhten, galt als schändliches Verhalten oder sogar als Vergehen gegen die göttliche Ordnung. Kein Wunder, dass sich der Bau der großen Kirchen über Jahrhunderte erstreckte. Diese Bauwerke drücken die Einstellung im Mittelalter sehr genau aus: Eine Kathedrale, die eine erhabene Stimmung erzeugt, war wichtiger als eine große Manufaktur, die nur Geld abwerfen würde.

Dieser Anti-Materialismus oder Null-Bock auf Geld wurde von allen Schichten der Bevölkerung getragen. Seit Anfang des 11. Jahrhunderts war in Europa die so genannte Drei-Stände-Lehre gültig und allgemein anerkannt. Sie verfestigte die Unterschiede und gliederte die Bevölkerung nach ihren Aufgaben. Es gab die Aufgabe des Betens (Klerus), des Kriegsdienstes (Adel) und der Arbeit (Bauern und Handwerker). Diese Dreiteilung änderte sich auch nicht, als in späteren Jahrhunderten das Bürgertum über immer mehr Reichtum und Einfluss verfügte.

Die Bevölkerungszahlen in Europa veränderten sich zwischen 1300 und 1500 kaum. In Europa lebten nur etwa 60 bis 70 Millionen Menschen, erst 1650 wurde die 100-Millionen-Marke überschritten. Bis 1900 vervierfachte sich dann die Zahl. 1995 lebten in Europa 730 Millionen Menschen. Inzwischen ist die Bevölkerungsentwicklung wieder rückläufig.

Im Mittelmeerraum gab es schon seit der Antike Städte, im Mittelalter entstanden sie nun auch nördlich der Alpen. Die Städte waren zwar nicht so groß wie in der Antike, die meisten hatten nur zwischen 500 und 1000 Einwohner, aber sie unterschieden sich trotzdem deutlich von den bis dahin üblichen Dörfern und Burgen. Ganz wesentlich waren dabei die Stadtmauern, die nicht nur der Verteidigung dienten, sondern auch das städtische Leben vom bäuerlichen trennten.

Im 13. Jahrhundert wurden die Städte durch Zuwanderung vom Lande immer größer. Dadurch verschärften sich im 14. Jahrhundert dort auch die sozialen Gegensätze. Da es weder auf dem Lande noch in der Stadt genügend Arbeitsplätze gab, verarmten immer mehr Menschen, und es entstanden Randgruppen, die von Almosen lebten.

Der Anteil dieser untersten Schicht an der Gesamtbevölkerung war außerordentlich hoch. Er betrug 1380 zum Beispiel in Lübeck 42 Prozent und in Rostock 50 Prozent. In Augsburg lag er 1475 sogar bei 66 Prozent und verringerte sich innerhalb von hundert Jahren nur um etwas mehr als zehn Prozentpunkte. Mehr als die Hälfte der Menschen in den Städten lebten von dem, was diejenigen ihnen zukommen ließen, die Arbeit hatten. Selbst wenn das Mittelalter im höchsten Grade eine Dienstleistungsgesellschaft war, von Vollbeschäftigung und Eigenverantwortung für den Lebensunterhalt konnte keine Rede sein.

Dass im Mittelalter kaum Bevölkerungswachstum zu verzeichnen war, hing vor allem mit den Seuchen, Kriegen und Hungersnöten zusammen. Besonders die niederen Schichten litten zum Teil an permanenter Unterernährung, was sich auch auf die Lebenserwartung auswirkte. Am schlechtesten ging es den Bauern, allerdings mit regional sehr großen Unterschieden. Viele waren besitzlos, und ihre Freiheit war weitgehend eingeschränkt (Leibeigene).

Die Tierhaltung und die höhere Bevölkerungsdichte in den Städten hatten erhebliche negative Folgen, denn es traten einerseits neue Infektionskrankheiten auf, andererseits wurden auch Krankheiten durch den Fernhandel eingeschleppt. Bei der Eroberung bislang unbekannter Teile der Welt wurden die ansteckenden Krankheiten der Europäer unabsichtlich zu einer tödlichen Bio-Waffe gegen die dort lebende Bevölkerung. Der »Vorsprung«, den die frühe Domestizierung von Tieren ebenso gebracht hatte wie die vergleichsweise höhere Bevölkerungsdichte durch die landwirtschaftliche Produktion, kam also auch auf diese Weise zum Tragen.

Adel verpflichtet: Von Erfindungen und Preisen

Während die wirtschaftliche Entwicklung im 11. Jahrhundert zunächst etwas voranschritt, schwächte sie sich ab dem Anfang des 14. Jahrhunderts bis in die zweite Hälfte des 15. Jahrhunderts hinein wieder ab. Im Agrarsektor kam es sogar zu einem Stillstand.

Eine der großen Errungenschaften des 11. Jahrhunderts war die Nutzung der Wind- und Wasserkraft in Form von Mühlen. Die Mühle entwickelte sich zur Allzweckmaschine. Sie diente nicht nur zum Mahlen des Getreides, sondern wurde auch bei der Eisenerzeugung, der Tuchproduktion und später bei der Herstellung von Papier eingesetzt.

Das späte Mittelalter brachte einige Erfindungen im Handwerk, die in ihren Weiterentwicklungen für die Zukunft von entscheidender Bedeutung waren: Die mechanische Uhr veränderte nicht nur das Verhältnis zur Zeit, sondern ermöglichte in vielen Bereichen überhaupt erst die exakten Messungen, die zur Beherrschung von Fertigungsprozessen nötig waren. Feuerwaffen veränderten die Kriegführung grundlegend mit schwerwiegenden sozialen Folgen für die Ritterheere. Der Buchdruck förderte die schnellere Verbreitung von Informationen. Auch im Schiffbau und der Seefahrt gab es Fortschritte. Während die Preise für handwerkliche Produkte stiegen, gingen die Preise für Agrarprodukte zurück. Landwirtschaft lohnte sich immer weniger.

Wie sehr sich das Mittelalter von der materialistisch orientierten Antike und der späteren Neuzeit unterschied, wird besonders deutlich an der Preisgestaltung. Preise wurden vollkommen subjektiv festgelegt, es spielten weder der Markt noch die mit der Herstellung verbundenen Kosten bei der Preisfestsetzung eine Rolle. So waren sehr oft die finanziellen Möglichkeiten eines Käufers ausschlaggebend. Wie heute bei Luxus- und Lifestyle-Produkten. Ein vermögender Adeliger hatte oft das Zehnfache dessen zu zahlen, was man von einem anderen Händler verlangte. Es konnte aber auch genau umgekehrt gehen, wenn der Verkäufer einem Adligen einen Gefallen erweisen wollte.

Gleiches galt für Dienstleistungen. Man kassierte bei den Reichen und verteilte wie Robin Hood an die Armen. Unzufrieden war damit niemand, eher schon mit einer anderen Regel, die nicht selten zu Mord und Totschlag führte: »Was dein ist, ist auch mein.« Im Mittelalter wurde geraubt und geklaut, was das Zeug hielt, und ein Menschenleben zählte nicht viel. Eine staatliche Gewalt, die für Ordnung gesorgt hätte, existierte nicht, denn die staatliche Gewalt wurde vom Adel repräsentiert, der sich selbst gern und oft durch Erpressungen und Raubüberfälle bereicherte.

Die Ausübung von Handwerk, Handel und Gewerbe wurde an die Mitgliedschaft in einer Zunft gebunden. Die Zünfte kontrollierten nicht nur die Qualität, sondern reglementierten auch die Produktion und die Arbeitszeiten, um die Preise auf einem bestimmten Niveau zu halten. Dadurch hatten die Zünfte großen Einfluss auf das Wirtschaftsleben jener Zeit. Die Sonderstellung des Handwerks hat sich in Deutschland seit dem Mittelalter bis heute erhalten.

Gold und Silber: Das Luxusleben

Die reichen Kaufleute in den Stadtrepubliken Nord- und Mittelitaliens hatten irgendwann in der zweiten Hälfte des 14. Jahrhunderts von der mittelalterlichen Gefühlsduselei endgültig die

Nase voll. Schließlich wurden sie nicht nur durch die Monumente der Antike stets an die ganz andere Vergangenheit erinnert, sondern sie pflegten auch die Handelskontakte zu jenen Völkern, die immer noch über einen gesunden Materialismus verfügten. Die Zeit der Renaissance begann. Dabei wurde nicht nur das Kunstverständnis umgekrempelt, sondern auch das politische Denken, zum Beispiel durch den Staatsbeamten Niccolò Machiavelli, der den Zweckrationalismus in der Politik neu definierte.

Sehr wesentlich aber waren die ökonomischen Veränderungen, die mit zeitlicher Verzögerung in ganz Europa besonders vom städtischen Bürgertum getragen wurden. Das Zauberwort dieser Zeit hieß »Luxus«. Man erinnerte sich wieder daran, wie schön ein Leben sein kann, wenn man nicht nur nach innen auf seine Gefühle schaut, sondern nach dem antikem Vorbild auch wieder auf Äußerlichkeiten achtet.

Der Handel mit indischen Gewürzen brachte Gewinnspannen bis zu 30 Prozent netto, mit dem Tuchhandel ließen sich immerhin noch Gewinne von 15 bis 20 Prozent erwirtschaften. Das Schöne war, dass sich durch die Entdeckungsreisen am Ende des 15. Jahrhunderts völlig neue Geldquellen auftaten, die es dem Adel ermöglichten, sich den Luxus auch zu leisten. Ohne dass der größere Teil der europäischen Gesellschaft es aktiv angestrebt hätte, wuchs das Angebot an materiellen Dingen, und überall sprang die Wirtschaft an.

In Frankreich führte das so genannte Verlagssystem, das aus Italien übernommen wurde, allmählich zu einer Steigerung der Produktion in Konkurrenz zu den Zünften. Arbeiter fertigten einfache Gegenstände in ihren Wohnungen im Auftrag von so genannten Verlegern. In Manufakturen wurden Textilien und Glaswaren hergestellt und Metalle gewonnen und verarbeitet.

Durch den beginnenden Überseehandel Anfang des 16. Jahrhunderts gewannen auch die Kaufleute deutlich an Bedeutung. Der Fernhandel funktionierte zuvor nur unter großen Schwierigkeiten. Die Landwege in Europa waren gefährlich und für den Warentransport ungünstig. Die Binnenschifffahrt auf den Flüssen wurde durch die Erhebung von Zöllen erschwert. Nach wie vor hatte der Mittelmeerraum zentrale Bedeutung, da dort der gesamte Handel mit dem Orient, dem Fernen Osten und mit Afrika abgewickelt wurde.

In Folge der Entdeckungsreisen, die zunächst an die Westküste Afrikas führten und dann weiter nach Süd- und Zentralamerika, bekamen Spanien und Portugal ein neues Gewicht. Man hatte Gold und Silber in Hülle und Fülle, und der neue Reichtum wurde hemmungslos ausgegeben. Die Herrscher Europas, die nicht über solche Geldquellen verfügten, mussten sich etwas einfallen lassen, wenn sie mithalten wollten.

ZUSAMMENFASSUNG:

Die Grundlage der Wirtschaft in traditionellen Staaten waren Ackerbau und Viehzucht. Das Mittelalter zeigte, dass man Fortschritt auch als Abwendung von traditionellen Lebensweisen definieren kann und dass materieller Reichtum nicht alles sein muss.

Schreckensbild industrielle Revolution

Die Bevölkerung explodiert, und die Arbeit wird zur Ware. Die industrielle Revolution in Europa war keine kurzfristige und plötzliche Veränderung. England hatte die besten Bedingungen: individuelle Freiheit, Arbeitskräfte, Kapital und technisches Wissen.

Der Begriff »industrielle Revolution« ist für die meisten Menschen negativ besetzt. Damit verbinden sich Vorstellungen wie billige Massenprodukten, schlechte Arbeits- und Lebensbedingungen, Hungerlöhne und Arbeitslosigkeit, soziale Unsicherheit, Frauen- und Kinderarbeit. Die industrielle Revolution beendete das vermeintlich idyllische Leben der ländlichen Bevölkerung zwischen grünen Wäldern und sonnigen Feldern, sie brachte die Umweltverschmutzung, das Leben in grauen Mietskasernen und die bis heute nicht enden wollende Ausbeutung der arbeitenden Klasse durch die Kapitalbesitzer. Die industrielle Revolution ist allem Anschein nach der Ursprung aller Grundübel der heutigen Gesellschaften.

Das predigen jedenfalls die Kritiker der heutigen Verhältnisse, und sie belegen es immer wieder neu mit einzelnen Fakten. Allerdings wird vieles falsch verstanden und falsch interpretiert. Es fehlt der Blick auf das Ganze. Das Bild der industriellen Revolution im breiten Bewusstsein besteht meist nur aus klischeehaft verzerrten Einzelaspekten. Und was oft vollkommen außen vor bleibt: dass wir vieles vom heutigen Komfort und heutigen Annehmlichkeiten ebenfalls der industriellen Revolution zu verdanken haben.

Niemals zuvor in der Geschichte der Menschheit sind innerhalb so kurzer Zeit so viele grundlegende technische Erfindungen gemacht worden wie während der industriellen Revolution. Das schnell wachsende Eisenbahnnetz brachte nicht nur ganz neue Vorstellungen von der Mobilität von Menschen und Gütern, sondern auch ein ganz neues Zeitgefühl und die Idee der Pünktlichkeit. Mit dem Automobil, das ebenfalls eine Errungenschaft der industriellen Revolution ist, entstand ein völlig neuer Begriff von Freiheit: fahren zu können, wohin man möchte und wann man möchte.

Kein anderes technisches Produkt steht so sehr für Freiheit und Unabhängigkeit wie das Auto. Aber erst mit der Fähigkeit, elektrische Energie zu erzeugen, wurde der Grundstein für die Konsumgesellschaft gelegt. Ohne elektrische Energie gibt es keine Telekommunikation und man kann nicht die Nacht zum Tag machen, ohne Elektrizität ist unsere heutige Gesellschaft schlichtweg undenkbar. Deshalb wird die Erfindung der Dynamomaschine durch Werner von Siemens heute als weitaus wichtiger angesehen als die Erfindung der Dampfmaschine.

Ohne die kleinen Anfänge der Industrialisierung wären die Impulse für technische und gesellschaftliche Entwicklungen nicht in Gang gekommen und ohne weiteren technischen Fortschritt hätte sich die neuzeitliche Gesellschaft nicht weiterentwickelt. In einer überwiegend auf Landwirtschaft beruhenden Gesellschaft hätten die tief greifenden Veränderungen nicht stattgefunden, die die industrielle Revolution für das Denken und Handeln der arbeitenden Mehrheit der Bevölkerung mit sich gebracht hat. Zwischen den Anfängen der industriellen Revolution und ihrem allmählichen Ausklingen in Europa zu Beginn des Ersten Weltkriegs liegen buchstäblich Welten.

Das Bevölkerungswachstum verändert die Arbeitswelt

Zunächst einmal sollten wir die Bevölkerungsentwicklung in jener Zeit betrachten, ihre Bedeutung im Zusammenhang mit der industriellen Revolution wird meist übersehen. Nachdem die Zahl der Menschen in Europa über mehrere Jahrhunderte fast konstant geblieben war, begann die Bevölkerung vor und vor allem mit der Industrialisierung zu wachsen. Das hing mit einer besseren Ernährungslage, mehr Hygiene und einer besseren ärztlichen Versorgung zusammen, aber auch damit, dass Ehen früher geschlossen wurden und dann mehr Kinder zur Welt kamen.

Im Jahr 1750 lebten in Europa rund 140 Millionen Menschen, bis 1800 hatte sich die Zahl um 33 Prozent auf 187 Millionen erhöht. Bis 1850 stieg sie weiter, und zwar um 42 Prozent auf 266 Millionen. Im Jahr 1900 war die Zahl von 400 Millionen erreicht. Das heißt, innerhalb von 50 Jahren war die Bevölkerung noch einmal um die Hälfte gewachsen.

Der Rest der Welt konnte mit dieser Bevölkerungsexplosion nicht mithalten. Um 1900 lebte jeder vierte Mensch auf der Welt in Europa, heute nur noch jeder achte.

Diese vielen Menschen wollten nicht nur ernährt werden, sie wollten auch Arbeit. Insgesamt war die europäische Bevölkerung jener Zeit sehr jung. Ende des 18. Jahrhunderts war jeder Zweite in Deutschland jünger als 18 Jahre, und um 1900 war immer noch die Hälfte aller Deutschen jünger als 23 Jahre. Heute teilt sich die deutsche Bevölkerung je zur Hälfte in die Unter- und die Übervierzigjährigen. Die durchschnittliche Lebenserwartung lag zu Beginn der Industrialisierung bei rund 35 Jahren, heute bei 80,6 (Frauen) bzw. 74,4 Jahren (Männer). Also mehr als doppelt so hoch.

Unter diesem Aspekt bekommt die Frauen- und Kinderarbeit in den Fabriken eine doppelte Bedeutung. Die Fabrikbesitzer wollten nicht nur billige Arbeitskräfte, sie brauchten überhaupt erst einmal Arbeitskräfte. Denn die Fabriken revolutionierten nicht nur die Produktion, sondern alle Aspekte der Arbeitswelt. Bis dahin arbeitete man dort, wo man auch wohnte, heute würde man sagen als Selbstangestellter. Man ging nicht zur Arbeit, die Arbeit kam zu einem nach Hause.

Jeder konnte sich seine Arbeitszeit auch frei einteilen. Hatte man am Sonntag zu lange gefeiert, machte man am Montag einfach »blau«. Wer hätte etwas dagegen haben können? Ohnehin wurde nicht die Zeit bezahlt, die jemand arbeitete, sondern das Produkt, das er fertig stellte. Stücklohn statt Zeitlohn. Weshalb sollte man seine Arbeitskraft in einer Fabrik verkaufen und sich dem Zeittakt von Maschinen unterwerfen? Maschinen zu bedienen galt ohnehin als leichte Arbeit, für die man keine Kraft brauchte, also holte man Kinder aus den Waisenhäusern, wo sie selbstverständlich auch arbeiten mussten. Nur war der Lohn in den Fabriken höher. Eine arbeitsfreie Kindheit gab es auch auf dem Lande nicht – und gibt es übrigens auch heute noch nicht. Das, was wir heute als Elend betrachten, war damals für die Mehrheit der Bevölkerung ganz selbstverständlicher Alltag.

Durch die Arbeit in den Fabriken änderte sich das Leben von Grund auf: Wohnen und Arbeiten wurden getrennt, an die Stelle der freien Zeiteinteilung traten feste Arbeitszeiten. Es gab Zeitlohn statt Stücklohn, und die Arbeit wurde aufgeteilt, man verkaufte seine Arbeitskraft und nicht mehr die fertigen Ergebnisse der Arbeit. Die Mehrheit der Menschen verlor ihre Selbstständigkeit.

Was damals als Verlust beklagt wurde, gehört heute zu den Grundwerten des Arbeitslebens. In unserer heutigen Gesellschaft sind die Selbstangestellten nur noch die Minderheit. Sie haben keine feste Arbeitszeit, ihr Lohn ist nicht an die Anwesenheit an einem Arbeitsplatz geknüpft, sondern an das Ergebnis, und sie werden nicht von einem Netz der sozialen Sicherheit getragen. Die wenigsten Arbeitnehmer möchten mit ihnen tauschen. So ändern sich die Zeiten.

Glückliches England: Reichtum und Arbeit

Wir müssen uns vor Augen halten, dass die Vorbereitung der industriellen Revolution in England rund 250 Jahre gedauert hat. So viel Zeit verging, bis die vielfältigen Bedingungen geschaffen waren, die Voraussetzung für den tief greifenden Wandel waren. Und anschließend dauerte das, was wir als industrielle Revolution bezeichnen, in England noch einmal mehr als 100 Jahre bis zum Abschluss, allein die Anfangsphase erstreckte sich über viele Jahrzehnte. Von Revolution können wir also mit Blick auf das Tempo kaum sprechen, sondern nur mit Blick auf die Veränderungen in der Gesellschaft, die so gewaltig waren wie keine anderen zuvor.

Dass die industrielle Revolution nicht überall in Westeuropa und erst recht nicht in Nordamerika und Japan, ganz zu schweigen von Osteuropa und der restlichen Welt, zur gleichen Zeit einsetzte, wird ebenfalls oft übersehen, genau wie die Tatsache, dass sie in Westeuropa, Nordamerika und Japan bis in das 20. Jahrhundert andauerte. Als das übrige Europa 1815 in die Startlöcher ging, hatte England bereits 30 Jahre Vorsprung. Im deutschen Raum setzte die Industrialisierung erst 1850 so richtig ein.

Welche Bedingungen waren nun erforderlich, damit diese »schleichende« Revolution in Gang kommen konnte? Weshalb nahm die industrielle Revolution gerade in England ihren Anfang und nicht in einem anderen westeuropäischen Land?

England entwickelte sich viel früher als andere europäische Staaten zu einem Nationalstaat, der Grund dafür ist ganz einfach: England ist eine Insel und hat klar umrissene Grenzen, die seit Jahrhunderten von fremden Völkern nicht mehr überschritten wurden. Und England brachte ein politisches System hervor, in dem seit dem 16. Jahrhundert der Individualismus eine große Rolle spielte.

Außerdem kehrte sich in England der Merkantilismus als Wirtschaftsform der absolutistischen Herrschaft nicht nach innen, sondern nach außen. In den anderen europäischen Staaten war es genau anders herum. Die Grundannahme im Merkantilismus lautete, dass der Vorteil des einen Staates nur auf Kosten eines anderen gesichert werden könne. Man versuchte deshalb durch staatlichen Interventionismus und Dirigismus den Wirtschaftsprozess im eigenen Land von oben zu steuern. Als zweckmäßige Methoden erschienen die Förderung der großgewerblichen Produktion und die gleichzeitige Abschottung nach außen durch Zölle und Handelsbeschränkungen.

England setzte dagegen auf Offenheit, den Seehandel und auf die Wirtschaftskraft der Kolonien. Dadurch floss Geld ins Land, was letzten Endes die Grundlage, das Kapital für die weitere wirtschaftliche Entwicklung abgab. England war zum Ende des 18. Jahrhunderts wahrscheinlich das reichste Land der Welt, allerdings war der Reichtum äußerst ungleich verteilt. Aber selbst den englischen Bettlern ging es um Klassen besser als zum Beispiel den meisten französischen Bauern: Im Gegensatz zu den Bauern besaßen die Bettler Hemd, Schuhe und Strümpfe.

Reichtum und Armut waren also zu jener Zeit selbst innerhalb Europas höchst relative Begriffe, dazu mehr in Kapitel 3.

Und weil England und die Menschen dort so reich waren, bestanden gute Absatzchancen für Massenprodukte. Außerdem bildeten die Kolonien einen riesigen Markt für preiswerte Waren. Aber England setzte auch noch stärker als andere europäische Staaten auf die Wissenschaft. Die systematische Erforschung von Naturgesetzen und ihre Nutzbarmachung in neuen Erfindungen und Technologien spielte in England eine viel größere Rolle als in anderen europäischen Ländern.

Und damit haben wir die wesentlichen Faktoren der industriellen Revolution beisammen: Arbeitskräfte, Freiheit für das Individuum als die politische Komponente, Kapital und technische Erfindungen. Aber all das kam eben nicht von heute auf morgen.

Stahlhart: Siegeszug von Eisen, Kohle und Stahl

Die Grundlagen für die Entwicklung der Dampfmaschine wurden Ende des 17. Jahrhunderts gelegt und von da an immer weiter verfeinert. Die Maschine, die James Watt 1765 baute und bis 1769 verbesserte, war praktisch nur ein Baustein in einer langen Kette von Erfindungen, die sich bis zum Ende des 19. Jahrhunderts fortsetzen sollten. Bereits im 16. Jahrhundert wurden in England fossile Brennstoffe verwendet, während man auf dem Kontinent noch fleißig das Eisenerz mit Holzkohle verhüttete.

Die erste Koksverhüttung von Eisen fand 1709 in England statt, aber bis man Flussstahl von hoher Qualität erzeugen konnte, dauerte es noch bis 1856, erst da stand der Konverter von Sir Henry Bessemer zur Verfügung. Und erst das Thomas-Verfahren von 1879 senkte die Kosten der Stahlherstellung nachhaltig um 80 bis 90 Prozent, so dass der Werkstoff Stahl seinen Siegeszug antreten konnte.

Der erste Schritt der Industrialisierung bestand in England in der Mechanisierung der Textilproduktion, das heißt der Veränderung und Leistungssteigerung der traditionellen Handfertigung von Garnen und Tuchen. Der zweite Schritt war die Eisen- und Stahlerzeugung, die nun nichts mehr mit Handwerk zu tun hatte. Da die Industrialisierung in Deutschland erst später begann, wurde der erste Schritt vielerorts übersprungen, und man erlebte erst den mit dem Bau von Eisenbahnen verbundenen Aufschwung als die eigentliche industrielle Revolution.

In England gab es ein gut funktionierendes System von Straßen und Wasserwegen, die hauptsächlich dem Transport wirtschaftlicher Güter dienten, während auf dem Kontinent Straßen in erster Linie unter militärischen Aspekten angelegt wurden. Aber die Straßen und Kanäle Englands reichten angesichts der rasanten technischen Entwicklung schon bald nicht mehr aus. Auf dem Wasserweg waren nicht alle Orte zu erreichen, und selbst auf guten Straßen erwies sich die Leistung von Pferdefuhrwerken beim Transport von Kohle und Erz als zu gering.

Die Nachfrage nach Eisen ließ den Bedarf an Kohle nach oben schnellen. Der Abbau von tiefer gelegener Kohle erforderte den Einsatz von Dampfmaschinen zur Entwässerung der Gruben. Die Lösung für den logistischen Engpass bei der Kohleproduktion lieferte die Dampflokomotive. 1813 wurde die erste alltagstaugliche Lokomotive von William Hedley für die Wylam-Kohlegrube bei Newcastle gebaut. Die erste langstreckentaugliche Lokomotive entstand 1829. Sie wurde von George und Robert Stephenson für die Manchester-Liverpool-Eisenbahn entwickelt.

Jetzt war der Siegeszug der Eisenbahn nicht mehr aufzuhalten. Bereits im Jahre 1847 waren in England rund 10 000 Schienen-Kilometer in Bau. In der Folge musste also noch mehr Eisen gewonnen werden, damit Schienen, Lokomotiven und Wagen hergestellt werden konnten, der Bedarf an Kohle stieg immer weiter. Ein Ende der eigendynamischen Aufwärtsbewegung der Industrialisierung schien nicht absehbar.

Deutschland hinkte dieser Entwicklung lange hinterher. Zwischen 1830 und 1850 befand man sich hier immer noch in der Vorbereitungszeit der Industrialisierung. In erster Linie hing dies sicherlich mit den nach wie vor bestehenden wachstumshemmenden Handelsbeschränkungen und der Kleinstaaterei zusammen. Erst 1834 entstand der Deutsche Zollverein. Als Erste bauten Preußen und Hessen-Darmstadt ihre Handelsschranken untereinander ab.

Nach und nach schlossen sich immer mehr deutsche Länder diesem Bündnis an und schufen damit auf ökonomischer Basis eine Vorstufe für die Gründung des Deutschen Reiches im Jahr 1871. Aber auch der Deutsche Zollverein war nur eine relative Verbesserung, gemessen an den Bedingungen, die in England herrschten. Es dauerte in Deutschland noch bis 1888, bis sämtliche Hemmnisse für eine florierende überregionale Wirtschaft beseitigt waren.

Immerhin war das Eisenbahnnetz in Preußen im Jahre 1850 fast 4000 Kilometer lang, aber bis zur Verdreifachung der Länge vergingen zwanzig Jahre. Wie weit Deutschland hinterherhinkte, zeigt auch die Menge der Roheisenproduktion. Während sie in Großbritannien innerhalb von fünfzig Jahren (von 1800 bis 1850) von 190 000 Tonnen auf 2,2 Millionen Tonnen stieg, entwickelte sie sich in Deutschland nur von 40 000 Tonnen auf 212 000 Tonnen. Den stärksten Entwicklungsschub erhielt die deutsche Wirtschaft nach der großen Depression im Jahr 1873. Und erst nach der Jahrhundertwende überholte Deutschland England in der industriellen Produktion. Aber zu dem Zeitpunkt war längst ein anderer großer Wettbewerber auf den Plan getreten: die USA.

New Economy: USA an der Weltspitze

Wenn wir an die Vereinigten Staaten von Amerika im 19. Jahrhundert denken, fallen uns vor allem Szenen aus dem Wilden Westen ein: Trecks von Siedlern, die nach Westen ziehen, riesige Rinderherden, die von Cowboys durchs Land getrieben werden, Indianer auf dem Kriegspfad und immer wieder Goldgräberstädte, bevölkert von Revolverhelden. Diese Bilder haben aber nur wenig mit dem Alltag der überwiegenden Mehrheit der amerikanischen Bevölkerung jener Zeit zu tun.

Im Norden der Vereinigten Staaten dominierte die bäuerliche Farmwirtschaft, aber es gab auch eine schnell wachsende Industrie. Im Süden bestand die Plantagenwirtschaft, beherrscht von einer aristokratisch-patriarchalischen Führungsschicht, die ihren Wohlstand aus Sklavenarbeit bezog. Der Widerspruch zwischen diesen beiden Gesellschaftsformen führte schließlich zum amerikanischen Bürgerkrieg von 1861 bis 1865. Mit dem Sieg der Nordstaaten wurde auch formell die Sklaverei in den Südstaaten beendet.

Doch selbst der Bürgerkrieg tat dem wirtschaftlichen Aufschwung der Vereinigten Staaten nur unwesentlich Abbruch. Bereits im Jahre 1870 waren die USA zur weltweit größten Volkswirtschaft geworden. Im Norden und Osten mussten niemals feudale Strukturen überwunden werden, und es waren keine Zollschranken und Handelshemmnisse zu beseitigen. Es gab auch keine Zünfte wie in Deutschland, die sich der Industrialisierung in den Weg stellten. Neue Fertigungs- und Produktionstechniken wurden stets begierig aufgenommen. Der einzige Unterschied zu Europa war, dass man in Amerika alles, was man anpackte, gleich ein paar Nummern größer machte.

Das galt auch für die Landwirtschaft, in der bereits um 1900 eine Vielzahl von Maschinen im Einsatz waren. Der erste Mähdrescher wurde 1881 erfunden, der Stacheldraht zur Eingrenzung der unendlichen Viehweiden 1874. Die Vereinigten Staaten hatten gegenüber Europa aber noch einen großen Vorteil: Kohle und Eisenerz lagen dicht beieinander, so dass die Hochindustrialisierung in der zweiten Hälfte des 19. Jahrhunderts zügig voranschreiten konnte. Schneller als in Europa entstanden riesige Industriekonzerne und Kartelle.

Im Jahr 1913 lag das amerikanische Bruttoinlandsprodukt 20 Prozent über dem britischen und 86 Prozent über dem deutschen. Aber nicht nur in der Produktion von Gütern setzten sich die USA an die Weltspitze. Sie waren auch bei der Vermarktung ihrer Produkte besonders erfinderisch. Ratenzahlungen, Verbraucherkredite, Rückgabe- und Umtauschrecht sind alles amerikanische Erfindungen, die dazu führten, dass die Massenproduktion eine Entsprechung im Massenkonsum fand. Und noch etwas wurde in den USA erfunden: der Versandhandel. Damit kamen die neuen Produkte auch auf die entlegensten Farmen und Ranches.

Ohne Moos nix los

Während in England die Finanzierung der Industrialisierung in der ersten Phase zunächst durch den einzelnen Unternehmer erfolgte, kamen in der späteren Phase, als die Investitionen immer größer wurden, staatlich konzessionierte Kapitalgesellschaften hinzu. Die Privatbanken spielten bei der Finanzierung von Investitionen nur eine untergeordnete Rolle, ebenso die später gegründeten Aktienbanken.

Das war in Deutschland anders. Hier waren es Entwicklungsbanken, die Industriebetriebe gründeten und finanzierten und sich sogar um die Überwachung der Produktionsleistung kümmerten und Innovationen förderten. Diese Banken waren eine Kombination aus Investment-, Geschäfts- und Depositenbank, deshalb wurden sie als Universalbanken bezeichnet. Zum Teil funktionierten sie wie technische Beratungsfirmen. Die Universalbanken entwickelten sich immer mehr zu Partnern der Großunternehmen, während der Mittelstand und das Handwerk finanziell auf der Strecke blieben.

Die Legitimation der Klassengesellschaft

In der Feudalgesellschaft lebten die Menschen in dem Bewusstsein, dass es unterschiedliche Stände gab und dass die Unterschiede zwischen den Menschen meist auf der Herkunft beruhten. Sie waren auch daran gewöhnt, dass sich eine große Zahl von armen, nicht arbeitenden Menschen von Bettelei und Almosen ernähren musste.

Die industrielle Revolution brachte die Umwälzung, dass sich der Stand der Bürger neu ordnete, nämlich in Kapitalbesitzer und Arbeiter, und dass Arbeit und Armut keine Gegensätze mehr bildeten, sondern zwei Seiten derselben Medaille waren. Die neuen Zustände brauchten auch eine neue Legitimation. Die sah in den einzelnen Teilen Europas und erst recht in den USA sehr verschieden aus.

Die Ideologie des englischen Manchester-Liberalismus speiste sich sowohl aus politischen Überlegungen als auch aus wissenschaftlich-ökonomischen Theorien und religiösen Interpretationen der damals herrschenden Zustände. Es galt durchaus als gottgefällig, Kinder bis zum Umfallen schuften zu lassen und schwangere Frauen bis zur Niederkunft in Bergwerke zu schicken.

Hilfreich war dabei die calvinistische Prädestinationslehre. Demnach war für jeden Einzelnen ein bestimmtes Schicksal vorausbestimmt, in das er sich fügen musste. Dass die Kapitalisten ein anderes Schicksal hatten, war nicht einmal ihrer persönlichen Leistung zu verdanken, weshalb sie auch keinen Anspruch auf den Genuss ihrer Gewinne hatten, sondern diese wieder ins Unternehmen investieren mussten.

In Deutschland war man eher geneigt, die Klassenunterschiede auf die Einhaltung der preußischen Tugenden zurückzuführen. Jeder hatte seine Pflichten zu erfüllen. Disziplin, Fleiß und Unterordnung waren die herausragenden Tugenden, und der Unternehmer war der Herr im Haus, der auf die Einhaltung der Ordnung achtete. Aus diesem patriarchalisch autoritären Umgang mit »ihren« Arbeitern ergaben sich für die Unternehmer allerdings auch Pflichten der Fürsorge.

Sie wurden von den verschiedenen Konzernherren allerdings sehr unterschiedlich ausgelegt. »Genießt, was Euch beschieden ist. Das sei Eure Politik, dabei werdet Ihr frohe Stunden erleben. Höhere Politik treiben erfordert mehr freie Zeit und Einblick in die Verhältnisse, als dem Arbeiter verliehen ist.« So lautete das Motto bei der Firma Krupp. Als sozialpolitisch besonders fortschrittlich tat sich der Industrielle Robert Bosch hervor. Er führte bereits 1906 in seinem Unternehmen den Achtstundentag ein.

Ganz anders sah es wiederum in den USA aus. Dort war bereits in der Unabhängigkeitserklärung vom 4. Juli 1776 festgehalten worden, es gehöre zu den selbstverständlichen Wahrheiten, dass alle Menschen gleich geschaffen sind und dass jeder das unveräußerliche Recht besitzt, nach Freiheit und der Verwirklichung des eigenen Glücks zu streben.

Das Recht, nach Glück und Erfolg zu streben, machte und macht heute noch immer den elementaren Unterschied zwischen der europäischen und der amerikanischen Mentalität aus. Pragmatismus und Materialismus waren in den USA die entscheidenden Faktoren der Industrialisierung. Anders als in Europa wurden die bestehenden Verhältnisse nicht passiv hingenommen mit gelegentlichen Ausbrüchen in Form von Revolten, wenn der Druck zu groß wurde, und auch das Verhältnis von Herr und Knecht galt nicht als unabänderlich.

In Amerika herrschte die Überzeugung, dass grundsätzlich jeder die Chance zum gesellschaftlichen Aufstieg und zur Veränderung der eigenen Lebensbedingungen hatte. Reichtum wurde als Ergebnis persönlicher Leistung verstanden und bewundert. Dadurch war der Klassen- und Sozialneid weitaus geringer als in Europa. Die Bereitschaft, für die eigenen Interessen zu arbeiten und im Zweifelsfall auch allein oder gemeinsam zu kämpfen, ohne nach dem Staat zu rufen, ist auch noch heute typisch für die USA.

Von der Agrar- zur Industrielandschaft

Wir können nicht pauschal vom Elend der Arbeiterklasse sprechen, sondern müssen nach Ländern und nach den Entwicklungsphasen der Industrialisierung unterscheiden. Zum Beispiel dürfen wir nicht übersehen, dass durch die Industrialisierung die Massenarbeitslosigkeit und die Massenarmut zunächst beseitigt wurden, bevor sie dann wieder neu entstanden. Der wichtigste Grund dafür war der Wettbewerb der Arbeiter und Arbeiterinnen untereinander.

Das Überangebot an Arbeitskräften hing natürlich auch mit den Arbeitszeiten von zum Teil mehr als 13 Stunden pro Tag zusammen. Die Verdienstmöglichkeiten waren sowohl nach Branche als auch nach Region sehr unterschiedlich. So verdiente zum Beispiel 1863 ein Arbeiter in der sächsischen Textilindustrie pro Woche etwa 2,5 Taler. Ein Buchdrucker in Leipzig erhielt 7 Taler und ein Maschinenbauer in Berlin 13 Taler. Da konnte die Landwirtschaft natürlich nicht mithalten.

Der Prozess der Verstädterung lief in den verschiedenen Ländern sehr unterschiedlich ab. Während in Großbritannien 1891 bereits 72 Prozent der Bevölkerung in Städten lebten und nur noch 28 Prozent auf dem Land, war das Verhältnis in Deutschland noch fast ausgewogen. Nur 47 Prozent wohnten in der Stadt und 53 Prozent auf dem Lande. Und selbst 20 Jahre später war der Anteil der Landbevölkerung mit 40 Prozent in Deutschland fast immer noch doppelt so hoch wie in Großbritannien.

Trotzdem sah das Ergebnis der Industrialisierung in allen frühindustrialisierten Staaten gleich aus: Nicht mehr die Landwirtschaft bildete die Grundlage des Wohlstands der Nation, sondern die industrielle Produktion. Der in der Stadt lebende Industriearbeiter war an die Stelle der Bauern und Landarbeiter getreten.

Lohn als Schmerzensgeld: Beginn der Arbeitsteilung

Können Sie sich unsere Welt ohne Arbeitsteilung vorstellen? Ich nicht! Wie groß ist der selbst produzierte Anteil Ihrer Nahrung? 100 Prozent? Dann müssen Sie ein Ökobauer sein, der sich ziemlich einseitig ernährt und auf Kaffee, Tee, Orangensaft, Reis und Bananen ebenso verzichtet wie auf Pfeffer und Salz. Wahrscheinlicher ist, dass Sie überhaupt keine Nahrung mehr selbst produzieren, genauso wie die meisten Menschen ihre Autos nicht selbst bauen und auch nicht ihre Fernsehgeräte.

Absolute Selbstversorger gibt es heute selbst in den abgelegensten Winkeln der Welt nicht mehr. Jeder Mensch ist von anderen abhängig, die für ihn einen Teil der Güterherstellung übernehmen oder Dienstleistungen erbringen. Viele Menschen denken bei dem Begriff Arbeitsteilung sofort an Fließbandarbeit. Die Aufteilung einzelner Arbeitsgänge in Teilschritte ist aber nur ein spezieller Aspekt der Arbeitsteilung.

In der vorindustriellen Zeit wurde ein einzelnes Produkt tatsächlich weitgehend von einem einzelnen Menschen gefertigt. Man konnte sich das auch gar nicht anders vorstellen. Der Franzose Honoré Blanc baute um 1800 herum Waffen. Sein Hauptabnehmer war Napoleons Armee, und die hatte einen unerschöpflichen Bedarf. Also machte sich Blanc daran, austauschbare Teile zu entwickeln, die erst am Ende des Herstellungsprozesses zum vollständigen Gewehr zusammengesetzt wurden. Die einzelnen Teile sollten angelernte Arbeiter herstellen. Für uns ist dieser Gedankengang heute überhaupt nicht ungewöhnlich, sondern selbstverständlich.

Die französische Regierung war jedoch anderer Ansicht. Sie hielt es weder für durchführbar noch für vernünftig, ein Gewehr aus Teilen zusammenzusetzen, die von verschiedenen Menschen gefertigt worden waren. Eine solche Waffe konnte nicht funktionieren, da die einzelnen Teile mit Sicherheit nicht so aufeinander abgestimmt sein würden, wie wenn alle Einzelteile von einem einzigen Handwerker gefertigt und zusammengefügt wurden. Blanc bekam den Staatsauftrag nicht – und Napoleons Armee bekam nicht genügend Gewehre.

Aber in der Frühzeit der Industrialisierung standen nicht nur die Auftraggeber der Arbeitsteilung skeptisch gegenüber, sondern auch die Arbeiter. Immer nur ein und dasselbe Teil zu fertigen, war langweilig und obendrein unbefriedigend. Es blieb den Fabrikanten gar nichts anderes übrig, als für die Arbeit, die eine geringe Qualifikation erforderte, mehr zu zahlen, um die Abneigung gegen die Monotonie zu kompensieren. Der Lohn wurde im Rahmen der Arbeitsteilung also in gewisser Weise zum Schmerzensgeld dafür, dass ein Arbeiter etwas tat, was ein vernünftiger Mensch zur damaligen Zeit sonst nicht getan hätte.

Heute ist dieser Aspekt bei den meisten Arbeitsplätzen weit in den Hintergrund getreten, weil wir uns längst daran gewöhnt haben, dass Arbeit zwar durchaus Spaß bedeuten kann, aber meistens doch ermüdend und anstrengend, weil langweilig, ist. Versuchen Sie sich nur einmal vorzustellen, was Sie an Ihrem Arbeitsplatz vollkommen allein noch leisten könnten, wenn alle Ihre Kollegen, wirklich alle, im Urlaub wären! Sicherlich, die ersten ein bis zwei Tage könnten Sie sich selbst beschäftigen. Aber was könnte die Vertriebsabteilung noch verkaufen, wenn nichts mehr produziert wird? Was sollte die Produktion noch herstellen, wenn aus der Materialwirtschaft und der Logistik keine Rohwaren oder Zubehörteile angeliefert werden? Was sollte der Spediteur in den Handel transportieren, wenn nichts mehr produziert wird?

Es gibt wohl wirklich nur noch sehr wenige Berufe, bei denen der Einzelne unabhängig von anderen arbeiten kann. Selbst der so oft zitierte Uhrmachermeister, der Luxusuhren für mehrere zehntausend Euro zusammenbaut, käme ohne die Arbeiter in den Goldminen und ohne die Metall erzeugende Industrie nicht an seine Werkstoffe und könnte nicht arbeiten. Und was sollte der Moderator allein im Fernsehstudio? Ohne Kameramann ist er aufgeschmissen, ohne Sendetechniker erst recht, und wenn dann noch die Leute beim E-Werk in Urlaub gehen und kein Strom mehr da ist, sieht die Sache buchstäblich finster aus.

Unser ganz normaler Alltag zeigt uns also, dass es ohne Arbeitsteilung, und zwar in die verschiedensten Richtungen, nicht mehr geht. Nicht nur der einzelne Arbeitsprozess wird aufgesplittet, sondern man teilt die Arbeit auch innerhalb einer Volkswirtschaft auf und darüber hinaus noch international. Ohne Kaffee und Tee aus Südamerika, Afrika und Asien wäre ganz Europa am Vormittag eine ziemlich verschlafene Gesellschaft. Nur so viel zur internationalen Arbeitsteilung.

Ein ganz wesentlicher Aspekt im Zusammenhang mit der Arbeitsteilung geht auf den amerikanischen Ingenieur Frederick Winslow Taylor zurück: das System der wissenschaftlichen Betriebsführung, der so genannte Taylorismus. Basierend auf Zeit- und Bewegungsstudien zerlegte er einzelne Arbeitsabläufe in kleinste Arbeitsschritte, um dadurch Rationalisierungsreserven nutzbar zu machen. Wie das funktioniert, hat Charlie Chaplin in seinem Film *Moderne Zeiten* gezeigt.

Der Taylorismus machte aber nicht nur den Menschen zum Teil der Maschine, sondern schärfte auch den Blick für die ergonomische Gestaltung der Arbeitsplätze – nicht aus purer Menschenfreundlichkeit, sondern weil es wirtschaftlicher ist, wenn die Arbeitskräfte nicht so schnell ermüden und sich körperlich nicht zu früh verschleißen. Die zentrale Idee war jedoch die Trennung von Arbeitsplanung, der Disposition, und Ausführung. Ebenfalls auf Taylor geht die Entwicklung von leistungsorientierten Lohnformen zurück, die ihre stärkste Ausprägung in den Akkordlöhnen fanden und heute in Erfolgsbeteiligungen fortbestehen.

Die Arbeitsteilung hat nicht nur den Vorteil, dass wir eine unendliche Vielfalt an Produkten und Dienstleistungen haben, wir bekommen sie sogar noch viel billiger, als wenn wir sie selbst oder nur im handwerklichen Stil erzeugen lassen würden. Natürlich sind diese Vorteile nicht umsonst. Der Preis, den wir letzten Endes dafür bezahlen, ist auf der Seite der Arbeitnehmer die Spezialisierung auf bestimmte Handgriffe und damit der Verzicht auf Flexibilität bei veränderten Arbeitsbedingungen, kurzum die Monotonisierung des Lebens.

Die wenigsten Arbeitnehmer haben noch Übersicht über die Gesamtzusammenhänge ihrer Tätigkeit. Oft erscheint es ihnen sogar sinnlos, was sie tun, weil ihre hoch spezialisierten Handgriffe weder etwas Sichtbares hervorbringen noch eine irgendwie einzuordnende Leistung darstellen. Dass dabei die Arbeitsfreude verloren geht, ist nur allzu verständlich. Als Konsumenten haben wir den Vorteil, dass wir viele zum Teil höchst komplexe Produkte zu günstigen Preisen beziehen können. Überlegen Sie nur einmal, was ein guter Videorekorder heute leistet und kostet im Vergleich zu einem Gerät vor fünfzehn oder zwanzig Jahren.

Allerdings tritt durch die Massenproduktion auch eine gewisse Monotonie bei den Waren ein. Welches Gerät der Unterhaltungselektronik ist heute noch in Farben lieferbar, die sich nach den individuellen Wünschen des Käufers richten? Gar keins. Die Kunststoff- oder Metallgehäuse sind schwarz oder silberfarben. Aus! Wenn jemand einen Videorekorder in Pink oder Hellgrün haben möchte, muss er ihn sich selbst umspritzen. Die Massenproduktion führt also auch zu einer Monotonisierung der Produkte.

Inzwischen stehen wir schon wieder vor einem neuen Schritt in die Zukunft, nämlich der Massenmaßfertigung und der wiederkehrenden Individualisierung von Massenprodukten. Die besten Beispiele sind Textilien oder Autos. Lassen Sie in einem Geschäft in den USA oder in Japan Ihre Körpermaße einscannen, dann erhalten Sie die nach Ihren Wünschen maßgeschneiderte Jeans oder Ihren Anzug wenige Stunden später zu einem Preis ausgehändigt, der nur geringfügig höher ist als der für Kleidung von der Stange.

Wenn Sie einen Neuwagen bestellen, können Sie aus einer unendlich langen Zubehörliste Ihre individuellen Komponenten auswählen und sich praktisch Ihr Auto nach Maß schneidern lassen. In Zukunft wird es sogar so sein, dass Ihre individuellen Wünsche direkt beim Händler erfüllt werden und Sie das Auto Ihrer Wünsche schon am nächsten Tag abholen können und nicht noch Wochen oder Monate warten müssen. Zu Beginn der arbeitsteiligen Automobilfertigung bei Henry Ford war das anders. Den Ford T gab es in jeder beliebigen Farbe – solange sie nur schwarz war.

Wo ist die Zweite Welt geblieben?

Wenn wir zwischen Industrieländern und Entwicklungsländern unterscheiden wollen, gehen uns die Begriffe Erste Welt und Dritte Welt ganz locker über die Lippen. Was aber ist die Zweite Welt, und wo ist sie geblieben? Im frühen 20. Jahrhundert hat man die Gesellschaftsformen der Erde in drei Haupttypen geteilt. Zur Ersten Welt gehörten und gehören die industrialisierten Staaten Europas, die Vereinigten Staaten, Australien und Ozeanien sowie Japan.

Die Mehrzahl dieser Gesellschaften hat Verfassungsformen mit einem parlamentarischen Mehrparteiensystem. Die Gesellschaften der Ersten Welt bestanden also seit dem 18. Jahrhundert und haben sich bis heute gehalten. Gesellschaften der Ersten Welt beruhen auf der industriellen Produktion und der Marktwirtschaft. Nur ein äußerst geringer Teil der Bevölkerung ist in der Landwirtschaft tätig. Die Mehrheit der Menschen lebt in kleineren und größeren Städten.

Als Zweite Welt wurden die früheren kommunistischen Gesellschaften der ehemaligen Sowjetunion und Osteuropas bezeichnet. Diese Gesellschaften hatten zwar auch eine industrielle Basis, doch wurde das Wirtschaftssystem zentral geplant. Auch hier war der in der Landwirtschaft tätige Bevölkerungsteil verhältnismäßig klein, und die meisten Menschen lebten ebenfalls in größeren oder kleineren Städten. Bezeichnenderweise gab es gerade in dieser angeblich klassenlosen Gesellschaft extrem große Klassenunterschiede.

Die Gesellschaften der Zweiten Welt existierten von 1917, dem Jahr der Russischen Revolution, bis zum Zusammenbruch der Sowjetunion im Jahr 1989. In den Gesellschaften der Zweiten Welt nahm man an, dass ein in Kollektiveigentum befindliches Produktionssystem größeren Wohlstand und vor allem mehr Gleichheit in der Bevölkerung erzeugen könnte als eine Marktwirtschaft. Die Erfahrung hat diese Annahme gründlich widerlegt, die Wirtschaftssysteme der Zweiten Welt sind untergegangen.

Mit dem Zusammenbruch des Kommunismus existiert die Zweite Welt im klassischen Sinne nicht mehr. Nun gehören diese Nationen aber weder zur Dritten Welt noch zu den Schwellenländern und auch nicht zur Ersten Welt. Man bezeichnet die Zweite Welt heute häufig als Reform- oder auch Transformationsländer, die versuchen, die Modelle der Gesellschaften der Ersten Welt zu übernehmen und damit die Reste der Strukturen des früheren zentralistischen Systems zu ersetzen. Dies gelingt unterschiedlich schnell und unterschiedlich gut. Sollten die Reformen scheitern, wird das erhebliche Auswirkungen auf die übrigen europäischen Länder haben.

Der Begriff Dritte Welt wurde von dem französischen Demografen Alfred Sauvy geprägt. Während sich die Erste und die Zweite Welt vom Wirtschafts- und Gesellschaftssystem polar gegenüberstanden, war die Dritte Welt, die Gesamtheit der weniger entwickelten Gesellschaften, immer sehr mit der Ersten Welt verbunden. Sowohl der Kolonialismus als auch enge Handelsbeziehungen drückten der Dritten Welt den Stempel der Ersten Welt auf. Die meisten Länder der Dritten Welt wurden erst nach dem Zweiten Weltkrieg selbstständig.

Während in vielen dieser Länder ein Großteil der Bevölkerung noch in ländlichen Gebieten lebt, vollzieht sich in anderen Teilen der Dritten Welt ein Prozess der raschen Verstädterung. Die Landwirtschaft ist der Hauptbereich der Wirtschaftstätigkeit, allerdings werden meist noch traditionelle Produktionsmethoden eingesetzt, obwohl nicht mehr für die regionale Versorgung, sondern für den Weltmarkt produziert wird. In der Dritten Welt gibt es auch heute noch Nationen mit einer zentralistischen Planwirtschaft, aber auch verschiedene Entwicklungsstufen von marktwirtschaftlichen Systemen.

Die Gesellschaften der Dritten Welt existieren seit dem 18. Jahrhundert und haben mit der Entkolonialisierung erhebliche Veränderungen erfahren. Inzwischen hat sich ein weiterer Gesellschaftstypus herausgebildet, die so genannten Schwellenländer. Sie gibt es erst seit den Siebzigerjahren des 20. Jahrhunderts. Es handelt sich um frühere Gesellschaften der Dritten Welt, für die mittlerweile auch industrielle Produktion und freies Unternehmertum charakteristisch sind. Die Landwirtschaft hat nur noch eine geringe Bedeutung, und die Mehrzahl der Menschen lebt in großen oder kleinen Städten. Wie in der Dritten Welt bestehen gravierende Klassenunterschiede, die weitaus ausgeprägter sind als in Gesellschaften der Ersten Welt.

ZUSAMMENFASSUNG:

Erst die industrielle Revolution hat den wirtschaftlichen Vorsprung Europas und Nordamerikas so gefestigt, dass er mit Ausnahme von Japan, Australien und Neuseeland bis heute von keiner anderen Nation eingeholt werden konnte. Nicht den Kapitalbesitzern gebührt die Ehre, die industrielle Revolution am Ende zu einer erfolgreichen Entwicklung gemacht zu haben, sondern den Menschen, die durch ihre Arbeit die Werte schufen und durch vielfältigen Verzicht auf Lebensqualität die Anhäufung des Kapitals für weitere Investitionen ermöglichten.

Es hat 150 Jahre gedauert, bis die Lebensbedingungen der überwiegenden Mehrheit der Menschen in Nordamerika und

Europa so waren, dass sie sie als erträglich hinnehmen konnten. Die größte Veränderung durch die industrielle Revolution ist die Dynamisierung aller wirtschaftlichen und gesellschaftlichen Prozesse. Es gibt kein Zurück mehr, nur noch ein Vorwärts. Wie das Vorwärts aussehen kann, wird immer weniger von ökonomischen Zwängen bestimmt und immer mehr vom Gestaltungswillen der Menschen.

BEGRIFFE, DIE MAN KENNEN MUSS

Klassengesellschaft:
In einer Klassengesellschaft werden die Unterschiede zwischen den verschiedenen gesellschaftlichen Gruppen durch wirtschaftliche Faktoren bestimmt. In den heutigen westlichen Gesellschaften unterscheidet man zwischen der Oberschicht, die sich über ihren Besitz definiert, der Mittelschicht, die sich durch Besitzverhältnis und berufliche Tätigkeit wiederum in eine obere, mittlere und untere Mittelschicht aufspreizt, und der Unterschicht. Die Unterschicht lebt überwiegend von staatlichen Leistungen und nur bedingt von eigener Arbeit.
Eine Klassengesellschaft zeichnet sich über die materiellen Unterschiede hinaus auch noch durch Klassenbewusstsein (soziale und politische Einstellungen) aus. In der deutschen Gesellschaft definiert sich die Mehrheit als Mittelschicht, eine Unterschicht ist kaum vorhanden. In der Vergangenheit gab es neben den drei Hauptschichten auch noch die Arbeiterklasse und den Bauernstand.

Kleptokratie:
In einer Kleptokratie bereichert sich ein Herrscher oder eine kleine herrschende Gruppe persönlich an den für Staatsaufgaben vorgesehenen Mitteln. Bekanntestes Beispiel für einen Kleptokraten ist der ehemalige Staatspräsident von Zaire, Joseph-Désiré Mobutu. Eine Kleptokratie funktioniert meist nur, wenn die Massen entwaffnet sind und nur eine Elite über Waffen verfügt, wenn der kleine, für das Volk aufgewendete Teil der Staatsausgaben für populäre Anliegen eingesetzt wird, wenn das Gewaltmonopol zur Aufrechterhaltung der öffentlichen Ordnung genutzt wird und wenn die herrschende Person oder das Regime durch eine bestimmte Ideologie gestützt wird.

Kolonialismus:
Der Begriff bezeichnet die Bemühungen europäischer Staaten, durch den Erwerb von ausländischen, meist überseeischen Gebieten (Kolonien) neue Rohstoffquellen und Absatzmärkte zu erschließen, Siedlungsmöglichkeiten zu schaffen und ihre Machtstellung in Europa abzusichern. Inzwischen haben nahezu alle Kolonien zwar ihre Unabhängigkeit erlangt, Abhängigkeiten und alte Strukturen bestehen jedoch in unterschiedlicher Weise weiter.

Liberalismus:
Die liberale Weltanschauung stellt die Freiheit des Einzelnen in den Mittelpunkt. Der wirtschaftliche Liberalismus,

dessen Grundlage die Theorien von Adam Smith bilden, fordert einen freien Wettbewerb am Markt ohne Eingriffe des Staates, Gewerbefreiheit und Freihandel. Der Staat soll lediglich durch die Justiz dem Markt Spielregeln geben und einige öffentliche Güter bereitstellen wie Verteidigung, Verkehrswege und Bildung.

Eine extreme Form des Liberalismus war das **Laissez-faire**, auch **Manchester-Liberalismus** genannt. Hier sollte der Staat sich aus allem heraushalten und als so genannter »Nachtwächterstaat« nur die Rolle eines Beobachters übernehmen. Besonders wichtig für die Anhänger des Manchester-Liberalismus war der absolute Freihandel ohne Zölle und andere Handelsbarrieren.

Vertreter des **Neoliberalismus** des 20. Jahrhunderts forderten eine freie marktwirtschaftliche Ordnung, bei der der Staat seine Eingriffe auf ein Minimum beschränkt. Die deutsche Variante des Neoliberalismus, die Grundlage der sozialen Marktwirtschaft, wird **Ordoliberalismus** genannt (Walter Eucken).

Luxus:
Das Wort Luxus stammt aus dem Lateinischen und bedeutet »Üppigkeit«. Es bezeichnet Verhaltensweisen und Aufwendungen beim Gebrauch von Gütern und Dienstleistungen, die über das jeweils notwendige und sinnvolle Maß hinausgehen. Was unter Luxus verstanden wird, hat sich nicht nur im Verlauf der Geschichte verändert, sondern hängt von zahlreichen zusätzlichen Faktoren ab wie kulturellen und sozialen Standards, Einkommenshöhe,

Konsumgewohnheiten und den sich wandelnden sozialethischen Normen.

Merkantilismus:
Als Merkantilismus wird eine Wirtschaftspolitik bezeichnet, die zwischen dem 16. und dem 18. Jahrhundert vorherrschte. Sie war geprägt durch massive Eingriffe des Staates in das Wirtschaftsgeschehen. Die merkantilistische Wirtschaftspolitik sollte die Macht der absolutistischen Staaten vergrößern durch Stärkung ihrer Wirtschafts-, Handels- und Finanzkraft. Dazu wurde eine Vielzahl von Gesetzen, Verordnungen und Zöllen erlassen. So wurde die Ausfuhr von Waren forciert und durch hohe Zölle die Einfuhr behindert mit Ausnahme der benötigten Rohstoffe. Auf der anderen Seite förderten die merkantilistischen Staaten die einheimische großgewerbliche Produktion und die Manufakturen, die Luxusgüter herstellten.

Sklaverei:
Der Begriff bezeichnet die völlige rechtliche und wirtschaftliche Abhängigkeit eines Menschen (Sklaven) als Eigentum eines anderen (Sklavenhalter). Das in der Regel gesetzlich geregelte Eigentumsrecht der Sklavenhalter ließ auch den Verkauf und die Bestrafung, ja sogar die Tötung des Sklaven zu. Obgleich die Sklaverei offiziell auf der ganzen Welt abgeschafft ist, werden in vielen Teilen der Dritten Welt Kinder immer noch in sklavenähnlichen Arbeitsverhältnissen gehalten.

Zünfte:
Eine Organisationsform von Handwerkern, Händlern und anderen Gruppen zur Ausübung eines gemeinsamen Gewerbes und Regelung der wirtschaftlichen Verhältnisse. Im Mittelalter bestand in ganz Europa Zunftzwang. Zunftordnungen regelten die Ausbildung und den Zugang zum Handwerk (Lehrzeit, Gesellenzeit, Wanderzeit), Betriebsgröße, Arbeitszeit, Qualität der Produkte und den Rohstoffbezug. Zünfte waren auch Träger von Kranken- und Sterbekassen.

2
Wirtschaftskunde – mehr als ein Pausensnack

Moderne Technik ist ohne die Forschungsarbeit und die Erkenntnisse der Naturwissenschaften nicht denkbar. Nur die moderne Wirtschaft scheint oft ohne wissenschaftliche Hilfe auskommen zu wollen. Abgesehen von Unternehmensberatern, Versicherungsmathematikern und Entwicklern von Finanzprodukten stehen die meisten Praktiker in Sachen Wirtschaft den Theoretikern eher skeptisch gegenüber.

Dass sich Politiker gelegentlich nach geeigneten Theorien umschauen müssen, um dem Willen des Volkes zu entsprechen und dessen Wohlstand zu bewahren und zu mehren, wollen wir ja gern akzeptieren. Aber welcher Dachdeckermeister legt seiner Kostenkalkulation schon ganz bewusst eine bestimmte Theorie über Angebot und Nachfrage zugrunde? Und muss er das überhaupt, damit er erfolgreich ist? Folgt die Wirtschaft nicht unsichtbaren Gesetzen? Und falls es keine unsichtbaren Gesetze gibt, steuert dann nicht der Staat?

Leider bewegt sich das, was in weiten Kreisen unter Wirtschaftstheorie verstanden wird, oft genug auf dem Niveau von Comic-Heft-Geschichten, wie die Wirtschafts-Bestsellerlisten zeigen. Anders sind Titel wie *Die Mäuse-Strategie* wohl kaum einzuordnen.

Das breite Publikum ist an leicht verständlichen Lösungen für

Alltagsprobleme interessiert, und die vermutet es am ehesten in solchen Managementratgebern. Dass auch die Klassiker und erst recht die modernen Wirtschaftsdenker etwas zum allgemeinen Verständnis von Problemen in einer Form beitragen können, die nicht mehrere Semester Studium der Wirtschaftswissenschaften voraussetzt, wird leicht übersehen.

Selbst die Topmanager in großen Unternehmen sind nur auf der Jagd nach neuem Wissen und übersehen häufig den Wert des bestehenden. Ein Wirtschaftsbuch, das älter als drei Jahre ist, gilt vielen schon als überholt. Die Nachfrage nach neuem Gedankenfutter wird von einer ganzen Riege internationaler Management-Gurus mit immer ausgefalleneren Konzepten und Vorschlägen mit immer kürzeren Verfallsdaten bedient. Erkenntnis light ist gefragt.

Natürlich wird der Konsum von soliden Wirtschaftssach- und Fachbüchern als leichter Pausensnack dadurch erschwert, dass es manche Autoren für ihre Pflicht halten, dauernd neue und noch kompliziertere Begriffe zu erfinden. Und anders als in den Naturwissenschaften – vielleicht einmal abgesehen von der Quantenphysik und der Kosmologie – gibt es nur selten wirklich gesicherte Erkenntnisse, die nicht von dem einen oder anderen konkurrierenden Denker ebenso plausibel widerlegt werden.

Echte Theorien sind aber mehr als eine Glaubenssache. Sie lassen sich nicht nur begründen, sondern auch vertiefen und verbessern. Der englische Philosoph Karl R. Popper erkannte, dass »der Ablauf der menschlichen Geschichte durch das Wachstum des menschlichen Wissens stark beeinflusst wird«. Kein Wissenschaftler kann heute sagen, was er morgen erst weiß. Kurz, irren ist menschlich, und morgen kann alles schon ganz anders aussehen. Aber das sollte uns nicht daran hindern, uns einen Überblick über das vorhandene Wissen zu verschaffen und uns die Kernbegriffe etwas genauer anzuschauen, die zur Beschreibung wirtschaftlicher Sachverhalte unumgänglich sind.

Berühmte Ökonomen und ihre Theorien – die Grundlagen

Wen man zu den berühmten Ökonomen zählen darf und zählen muss, darüber gehen die Meinungen auseinander. Nationalstolz spielt dabei sicherlich eine ebenso große Rolle wie die Zustimmung oder Ablehnung bestimmter Theorien. Einigkeit herrscht über die Klassiker wie Adam Smith, David Ricardo, Thomas Malthus und Jean-Baptiste Say.

Die Engländer neigen dazu, auch John Stuart Mill (1773–1836) zu den bedeutenden Klassikern zu zählen, doch bestand seine Hauptleistung vor allem darin, dass er die Theorien der anderen Klassiker in einem seiner Hauptwerke systematisch dargestellt hat. Deshalb lassen wir ihn hier beiseite. Ebenfalls uneinig ist man sich darüber, ob Karl Marx zu den bedeutenden klassischen Ökonomen gehört. Manche halten ihn nicht einmal für einen Ökonomen, für wieder andere ist er nicht nur ein zeitgemäßer Denker, sondern sogar der Einzige, der dieses Prädikat verdient.

Zu den Klassikern gesellen sich dann die modernen Klassiker, angeführt von John Maynard Keynes und ergänzt von einigen anderen, wobei die nationale Zugehörigkeit immer eine große Rolle spielt. Bei uns in Deutschland sind es Max Weber, Joseph Alois Schumpeter und Walter Eucken.

Dass es für den Erfolg eines Wissenschaftlers durchaus zuträglich ist, ein möglichst langes Leben zu führen, zeigen die Klassiker der Gegenwart, allen voran Milton Friedman. Aber auch so manche Nobelpreisträger haben ihre internationale Anerkennung erst ihrem langen Leben zu verdanken.

Was zeichnet nun die großen Ökonomen aus? Zunächst einmal, dass sie alle extrem fleißige Lehrbuchschreiber waren. Zum anderen, dass ihr Beispiel den Satz von Karl Marx belegt: »Es ist nicht das Bewusstsein der Menschen, das ihr Sein, sondern umgekehrt ihr gesellschaftliches Sein, das ihr Bewusstsein bestimmt.« Es waren stets die gesellschaftlichen Verhältnisse unmittelbar vor ihrer Haustür, ihre eigenen Erfahrungen, die sie zu neuen oder zumindest zu verfeinerten Theorien veranlassten.

Aber es kommt noch eine Komponente hinzu, nämlich ein gesundes Konkurrenzdenken. Je populärer die Lehre des einen Ökonomen ist, umso verbissener kämpft der andere um die Durchsetzung seiner genau gegenteiligen Meinung. Revolutionäre wie Karl Marx sind einmalig, Pragmatiker, die sich einem Sowohl-als-auch öffnen, langweilig.

Und dann können wir noch zwischen den Empirikern und den Theoretikern unterscheiden. Empiriker sind diejenigen, die stets in den Rückspiegel blicken, aber mit Vollgas in die Zukunft brausen wollen. Sie glauben, dass das, was hinter ihnen liegt, mit dem identisch ist, was auf sie zukommt. Da sich in der Geschichte aber nur wenig in wirklich gleicher Form wiederholt, müssen sie ihre Vorstellungen und Vorschläge kontinuierlich korrigieren oder von anderen korrigieren lassen.

Die Theoretiker gleichen eher einem Piloten, der im Blindflug nur mit Blick auf die Instrumente sein Ziel ansteuert. Es gibt zwar einige verlässliche Daten, die oft auch durchaus zur

Navigation ausreichen, die ganze Wirklichkeit stellen sie aber nicht dar.

Adam Smith: Eigennutz und Gemeinwohl

Adam Smith ist der Begründer der klassischen Nationalökonomie. Der Schotte, der von 1723 bis 1790 lebte, war zunächst Professor für Moralphilosophie, dann Erzieher eines jungen Herzogs und seit 1778 höchster Zollbeamter in Edinburgh. Sein 1776 erschienenes Werk *Untersuchung über die Natur und die Ursachen des Wohlstands der Nationen* hat wohl wie kein anderes Buch Einfluss auf die Wirtschaftswissenschaften gehabt. Schließlich war es nicht nur das erste Werk zu diesem Thema, sondern auch so voll gepackt mit Informationen, dass es bis 1790 zum Standardlehrbuch für Studenten und Professoren wurde und über lange Zeit blieb.

Smith hielt die Arbeitsteilung für die eigentliche Quelle des Wohlstands, da sie den optimalen Einsatz der produktiven Arbeitskräfte ermöglicht. Arbeitsteilung bedeutete für ihn die Spezialisierung der Arbeiter auf das, wozu sie ein besonderes Talent haben. Nehmen wir eines seiner Beispiele: Ein Arbeiter kann allein pro Tag nicht einmal 20 Stecknadeln herstellen. Zehn Arbeiter aber, die sich jeweils auf bestimmte Handgriffe spezialisieren, schaffen täglich 48 000 Stecknadeln. Damit die Folgen der Arbeitsteilung für die Menschen erträglicher werden, forderte Smith gleichzeitig Volksbildung für alle.

Voraussetzung für den optimalen Einsatz der produktiven Arbeitskräfte ist allerdings ein Wachstum der Märkte, um eine Tauschmöglichkeit für die Güter sicherzustellen, die über den eigenen Bedarf hinaus produziert werden. Aus diesem Grunde plädierte Smith für eine internationale Arbeitsteilung. Zölle sollten abgeschafft werden, um internationalen Freihandel zu ermöglichen.

Seine Theorie richtete sich vor allem gegen die damals herrschende Praxis des Merkantilismus, also der staatlichen Bevormundung. Smith war der Ansicht, dass die Wirtschaft sich am besten entfaltet, wenn man dem Markt freien Lauf lässt und der Staat sich nicht einmischt. Er sah Tausch und Handel als ursprüngliche menschliche Eigenschaften an und maß dem Eigennutz des Menschen, seiner Suche nach einer Verbesserung der Lebenssituation eine entscheidende Bedeutung bei.

Smith formulierte eine Markt- und Preistheorie und eine Theorie über den Wirtschaftskreislauf. Er unterschied zwischen dem Nutzwert einer Ware und ihrem Tauschwert, dem wirklichen Preis. Dabei wählte er die Menge Arbeit, die in eine Ware gesteckt wird, als Bestimmungsgrundlage für ihren Tauschwert. Der Wert der Ware, den der Arbeiter durch seine Arbeit geschaffen hat, wird aufgeteilt in den Lohn für den Arbeiter, den Gewinn für den Unternehmer und eventuell die Rente für den Eigentümer des Bodens.

In diesem System führt der Eigennutz des Menschen zum Gemeinwohl, und zwar ohne staatlichen Eingriff. Der Einzelne könne am besten beurteilen, »welcher Erwerbszweig im Lande für den Einsatz seines Kapitals geeignet ist und welcher einen Ertrag abwirft, der den höchsten Wertzuwachs verspricht. (...) Nicht von dem Wohlwollen des Fleischers, Brauers oder Bäckers erwarten wir unsere Mahlzeit, sondern von ihrer Bedachtnahme auf ihr eigenes Interesse.« Die »unsichtbare Hand« des Marktes sorgt für den Interessenausgleich und führt zu einem sozial und moralisch wünschenswerten Gleichgewichtszustand.

Staatliche Eingriffe stören nur, auch Staatsmonopole. Der Staat soll lediglich durch die Justiz dem Markt Spielregeln setzen und einige öffentliche Güter bereitstellen, das sind Verteidigung, Verkehrswege und Bildung.

Smith forderte Wohlstand für alle, denn »keine Gesellschaft kann blühen und glücklich sein, wenn die Mehrheit arm ist«. Damit war er eigentlich ein sehr moderner Denker und ein Befürworter der Globalisierung.

David Ricardo: Gewinner und Verlierer

Der Engländer David Ricardo (1772–1823) war schon als junger Mann mit Spekulationen an der Londoner Börse reich geworden. Der Börsenmakler beschäftigte sich mit ökonomischen Theorien, nachdem er Adam Smith' *Wohlstand der Nationen* gelesen hatte. In seinem 1817 erschienenen Hauptwerk *Über die Grundsätze der Politischen Ökonomie und der Besteuerung* ging er der Frage nach, nach welchen Gesetzen das Volkseinkommen (das sind Lohn, Kapitalprofit und Bodenrente) zwischen den Arbeitern, den Kapitaleignern und den Grundeigentümern aufgeteilt wird. Außerdem beschrieb er in seiner Theorie des Außenhandels die Vorteile der internationalen Arbeitsteilung.

Sein Lehrsatz von den komparativen Kostenvorteilen besagt, dass sich ein Warenaustausch zwischen zwei Ländern selbst dann für beide lohnt, wenn das eine Land alle Güter günstiger herstellen kann als das andere. Das erläuterte er am Beispiel von Portugal und England: Er zeigte, dass Portugal sowohl Wein als auch Tuche günstiger herstellen kann als England, weil dort weniger Arbeit dafür eingesetzt werden muss, das heißt die Produktivität höher ist.

Da jedoch der Unterschied in der Produktivität beider Länder beim Wein höher war, lohnte es sich für Portugal, ganz auf die Weinproduktion zu setzen und den Wein im Tausch gegen Tuche nach England zu verkaufen. Die eingesparten Arbeitskräfte konnten bei anderen Produktionen zum Zuge kommen. Auf der anderen Seite müsste England relativ mehr Arbeit für den Weinanbau einsetzen, es war also sinnvoll, dass es sich auf die Tuchherstellung konzentrierte und den Wein in Portugal kaufte. Ricardos Fazit: Wenn jedes Land sich auf das Produkt konzentriert, das es relativ billiger produzieren kann, wächst in beiden Ländern der Wohlstand.

Wenn englische Kaufleute dennoch Tuche aus Portugal wegen des geringeren Preises kaufen, bringen sie Geld nach Portugal. Die höhere Geldmenge führt dann in Portugal zu Preisanstiegen (Inflation), während die Preise in England wegen der abnehmenden Geldmenge sinken. Das geht so lange, bis es wieder günstiger wird, Stoffe von England nach Portugal zu exportieren.

Wie Adam Smith ging auch Ricardo davon aus, dass der Wert eines Gutes sich allein danach bemisst, wie viel Arbeit in die Herstellung gesteckt wird. Die Nutzung von Boden bezog er nicht mit ein, denn nach seiner Ansicht können Grundeigentümer nur eine Grundrente erhalten, weil es unterschiedliche Bodenqualitäten gibt. Wenn ausreichend gute Böden vorhanden sind, um die Menschen mit Nahrung zu versorgen, braucht keine Grundrente gezahlt zu werden. Bei wachsender Bevölkerung müssen auch schlechtere Böden kultiviert werden, der dafür notwendige Arbeitseinsatz macht die Produkte teurer. Die Besitzer guter Böden passen ihre Preise an und kassieren den Wert der bei ihnen nicht erforderlichen zusätzlichen Arbeit als Grundrente.

Ricardo zufolge bestimmen die Lebensmittelpreise die Lohnhöhe. Das »natürliche Lohnniveau« entspricht dem Existenzminimum der Arbeiter, um ihre Arbeitskraft zu erhalten. Wenn die Menschen mehr Geld haben, vermehren sie sich stärker, das Arbeitskräfteangebot steigt, und das Lohnniveau sinkt. Fällt es unter das Existenzminimum, sorgen Hunger und Seuchen für einen Rückgang des Arbeitskräfteangebots, und die Löhne steigen wieder.

Nach Ansicht von Ricardo gibt es also nicht wie bei Adam Smith eine Harmonie zwischen den Arbeitern, Kapitalgebern und Bodenbesitzern, sondern einen Gegensatz der Klassen. Die Arbeiter können nicht von einem Anstieg des Volkseinkommens oder Wohlstands profitieren. Sie haben keine Möglichkeit der Armut zu entgehen. Gewinner sind die Grundeigentümer, die bei wachsender Bevölkerung immer mehr schlechte Böden kultivieren, so dass die Lebensmittelpreise und infolgedessen die Grundrenten steigen. Die Kapitaleigner müssen dagegen höhere Löhne zahlen und damit einen größeren Teil ihrer Einnahmen abgeben. Die Arbeiter profitieren nicht von höheren Löhnen, denn angesichts der gestiegenen Lebensmittelpreise können sie nicht mehr kaufen als zuvor.

Ricardos Außenhandelstheorie bildete nicht nur im 19. Jahrhundert die Grundlage für die Diskussionen über freien Handel oder Schutzzölle, sondern ist auch noch heute bei den Liberalisierungsdebatten im Rahmen der Welthandelsorganisation WTO aktuell.

Thomas Robert Malthus: Die Bevölkerungsfalle

Thomas Robert Malthus (1766–1834) war ursprünglich Pfarrer und bildete Manager für die Ostindische Handelsgesellschaft aus, die seit 1600 das Geschäft mit den britischen Kolonien in Asien betrieb. Er hat mit seinem 1798 veröffentlichten Werk *Das Bevölkerungsgesetz* den Glauben an einen Automatismus von Fortschritt und Wohlstand erheblich erschüttert.

Malthus behauptete, dass sich die Weltbevölkerung alle fünfundzwanzig Jahre verdoppelt, also wesentlich schneller wächst, als die Nahrungsmittelproduktion gesteigert werden kann. Während die Weltbevölkerung entsprechend der Zahlenfolge 1,2,4,8,16,32 usw. wächst, kann die Lebensmittelproduktion nur nach der Zahlenfolge 1,2,3,4,5,6 usw. erhöht werden. Da die Nachfrage nach Lebensmitteln schneller zunimmt als das Angebot, steigen die Nahrungsmittelpreise, und die Reallöhne fallen unter das Existenzminimum. Die Folge ist, dass der größte Teil der Menschen im Elend leben wird oder den Hungertod stirbt.

Malthus sah es als gottgegebene Gesetzmäßigkeit an, dass die Natur im ewigen Wechsel ihr Recht fordert. Wenn die Bevölkerung verarmt, treten Seuchen und Hungersnöte auf, die deren Zahl reduziert, bis den Menschen wieder ausreichend Nahrungsmittel zur Verfügung stehen. Und wenn sie wieder genügend zu essen haben, führt laut Malthus der Fortpflanzungstrieb zu einem Geburtenüberschuss, und der Zyklus beginnt von vorn. Einen Ausweg aus dieser »Bevölkerungsfalle« sah Malthus nicht. Er empfahl lediglich, dem Bevölkerungswachstum mit Enthaltsamkeit und Bildung für die unteren Schichten entgegenzuwirken.

Die Prophezeiung von Malthus muss vor dem Hintergrund

der Armut gesehen werden, die zu seiner Zeit in England herrschte. 30 bis 40 Prozent der Engländer waren damals unterernährt. Und die Bevölkerungszahl stieg in der Tat rasant an. In England verdoppelte sich die Bevölkerungszahl zwischen 1760 und 1810 von rund 7 auf 14 Millionen Menschen.

Für eine Vielzahl von Entwicklungsländern und vor allem in Asien gilt auch heute noch das Gesetz von Malthus. Dort kämpft man nach wie vor gegen die »Bevölkerungsfalle«. Insgesamt steigt auch heute noch die Weltbevölkerungszahl an, allerdings nicht mehr so rasant. Soweit die Bevölkerung in den entwickelten Volkswirtschaften noch zunimmt, hängt das zumindest zum Teil mit der Zuwanderung aus ärmeren Ländern zusammen. Außerdem konnte die Nahrungsmittelproduktion stärker gesteigert werden, als Malthus das vorausgesehen hat.

2003 lebten auf dem Globus rund 6,3 Milliarden Menschen (am 11. 12. exakt 6 348 394 017). Nach Prognosen der UNO wird sich diese Zahl bis zum Jahr 2050 auf 9,3 Milliarden erhöhen. Dabei wird mit einer Verdreifachung der Bevölkerungszahlen in den 48 ärmsten Ländern der Erde gerechnet und mit einem Rückgang der Zahlen in den Industrieländern.

Jean-Baptiste Say: Wenig Steuern, wenig Staat

Der Franzose Jean-Baptiste Say (1767–1832) stellte in seinem 1803 erschienenen Werk *Abhandlung über die Nationalökonomie* die damalige Steuerpolitik infrage und erklärte, warum hohe Steuern für die Wirtschaft schädlich sind und letztendlich sogar die Einnahmen des Staates schmälern: Wer zu hohe Steuern zahlen muss, kann weniger ausgeben. Es sinkt die Nachfrage und damit auch die Produktion. Sinkende Produktion führt wiederum zu sinkenden Steuereinnahmen des Staates. Im Umkehrschluss bedeutet das: Steuersenkungen führen letzten Endes zu höheren Steuereinnahmen.

Berühmt wurde Say allerdings nicht mit dieser Feststellung, sondern mit dem »Sayschen Theorem«, einem Lehrsatz, der besagt, dass jedes Angebot sich seine Nachfrage schafft. Say ging davon aus, dass jeder, der etwas produziert, das Geld, das er dafür erhält, für andere Käufe einsetzt. Je größer die Produktion ist und damit das Angebot an Waren, desto größer ist auch das Einkommen der Produzenten. Da ein steigendes Angebot eine steigende Nachfrage erzeugt, entsteht ein Gleichgewicht. Überproduktion und Arbeitslosigkeit sind also nicht möglich, jedenfalls nicht auf Dauer, denn kurzfristige Störungen des Gleichgewichts werden vom freien Spiel des Marktes schnell beseitigt, weil sich die Produzenten langfristig den Wünschen der Konsumenten anpassen.

Voraussetzung ist aber, dass der Staat nicht in das Marktgeschehen eingreift. Steuern sind für Say künstliche Hindernisse, die dem effizienten Einsatz des Einkommens im Wege stehen. Auch Zölle lehnt er ab. Der Staat soll nicht als Produzent auftreten, sondern sich auf die Bereitstellung von öffentlichen Gütern beschränken.

Karl Marx: Mehrwert und Profite

An Karl Marx scheiden sich die Geister. Das hängt wesentlich damit zusammen, dass weder seine Anhänger noch seine Kritiker sein Hauptwerk *Das Kapital* jemals vollständig gelesen haben, immerhin umfasst es, je nach Ausgabe, rund 800 Seiten und ist keine leichte Lektüre. Seine Gedanken und Ideen werden stets selektiert dargeboten, interpretiert und aus dem Zusammenhang gerissen.

Vielleicht ist das auch nötig, um sie überhaupt verdaulich zu machen. Denn *Das Kapital* enthält nicht nur eine ökonomische Theorie, die die Geschichte und die Gegenwart zu Lebzeiten von Marx (1818–1883) erklärt und beschreibt. *Das Kapital* entfaltet auch eine Vision: die Idee des Kommunismus von der klassenlosen Gesellschaft. Die Beschreibung der Zukunft dient in diesem Basiswerk des wissenschaftlichen Sozialismus einem klaren Zweck: die proletarische Revolution voranzutreiben, indem ihr Eintreten als unausweichlich dargestellt wird.

Das Kapital sollte dem *Manifest der kommunistischen Partei* von 1848 die theoretische Basis geben. Das macht es angreifbar, denn gleichzeitig mit der Ablehnung der Ziele des Kommunismus wird auch die Kritik an den damaligen gesellschaftlichen Verhältnissen verworfen. Die nur schwer zu durchdringende Verbindung von erträumter Vision und brillanter ökonomischer Analyse hat Karl Marx für die einen zur Leitfigur und für die anderen zum Gegner gemacht.

John Maynard Keynes empfand das Werk von Marx als eine Beleidigung seiner Intelligenz. Für ihn war *Das Kapital* ein veraltetes Wirtschaftslehrbuch, wissenschaftlich unwichtig, ohne Bedeutung und ohne Bezug zur modernen Welt. Ein anderer nicht weniger bedeutender Ökonom, der Österreicher Joseph A. Schumpeter, hielt Marx für ein Genie und einen hervorragenden Gelehrten, der nicht ruhte, bis er einer Sache auf den Grund gegangen war.

Marx irrte sich in seiner Vorhersage der politischen Zukunft, aber er irrte sich nicht hinsichtlich der Eigenschaften und Funktionsweisen der damals entstehenden Gesellschaft. Der Prozess der Veränderung, der durch die industrielle Revolution eingeleitet wurde, war weder aufzuhalten noch umzukehren.

Karl Marx knüpfte in seinen oft höchst komplizierten Überlegungen an die von Adam Smith begründete und von David Ricardo weiterentwickelte »Arbeitswertlehre« an. Sie besagt, dass die menschliche Arbeit allein Werte erzeugt und der Wert jeder Ware von der Arbeitsmenge abhängt, die nötig war, um die Ware zu produzieren. Der Arbeiter ist Marx zufolge darauf angewiesen, seine Arbeitskraft zu »verkaufen«. Dem Kapitalisten als Käufer der Arbeit gehört dann die Arbeitskraft des Arbeiters und auch die damit hergestellte Ware. Der Kapitalist erzielt seinen Profit dadurch, dass er weniger als Lohn bezahlt, als der Verkauf des Endprodukts ihm einbringt.

Die Profitrate des Kapitalisten definiert Marx als Gewinn aus dem eingesetzten Gesamtkapital, das wiederum aus dem für die Arbeitskraft und für die Maschinen sowie die Rohstoffe aufgewendeten Kapital besteht. Je höher die Profitrate, desto besser ist das Kapital eingesetzt und desto billiger kann der Kapitalist produzieren. Um im Wettbewerb konkurrenzfähig zu bleiben, muss jeder Kapitalist seinen Gewinn wieder investieren, damit er die Produktion auf dem profitabelsten, neuesten Stand halten kann. Das führt dazu, dass immer mehr Geld in den Maschinenpark – das konstante Kapital – fließt und das variable Kapital – die Anzahl der Arbeiter – sinkt.

Daraus formuliert Marx die These vom Fall der Profitrate: Da nur menschliche Arbeit Mehrwert und damit Profit erzeugt, muss bei konstantem Mehrwert je Arbeiter und sinkenden Arbeiterzahlen auch die Profitrate sinken. Das führt laut Marx zum Untergang des Kapitalismus. Immer mehr Unternehmen, zunächst vor allem die kleineren, können nicht mehr investieren und produzieren zu teuer mit der Folge, dass sie in Konkurs gehen oder von den großen Unternehmen geschluckt werden. Das nur auf Profit gerichtete System führt schließlich zur Verelendung der Arbeiterklasse, die dann den Kapitalismus stürzt.

Dass die Profitrate tatsächlich sinkt, wird auch von nicht-marxistischen Ökonomen bestätigt. Allerdings entziehen sich die Unternehmen dieser Falle, indem sie von weniger profitablen Wirtschaftssektoren in profitablere wechseln. So wurde aus dem Röhrenhersteller Mannesmann ein Mobilfunkunternehmen. Und am Beispiel Mannesmann lässt sich auch noch die nächste Annahme von Marx beweisen: Mannesmann wurde von Vodafone geschluckt. Mit jeder Fusion nimmt die Konzentration in der Wirtschaft zu.

Dass die Arbeiterklasse nicht im Wortsinne verelendet, hat Marx bereits selbst wahrgenommen. Er sprach deshalb später von einer »relativen Verelendung«. Das heißt, im Verhältnis zum wachsenden Reichtum des Kapitalbesitzers geht es dem arbeitenden Menschen bei steigenden Löhnen zwar faktisch besser, relativ jedoch schlechter. Wenn heute die meisten Arbeitnehmer in Deutschland über einen Lebensstandard verfügen, der den eines kleinen Kapitalisten von vor hundert Jahren weit übertrifft, dann darf man annehmen, dass es ihnen relativ egal ist, wie schlecht sie theoretisch dastehen.

Max Weber: Protestanten und Kapital

Der deutsche Wirtschaftssoziologe Max Weber (1864–1920) widmete einen Großteil seiner wissenschaftlichen Arbeit der Erforschung der Entwicklung des modernen Industriekapitalismus. In diesem Zusammenhang verglich er die Religionen in Asien mit denen im Westen und kam zu dem Schluss, dass einige Aspekte des christlichen Glaubens einen starken Einfluss auf die Entstehung des Kapitalismus hatten. Kulturelle Ideen und Werte prägen seiner Ansicht nach soziale Veränderungen ebenso sehr wie wirtschaftliche Bedingungen.

Aus Statistiken hat Weber ermittelt, dass Protestanten die Mehrheit der leitenden Angestellten bildeten und weitaus vermögender waren als Katholiken. Protestanten waren also wirtschaftlich erfolgreicher als Katholiken, die eher dem Ideal des abgeschieden von der Welt im Kloster lebenden mittelalterlichen Mönchs nacheiferten und das Betreiben von Geschäften zum Zweck der persönlichen Bereicherung als Todsünde ansahen. Für Weber war der Protestantismus die Grundlage des Kapitalismus.

In der Aufsatzsammlung *Die protestantische Ethik und der Geist des Kapitalismus* beschreibt Weber, dass die protestantische Religion den Menschen zu harter Arbeit antreibt und das Luxusleben verbietet. Er bezieht sich auf die Lehre Calvins, wonach rastlose Arbeit und asketischer Sparzwang das beste Mittel sind, um in den Himmel zu kommen. Und genau dies sieht er als psychischen Antrieb der neuzeitlichen Berufsmenschen im Industriekapitalismus, als »Geist des Kapitalismus«.

Aber nicht nur die Religion hat dem Kapitalismus zum Sieg verholfen, sondern auch die Bürokratie. Sie ist laut Weber die einzige Art und Weise, wie man eine große Zahl von Menschen wirksam organisieren kann, sie nimmt deshalb mit dem wirtschaftlichen und politischen Wachstum zu. Weber bezeichnete die Entwicklung der Wissenschaft, der modernen Technologie und der Bürokratie als Rationalisierung, als Organisation des sozialen und wirtschaftlichen Lebens nach den Prinzipien der Effizienz und auf der Grundlage des technischen Wissens.

Joseph Alois Schumpeter:
Die schöpferische Zerstörung

Es ist schwierig, wenn nicht gar unmöglich, den österreichischen Sozialökonomen Joseph A. Schumpeter in eine der Schubladen der Wirtschaftswissenschaften einzuordnen. Statt eines großen geschlossenen Theoriesystems versuchte er lieber Antworten auf eine Fülle von Einzelfragen zu finden.

Als Zeitgenosse von John Maynard Keynes stand Schumpeter (1883–1950) stets in dessen Schatten, obgleich seine Ideen und Arbeiten kaum weniger brillant waren. Sein Hauptwerk *Theorie der wirtschaftlichen Entwicklung* erschien im Jahre 1912. Zu der Zeit war er Professor für Ökonomie in Graz. Nach einem Abstecher in die Politik als Finanzminister, der ebenso unglücklich verlief wie seine Versuche, als Privatbankier erfolgreich zu sein, wurde er Mitte der Zwanzigerjahre an die Universität Bonn berufen.

Schumpeter rechnete sich selbst dem konservativen Lager zu, doch viele andere hielten ihn für einen Sozialisten, da er ebenso wie Marx die Meinung vertrat, dass der Kapitalismus eines Tages zusammenbrechen würde. Allerdings machte Schumpeter dafür nicht die Mängel des Kapitalismus verantwortlich, sondern umgekehrt seinen großen Erfolg. 1932 wurde Schumpeter an die Harvard-Universität in die USA berufen. Dort lehrte er bis zu seinem Tode.

Bis heute lebt Schumpeters Idee fort, dass die Innovationen den Kapitalismus am Leben erhalten und auch für die konjunkturellen Schwankungen verantwortlich sind. Schumpeter sprach von schöpferischer Zerstörung. Damit meinte er, dass immer neue Produktideen, neue Produktionsverfahren und Produkte mit besserer Qualität ihre Vorgänger ablösen und auf diese Weise die Wirtschaft immer weiter vorantreiben. Allerdings war für ihn Innovation nicht einfach nur eine Erfindung oder Verbesserung, sondern eine Innovation war nur das, was sich am Markt auch durchsetzen konnte.

Die Durchsetzung neuer Produkte war für Schumpeter die zentrale Aufgabe des Unternehmers. Deshalb waren in seinen Augen die schöpferischen Unternehmer die eigentlichen Helden der Wirtschaft. Allerdings sah er schon voraus, dass der Anteil der wirklich innovativen Unternehmen zugunsten der Beschäftigten in Büros immer weiter abnehmen würde. In den großen Konzernen ist kein Platz mehr für innovative Persönlichkeiten, sie werden von Managern verdrängt, die nur noch Besitzstandswahrer und »bezahlte Vollzugsorgane« sind.

Hätte Schumpeter nur diese Überlegungen vertreten, wäre ihm wohl mehr Begeisterung in der Fachwelt beschieden gewesen. Da er aber auch den langfristigen Sieg des Sozialismus über den Kapitalismus prophezeite, verschwand sein Werk nach seinem Tode für einige Jahrzehnte in der Versenkung.

John Maynard Keynes: Der Staat als Nachfrager

John Maynard Keynes (1883–1946) hat mit seiner 1936 erschienenen Abhandlung *Die Allgemeine Theorie der Beschäftigung, des Zinses und des Geldes* das Grundlagenwerk der Wirtschaft für das 20. Jahrhundert geschaffen. Seine Hauptaussage lautet: Der Staat kann die Wirtschaft nicht der »unsichtbaren Hand des Marktes« überlassen, sondern er muss lenkend eingreifen. Damit widersprach er den Theorien der Klassiker.

Hintergrund seiner Überlegungen war die seit 1929 anhaltende Weltwirtschaftskrise, aus der die klassischen Theorien keinen Ausweg boten. Adam Smith konnte zu seiner Zeit noch davon ausgehen, dass das Angebot die Nachfrage bestimmt. Keynes stellte jedoch fest, dass ein Unternehmer nur produziert, wenn er annimmt, dass er seine Güter auch verkaufen wird. Es entscheidet also nicht mehr das Angebot, sondern die Nachfrage über den wirtschaftlichen Erfolg. In der Ankurbelung der Nachfrage lag demnach der Schlüssel zur Überwindung der Weltwirtschaftskrise. Keynes sah den Angelpunkt in der Erhöhung der gesamtwirtschaftlichen Nachfrage, also der Summe der Ausgaben für Konsum- und Investitionsgüter, die allerdings instabil ist.

Laut Keynes hängen die Investitionen von der »Grenzleistungsfähigkeit des Kapitals« ab. Mit diesem Begriff bezeichnete er den Zinssatz, bei dem die erwarteten Einkünfte aus einer Investition gerade deren Kosten decken. Wenn dieser Zinssatz höher ist als der marktübliche Zins, lohnt es sich zu investieren, ist er niedriger, lässt man es bleiben. In einer Krise werden laut Keynes die Unternehmen allerdings selbst bei einem Zinssatz von Null nicht mehr investieren, weil sie keine Besserung der wirtschaftlichen Lage erwarten.

Das Neue an seiner Theorie war die Erkenntnis, dass nicht nur die Höhe des Zinssatzes die Investitionen beeinflusst, sondern auch die Zukunftserwartungen der Unternehmer eine Rolle spielen und in die wirtschaftstheoretischen Überlegungen mit einbezogen werden müssen.

Die Konsumausgaben, der zweite Bestandteil der gesamtwirtschaftlichen Nachfrage, hängen laut Keynes von der Höhe des Einkommens ab. Hier gilt die Regel: Je höher das Einkommen, desto mehr wird konsumiert. Allerdings beobachtete Keynes, dass ab einer bestimmten Einkommenshöhe die Konsumneigung abnimmt und ein Teil des zusätzlichen Einkommens gespart wird. Dies bezeichnete er als »Psychologisches Gesetz«. Wann, wie und wie viel gespart wird, hängt sowohl von den Güter- als auch von den Kapitalmärkten ab.

Ein Gleichgewicht zwischen Ersparnissen und Investitionen ist eine höchst seltene Ausnahme. Im Allgemeinen schwanken die Unternehmen zwischen Zukunftshoffnungen und Krisenängsten.

Wenn nun die Unternehmer nicht ausreichend investieren, muss, so fordert Keynes, eben der Staat zusätzliche Nachfrage erzeugen, indem er Kredite aufnimmt und verstärkt investiert. Als weitere staatliche Lenkungsinstrumente sah er Steuer- und Zinssenkungen.

Keynes' Vorschlag, dass der Staat in Krisenzeiten lenkend eingreifen muss, hat sich, zumindest nach Ansicht seiner Anhänger, in der Praxis als wirksam erwiesen. Die britische Vollbeschäftigungspolitik während des Zweiten Weltkriegs, das 1946 erlassene Vollbeschäftigungsgesetz der Vereinigten Staaten und auch das deutsche Stabilitäts- und Wachstumsgesetz von 1967 werden auf die Ideen und Vorschläge von Keynes zurückgeführt.

Seine Gegner, allen voran Milton Friedman, sehen die wirtschaftspolitischen Erfolge der Keynesianer ebenso in einem anderen Licht wie die Ergebnisse seiner Forschungen. Es bestehe weder eine eindeutige Beziehung zwischen den Konsumausgaben eines Haushalts und seinem Einkommen, noch lasse sich ein wirksamer Multiplikatoreffekt staatlicher Ausgaben in der Realität klar nachweisen. Friedman sagt: »Einerseits sind wir heute in einem gewissen Sinne alle Keynesianer, andererseits ist niemand mehr Keynesianer. Wir alle benutzen die Begriffe und den Apparat von Keynes, aber niemand ist mehr bereit, die ursprünglichen von Keynes gezogenen Schlussfolgerungen zu akzeptieren.«

Dass Keynes von den Monetaristen negativ beurteilt wird, ändert allerdings nichts daran, dass all jene sich gern auf ihn berufen, die einen starken Staat möchten, dem das Recht und die Pflicht zugebilligt werden, sich in möglichst viele Angelegenheiten seiner Bürger einzumischen.

Walter Eucken: Erhards Vordenker

Bereits vor dem Ende des Zweiten Weltkriegs machte sich der Freiburger Professor Walter Eucken (1891–1950) Gedanken darüber, wie die Wirtschaftsordnung in Deutschland nach einem Sturz Hitlers und einem Ende des Krieges aussehen könnte. Angeregt wurden diese Überlegungen durch die Verbindung Euckens zum Widerstand. Nach Kriegsende griff der erste deutsche Wirtschaftsminister Ludwig Erhard die Ideen Euckens auf und setzte sie zumindest zum Teil in die Realität um.

Eucken war ein so genannter Ordoliberaler. Für ihn hatte das Wort »Ordnung« eine aktive Bedeutung: Ohne Ordnung konnte eine Wirtschaft weder menschenwürdig noch funktionsfähig sein. Dabei wäre ihm der Begriff der »sozialen Marktwirtschaft« sicherlich nicht in den Sinn gekommen, denn Eucken sah im Staat nur den Wächter des Wettbewerbs. Er lehnte sowohl eine Laissez-faire-Wirtschaft als auch eine Planwirtschaft ab. Auch Konjunktur- und Beschäftigungsprogramme befürwortete er nicht. Damit unterschied er sich ganz deutlich von seinem Zeitgenossen John Maynard Keynes.

Aus der Verteilungswirtschaft des Dritten Reiches war nach dem Krieg eine Zuteilungswirtschaft geworden. In beiden Formen griff der Staat stark in die wirtschaftlichen Abläufe in Deutschland ein. Und genau dieser Zustand sollte durch eine ordoliberale Wirtschaft beendet werden. Eucken hatte sehr präzise Vorstellungen davon, wie der Staat über den Wettbewerb wachen sollte. Diese formulierte er in seinen »konstituierenden Prinzipien«:

- Der Staat muss für eine stabile Währung sorgen.
- Der Zugang zu den Märkten muss offen sein.
- Der Staat muss Patente sichern, aber sich daraus ergebende Monopole verhindern.
- Die Wirtschaftspolitik braucht Kontinuität, um den Unternehmern eine sichere Investitionsplanung zu ermöglichen.
- Die Produktionsmittel müssen sich in Privateigentum befinden.
- Es muss Vertragsfreiheit herrschen.
- Wer über Vermögen verfügt und Verträge abschließt, muss im Schadensfall voll haften.

Eucken war also sowohl gegen Unternehmen mit beschränkter Haftung als auch gegen die Idee, die Großindustrie in staatliches Eigentum zu überführen, wie es dann aber trotzdem zum Beispiel mit VW, der Veba oder der Viag geschehen ist. Mit so genannten regulierenden Prinzipien sollte der Staat das System der vollständigen Konkurrenz aufrechterhalten und Monopole verhindern. Allerdings gestand Eucken dem Staat zu, in die gerechte Verteilung des Volkseinkommens einzugreifen, indem er durch eine progressive Besteuerung die Unternehmensgewinne zugunsten der Lohnempfänger umverteilt.

In einem Punkt war Eucken höchst modern und seiner Zeit weit voraus: Er erkannte, dass viele Kosten im Zusammenhang mit der Produktion von Waren auf die Allgemeinheit und nicht auf den Preis umgelegt werden. In erster Linie sind es Umwelt- und Gesundheitskosten, die nicht aus den Unternehmensgewinnen bezahlt, sondern von der Allgemeinheit getragen werden. Genau diese Kosten sollte nach Ansicht von Eucken der Staat errechnen und von denen einfordern, die die Gewinne aus den Produkten ziehen.

Walter Eucken führte das traditionelle Leben eines deutschen Professors. Im Jahr 1927 übernahm er den Lehrstuhl für Volkswirtschaftslehre in Freiburg und widmete sich von da an ganz seiner theoretischen Arbeit. Er hat über die Grenzen Deutschlands hinaus nie die Beachtung gefunden, die ihm vielleicht zugestanden hätte. Es waren andere, die seine Ideen aufgriffen und international verbreiteten.

Da seine Vorschläge auch in Deutschland nur zum Teil realisiert wurden und sich der Staat stärker und anders in das Wirtschaftsgeschehen einmischte, als er es vorgeschlagen hatte, wurde die Chance zu einem echten Neuanfang vertan. Deutschland bekam eine Kompromisswirtschaft, in der mehr gewurstelt als gedacht und gehandelt wird.

John Kenneth Galbraith:
Privater Wohlstand, öffentliche Armut

Das ruhige Leben eines Professors hat John Kenneth Galbraith (geboren 1908 in der kanadischen Provinz Ontario) nie angestrebt. Auch wenn er 1934 zunächst Dozent für Agrarökonomie in Harvard wurde, lagen seine Interessen eher darin, sich einzumischen und Wirtschaft aktiv mitzugestalten. Den ersten Höhepunkt seiner politischen Karriere erreichte Galbraith im

Jahr 1942, als er in den USA zum Preiskommissar berufen wurde.

Die amerikanische Regierung hatte beschlossen, für einzelne Waren Höchstpreise festzusetzen, um die Inflationsängste einzudämmen. Galbraith stellte in seinem neuen Amt fest, dass es nicht allein ausreichte, die Preise festzuschreiben, sondern dass auch die Qualität der Waren reglementiert werden musste, damit die Hersteller nicht durch Qualitätsminderungen die Preisfestsetzungen unterlaufen konnten. Es ist leicht nachzuvollziehen, dass Galbraith auf dieser Position schnell zum bestgehassten Mann der Wirtschaft wurde.

Nach einigen anderen politischen Ämtern und einem Ausflug in die Publizistik kehrte er 1949 nach Harvard zurück. Aber schon wenige Jahre später mischte er wieder in der Politik mit und beriet US-Präsidentschaftskandidaten sowie die indische Regierung. Seinen ersten Bestseller landete er im Jahre 1958. Der Titel lautete: *Gesellschaft im Überfluss.*

Galbraith wies hier nach, dass in der Wohlstandsgesellschaft die Produktion hauptsächlich deshalb ein Höchstmaß an Leistungsfähigkeit erreicht, weil Arbeitsplätze und Einkommen gesichert werden sollen, aber nicht weil die produzierten Waren dringend benötigt werden. Eine Gesellschaft, die im Überfluss lebt, kauft auch Produkte, die sie kaum noch benötigt. Es wäre durchaus möglich, auf diese überflüssigen Produkte zu verzichten und stattdessen weniger zu arbeiten. Galbraith machte den Vorschlag, die soziale Sicherung von der Produktion abzukoppeln. Wie wir wissen, ist das immer wieder ein Thema der politischen Diskussion, aber bisher ist noch keine Regierung seinem Vorschlag gefolgt.

Doch Galbraith dachte auch noch weiter. Er diagnostizierte in der Überflussgesellschaft eine Diskrepanz zwischen großem privatem Wohlstand und öffentlicher Armut. Es gab zu jener Zeit in Amerika offensichtlich zu wenig oder zumindest zu schlechte Schulen, eine nur mäßig funktionierende Müllabfuhr und eine ebenso unterdurchschnittliche Krankenversorgung, von Umweltschutz ganz zu schweigen. Galbraith schlug vor, diese Missverhältnisse zu korrigieren. Und er war ein großer Kritiker der Werbung, die notwendig war, um überflüssige Produkte verkaufen zu können.

Im Jahr 1961 entsandte Präsident John F. Kennedy Galbraith als Botschafter nach Indien, wo er sehr erfolgreich bei der Lösung eines Grenzkonflikts zwischen Indien und China agierte. 1963 kehrte er dann an die Harvard-Universität zurück und veröffentlichte sein Buch über die moderne Industriegesellschaft, das auch wieder für Furore sorgte. Er kam darin zu dem Ergebnis, dass die Macht nicht mehr bei den Kapitaleignern liegt, also bei der anonymen Masse der Aktionäre, sondern sich in der amerikanischen Wirtschaft auf die Spezialisten in den Unternehmen verlagert hat.

Galbraith veröffentlichte sein Buch zu einer Zeit, als die Oligopole besonders in der Automobilindustrie ganz augenfällig die amerikanische Wirtschaft dominierten. Innerhalb dieser Konzerne definierte Galbraith eine Gruppierung, die er Technostruktur nannte. Das waren für ihn die Leute, die Produkte entwickelten und den Vertrieb organisierten. Sie konnten in den großen Konzernstrukturen durchaus bestimmte Produkte wie zum Beispiel Automodelle für Jahre im Voraus planen und auch dafür sorgen, dass sie zum richtigen Zeitpunkt in der richtigen Zahl und zum richtigen Preis gekauft wurden.

Eine vergleichbare Planung und Organisation von Produktion und Vertrieb war den Kleinen und Mittelständlern sowie den Einzelunternehmern nicht möglich. Der Preis für deren Produkte bildete sich am Markt und entstand nicht wie bei den Oligopolen aus dem Diktat der Technostruktur.

Aufgrund seiner Erfahrungen in Indien und in anderen Ländern der Dritten Welt hatte Galbraith auch sehr präzise Vorstellungen davon, wie die Armut in diesen Ländern zustande kam. Er unterschied zwischen städtischer und ländlicher Armut. Auf dem Lande lebten die Menschen praktisch von der Hand in den Mund. Wenn es ihnen aufgrund von Verbesserungen in der Gesundheitsversorgung oder durch wirksamere Produktionsmethoden besser ging, wuchs in der Folge auch die Bevölkerungszahl und zehrte so den zusätzlichen Nutzen wieder auf.

Galbraith sprach von einem Gleichgewicht der Armut, und er diagnostizierte auch eine Kultur der Armut. Die Menschen in der Dritten Welt fanden sich mit ihrem Schicksal ab und unternahmen selbst nichts, um es zu ändern. Galbraith befürwortete deshalb eine bessere Allgemeinbildung, die zu mehr Unzufriedenheit führen würde und zu mehr Wanderungsbewegungen in der Bevölkerung, nicht nur vom Land in die Stadt, sondern auch in die hoch industrialisierten Länder. Außerdem forderte er, dass in der Dritten Welt die Industrialisierung vorangetrieben werden sollte, da sie, obwohl mit Problemen und Mängeln behaftet, letzen Endes die Lebensbedingungen der Arbeitnehmer zumindest langfristig verbessern würde.

Seine Kollegen unter den Wirtschaftswissenschaftlern betrachtete Galbraith durchweg als viel zu einseitig theorieorientiert. Nach seiner Meinung gingen ihre schönen Modelle nie auf, da sie regelmäßig Umweltbelastungen und Gesundheitskosten bei ihren Modellen ausklammerten. Ebenso wenig berücksichtigten sie die Probleme der Rohstoffverknappung. Auch für die Entwicklungspolitik hat die theoretische Ökonomie noch keine passenden Lösungen gefunden. Galbraith hielt es insgesamt für besser, wenn in einer modernen Industriegesellschaft der Markt nicht sich selbst überlassen bleibt, sondern der Staat steuernd in die Gesamtnachfrage eingreift.

Milton Friedman: Monetarist und »Soli«-Gegner

Kein Wirtschaftstheoretiker des 20. Jahrhunderts ist umstrittener als Milton Friedman (geboren 1912 in New York City), der Vordenker des Neoliberalismus. Bereits in den Fünfzigerjahren wurde Friedman zum Hauptkritiker der damals alles beherrschenden Lehre von John Maynard Keynes. Friedman war der Ansicht, dass nicht mehr Einfluss des Staates die Vollbeschäftigung sichert und die Inflation eindämmt, sondern dass der Sozialstaat eine ungeheure Verschwendung darstellt und gerade die Ursache der Probleme ist, die er zu bekämpfen vorgibt.

Nach Friedmans Meinung verschlingt die Wohlfahrtsbürokratie das meiste Geld, mehr als die Bedürftigen tatsächlich erhalten. Milton Friedman sieht in einem starken Staat nur ein von Lobbyisten gesteuertes Vollzugsorgan der großen Konzerne, deshalb sei ein schwacher Staat besser. Neben den staatlichen Grundfunktionen wie Sicherheit und Ordnung, Verteidigung und Außenpolitik sollte die Aufgabe des Staates nur noch darin bestehen, die Probleme der Geldentwertung zu lösen.

Für seine Idee des Monetarismus erhielt Milton Friedman 1976 den Wirtschaftsnobelpreis. Nach seinen Vorstellungen stabilisiert sich die Privatwirtschaft grundsätzlich selbst, solange sie nicht durch Eingriffe der Regierung gestört wird. Hinter dem Begriff des Monetarismus verbirgt sich ein höchst komplizierter Mechanismus, bei dem es im Kern darum geht, die

Geldmenge so zu steuern, dass sie nicht schneller und stärker wächst als die Produktivität.

Für seine Ideen erntete Friedman, der seit 1946 an der Universität Chicago lehrte, bis in die Siebzigerjahre hinein mehr Spott als Achtung. Auch sein 1962 erschienenes Buch *Kapitalismus und Freiheit* wurde von seinen Fachkollegen zunächst in Grund und Boden kritisiert. Es fand jedoch durch seine leicht verständlichen und populären Erklärungen eine breite Öffentlichkeit. Erst als im Laufe der Siebzigerjahre immer deutlicher wurde, dass die keynesianischen Rezepte nicht mehr griffen, wandte man sich den Lehren Friedmans zu.

Dass sowohl Margaret Thatcher als auch Ronald Reagan mit seinen Rezepten nur einen bedingten Erfolg erreichen konnten, lag nach Friedmans Meinung daran, dass sie nicht konsequent genug befolgt wurden. Das geschah nur in Chile. Der chilenische Diktator General Pinochet begann 1973, beraten von einer Gruppe von Friedman-Schülern, den so genannten Chicago Boys, die durch sozialistische Experimente fast vollkommen zerstörte Wirtschaft seines Landes wieder aufzubauen. Heute steht Chile verglichen mit anderen südamerikanischen Ländern blendend da.

Milton Friedman sorgte aktiv dafür, dass seine Lehre möglichst breiten Kreisen bekannt wurde. 1980 gestaltete er zusammen mit seiner Ehefrau eine zehnteilige Fernsehserie unter dem Titel *Free to Choose*. 150 Millionen Zuschauer sahen die Sendungen, und das Buch zur Serie belegte den Spitzenplatz auf den amerikanischen Bestsellerlisten. Friedman mischte sich auch in viele politische Auseinandersetzungen ein, ohne selbst je ein politisches Amt anzustreben. So ist es nicht zuletzt ihm zu verdanken, dass in den USA 1973 die allgemeine Wehrpflicht abgeschafft wurde und dass es heute freie, auf den Devisenmärkten ausgehandelte Wechselkurse gibt.

Friedmans außergewöhnlichste Idee war die Einführung einer negativen Einkommensteuer: Verdient ein Bürger weniger als das Existenzminimum, soll er vom Finanzamt Geld ausgezahlt bekommen. Die Armen sollten die Hilfe in bar erhalten, das sei am nützlichsten, meinte er. Ansonsten plädierte Friedman für eine Einheitssteuer von 23,5 Prozent statt der bis dahin geltenden progressiven Einkommensteuer, die damals in den USA zwischen 20 und 91 Prozent lag.

Bis heute lässt der inzwischen neunzigjährige Friedman keine Gelegenheit aus, um seine radikalen Thesen zu vertreten. So kritisierte er im Jahr 2000, dass Westdeutschland riesige Summen in die östlichen Bundesländer steckte, die nach seiner Meinung größtenteils verschwendet wurden. Er bezeichnete die Förderung der neuen Bundesländer als ein gutes Beispiel für die Schädlichkeit von Entwicklungshilfe.

Bei jeder passenden Gelegenheit kritisiert Friedman die »Tyrannei des Status quo«, wie er das nennt. Niemand könne sich vorstellen, dass es unter veränderten Bedingungen besser werden könne. Nach wie vor ist es ihm ein Dorn im Auge, wenn Staaten wie zum Beispiel Schweden ihren Einwohnern durch die Steuern 50 oder gar 60 Prozent ihres Einkommens abnehmen und dann einerseits in der Bürokratie versickern lassen und andererseits nach Gutdünken des Beamtenapparates neu verteilen.

Dass es zu mehr Ungleichheit käme, wenn die Bürger das Geld behalten könnten, ist für ihn ein Märchen. Die Ungleichheit in den USA sei hauptsächlich dadurch verursacht, dass seit 1980 rund 16 Millionen Immigranten in das Land eingewandert sind. Würde man sie aus den Statistiken herausrechnen, würde sich zeigen, dass das Prinzip »weniger Staat« deutliche Vorteile bringt. Letzten Endes sei es ihm auch lieber, wenn Manager wie Jack Welch viel Geld verdienten und es sinnvoll anlegten, als dass man das Geld mittelmäßig begabten Beamten in der staatlichen Bürokratie überlasse.

Friedman glaubt nicht, dass es so etwas gibt wie soziale Gerechtigkeit, für ihn gibt es nur individuelle Gerechtigkeit. Die vertikale Mobilität ist in den USA viel größer als zum Beispiel in Deutschland. Dass auch das Schulsystem viel schlechter ist, als es sein müsste, liegt seiner Ansicht nach daran, dass der Staat praktisch ein Bildungsmonopol hat. Durch die Privatisierung der Ausbildung ließe sich seiner Überzeugung nach auch hier vieles verbessern. Das gilt auch für das Gesundheitswesen, wo die Qualität durch staatliche Regulierungen immer weiter abgesenkt wird.

Milton Friedman kritisiert ebenfalls, dass die Anschläge vom 11. September 2001 als Vorwand genutzt würden, um das Eingreifen des Staates in die Wirtschaft zu rechtfertigen. Die wieder auflebende Besinnung auf John Maynard Keynes' Lehren diene den Politikern nur als Ausrede, mehr Geld für ihre Interessen auszugeben. Die Geschäftsleute betrachtet er als Feinde einer freien Gesellschaft, denn sie missbrauchten gerade heute die Regierungen für ihre Zwecke, indem sie sich unter Hinweis auf die Probleme nach dem 11. September 2001 zusätzliche Subventionen beschafften.

Wer aber nun glaubt, Friedman sei ein Mitstreiter der Globalisierungsgegner, der irrt. Das Konglomerat an unterschiedlichen und teils widersprüchlichen Ideen, das sich bei den Globalisierungsgegnern angesammelt hat, ist in seinen Augen total verrückt. Es seien auch nicht die Betroffenen, die demonstrierten, sondern Angehörige der Mittelklasse, die sich amüsieren wollten. Die Anti-Globalisierungskampagne ist für ihn eine reine Spaßbewegung.

BERÜHMTE UND WENIGER BERÜHMTE ÖKONOMEN IN STICHWORTEN

Adam Smith (1723–1790): Arbeitsteilung, Wohlstand, Selbstheilungskräfte der Wirtschaft.

Thomas Robert Malthus (1766–1834): Die Bevölkerung wächst schneller als das Nahrungsmittelangebot, das führt zu einer großen Hungersnot.

Jean Baptiste Say (1767–1832): Von ihm stammt der Lehrsatz: »Das Angebot schafft sich seine Nachfrage.«

David Ricardo (1772–1823): Außenhandel, internationale Arbeitsteilung, komparative Kostenvorteile.

John Stuart Mill (1773–1836): Prinzipien der politischen Ökonomie, systematische Zusammenfassung der Erkenntnisse der Klassiker.

Johann Heinrich von Thünen (1783–1850): Der isolierte Staat in Beziehung zu Landwirtschaft und Nationalökonomie. Betriebliche Standorttheorie und ökonomische Lehre vom Raum.

Friedrich List (1789–1846): Industrialisierung, Voraussetzungen für künftigen Wohlstand.

Karl Marx (1818–1883): Proletariat, fallende Profitrate.

Léon Walras (1834–1910): Nutzentheorie.

Gustav von Schmoller (1838–1917): Grundriss der allgemeinen Volkswirtschaftslehre.

Alfred Marshall (1842–1924): Der Unternehmer ist die wichtigste Figur.

Vilfredo Pareto (1848–1923): Wohlfahrtsökonomie, Pareto-Optimum.

Johan Gustav Knut Wicksell (1851–1926): Geldzins und Güterpreise.
Thorstein Bunde Veblen (1857–1929): Theorie der feinen Leute, Rolle der Institutionen.
Werner Sombart (1863–1941): Es gibt drei Nationalökonomien, die richtende, die ordnende und die verstehende.
Max Weber (1864–1920): Religion und Bürokratie als Wirtschaftsfaktoren.
Arthur Cecil Pigou (1877–1959): Wohlfahrtsökonomie.
Rudolf Hilferding (1877–1941): Stamokap-Theorie, der Staat ist der Reparaturbetrieb des Kapitalismus.
Joseph Alois Schumpeter (1883–1950): Der schöpferische Unternehmer wird gebraucht.
John Maynard Keynes (1883–1946): Allgemeine Theorie der Beschäftigung, des Zinses und des Geldes.
Walter Eucken (1891–1950): Grundsätze der Wirtschaftspolitik, funktionierende Wettbewerbsordnung.
Nikolaj Dimitrejewitsch Kondratjew (1892–1938): Konjunkturzyklen werden von Basisinnovationen getragen.
Ludwig Erhard (1897–1977): Wohlstand für alle.
Gunnar Myrdal (1899–1987): Wohlfahrt in unterentwickelten Regionen ist nur mit staatlichen Interventionen zu erreichen.
Friedrich August von Hayek (1899–1992): Gegen staatliche Einmischung, das ist der Weg zur Knechtschaft.

> **John von Neumann (1903–1957), Oskar Morgenstern (1902–1977):** Spieltheorie und ökonomisches Verhalten.
> **Jan Tinbergen (1903–1994):** Quantitative Wirtschaftsanalyse.
> **Heinrich von Stackelberg (1905–1946):** Grundzüge der theoretischen Volkswirtschaftslehre.
> **John Kenneth Galbraith (geb. 1908):** Gesellschaft im Überfluss.
> **Milton Friedman (geb. 1912):** Kapitalismus und Freiheit.
> **Paul Anthony Samuelson (geb. 1915):** Mixed Economy.
> **James Tobin (1918–2002):** Analyse der Finanzmärkte und ihrer Auswirkungen, Tobin-Steuer.

Viel Ehre für fleißige Professoren – der Wirtschaftsnobelpreis

Dass der Wirtschaftsnobelpreis in Wirklichkeit gar kein echter Nobelpreis ist, stört niemanden. Es war nämlich die Schwedische Reichsbank, die zur Feier ihres 300-jährigen Bestehens im Jahre 1969 nach einer zugkräftigen PR-Veranstaltung Ausschau hielt und auf die Idee kam, alljährlich den »Bank-von-Schweden-Preis für Ökonomische Wissenschaft in Erinnerung an Alfred Nobel« verleihen zu lassen. Die Verleihung hat die Königlich Schwedische Akademie der Wissenschaften übernommen.

Mit der Nobelstiftung, die die Preise für Chemie, Literatur, Medizin/Physiologie, Physik und Frieden vergibt, hat der Wirtschaftsnobelpreis somit nichts zu tun.

Wie die Liste der Preisträger zeigt, geht der Großteil der Wirtschaftsnobelpreise in die USA: 35 der insgesamt 53 bisherigen Preisträger sind US-Bürger, und unter den restlichen 17 waren etliche zum Zeitpunkt der Preisvergabe an US-Universitäten tätig. Einziger Deutscher im Kreis der Erlauchten ist der Bonner Reinhard Selten, Preisträger des Jahres 1994. Eine Frau wurde noch nicht ausgezeichnet.

In den meisten Fällen werden hochwissenschaftliche und dem Laien kaum zugängliche Forschungsergebnisse geehrt, manchmal aber auch populäre Erkenntnisse, die sogar den Spott der Kollegen auf sich ziehen. Manche Wirtschaftsnobelpreisträger waren vorher schon berühmt und geachtet, manche sind sogar Medienstars, und andere sind schon wieder in Vergessenheit versunken, kaum dass sie den Preis in den Händen hielten.

Quantitative Analyse der Wirtschaft

Die beiden ersten Nobelpreisträger im Jahre 1969, Jan Tinbergen aus den Niederlanden und Ragnar Frisch aus Norwegen, wurden sicher gleich aus drei Gründen mit dem Preis bedacht: Erstens waren sie beide Europäer, Ragnar Frisch kam sogar aus Skandinavien. Zweitens konnten beide bereits auf ein nahezu abgeschlossenes Lebenswerk zurückblicken, und drittens haben sie beide das methodische Instrumentarium der Wirtschaftswissenschaften nachhaltig erweitert.

Mixed Economy von Markt und Staat

Paul Anthony Samuelson, der Preisträger des Jahres 1970, war ein leidenschaftlicher Lehrbuchschreiber. Sein 1948 erschienenes Grundlagenwerk hat in den vergangenen fünf Jahrzehnten nichts an Bedeutung verloren. Samuelson ist Befürworter der so genannten Mixed Economy: Demnach hat der Staat in das Wirtschaftsgeschehen einzugreifen, wenn der Markt versagt.

Grundlagen der Entwicklungspolitik/ Neoliberalismus

Im Jahr 1974 ging der Wirtschaftsnobelpreis an zwei Wissenschaftler, die zwar beide im selben Jahr 1899 geboren waren, aber recht unterschiedliche Positionen vertraten. Der Schwede Gunnar Myrdal glaubte nicht an die unsichtbare Hand des Marktes. Der britische, aus Österreich stammende Volkswirtschaftler Friedrich August von Hayek war ein Vertreter des Neoliberalismus und verfocht eine liberale Wirtschafts- und Gesellschaftsordnung.

Myrdal kam in seinem 1957 veröffentlichten Buch *Ökonomische Theorie und unterentwickelte Regionen* zu dem Ergebnis, dass die damals gängigen Wirtschaftstheorien auf die armen Nationen, die aus den ehemaligen Kolonien hervorgegangen sind, nicht anwendbar seien. Damit wurde er zum Vordenker der modernen Entwicklungspolitik. Myrdal erkannte, dass gerade nicht-ökonomische Faktoren wie die Bevölkerungsentwicklung oder auch gesellschaftliche und politische Zusammenhänge in den Ländern der Dritten Welt Schwierigkeiten erzeugten. In vielen Ländern schützten feudale Privilegien die Reichen und führten zur Ausbeutung der Armen. Damit formulierte Myrdal Ideen, die andere Ökonomen seiner Zeit und vor allem der nachfolgenden Generationen beeinflussten.

Auch Friedrich August von Hayek hatte großen Einfluss auf die internationale Ökonomie. Viele der Ideen, die er während seiner Zeit als Professor an der London School of Economics (1931–1950) entwickelte, griff Walter Eucken auf. Später lehrte von Hayek an der Universität von Chicago (1950–1962). Dort motivierte er Milton Friedman, mehr populäre Schriften zu veröffentlichen.

Von Hayeks Buch *Der Weg zur Knechtschaft* aus dem Jahre 1944 war eine Kampfschrift gegen die staatliche Einmischung in den Wettbewerb. Die Mischung von Planwirtschaft und Wettbewerbswirtschaft hielt er für noch schlechter als die reine Planwirtschaft. Mit dem Begriff »sozial« wusste von Hayek überhaupt nichts anzufangen. Er sagte, dass er mehr als zehn Jahre darüber nachgedacht habe, was soziale Gerechtigkeit bedeuten könne – und er habe es nicht herausgefunden. Eine soziale Marktwirtschaft sei keine Marktwirtschaft, eine soziale Gerechtigkeit keine Gerechtigkeit und eine soziale Demokratie auch keine Demokratie. Damit hat von Hayek eine deutliche Warnung vor dem Wohlfahrtsstaat ausgesprochen, knapp zwanzig Jahre später knüpfte Milton Friedman daran an.

Tobin-Steuer zugunsten der Entwicklungsländer

James Tobin, Preisträger des Jahres 1981, ist lange nicht von der breiten Öffentlichkeit wahrgenommen worden, dann aber in den Neunzigerjahren im Rahmen der Globalisierungsdebatte zu spätem Ruhm gekommen. Sein Vorschlag, eine Abgabe auf internationale Devisentransfers zu erheben und das Geld über die Weltbank Entwicklungsländern zukommen zu lassen, wurde von Globalisierungsgegnern als so genannte Tobin-Steuer in ihren Forderungskatalog aufgenommen. Er selbst hat sich jedoch von den Globalisierungsgegnern distanziert.

Wirtschaftstheorien über das menschliche Verhalten

Besonders weite Verbreitung haben die populärwissenschaftlich formulierten Arbeiten von Gary Becker gefunden, dem Preisträger des Jahres 1992. Er hat die Wirtschaftstheorie auf alle Bereiche menschlichen Handelns angewendet. Dazu gehören unter anderem Ehe und Familie sowie die Rolle der Frau in der modernen Wirtschaft.

Der Amerikaner Robert E. Lucas Jr., Nobelpreisträger des Jahres 1995, entwarf in der Siebzigerjahren die Theorie der rationalen Erwartungen. Sie besagt, dass die Teilnehmer am Wirtschaftsprozess sich so rational verhalten, dass sie staatliche Steuerungsversuche, die ihren Interessen entgegengesetzt sind, mittelfristig unterlaufen. Langfristige Geld- und Konjunkturpolitik führte nicht zum Ziel. Lucas riet deshalb, staatliche Eingriffe in die Wirtschaft so gering wie möglich zu halten.

Neue Grundlagen für die Entwicklungspolitik

Der indische Wirtschaftswissenschaftler und Philosoph Amartya Kumar Sen (geboren 1933) wurde 1998 für seine Arbeiten zur Wohlfahrtsökonomik und zur Theorie der wirtschaftlichen Entwicklung geehrt. Auf ihn geht der Human Development

Index des Entwicklungsprogramms der Vereinten Nationen (UNDP) zurück.

Sen hat in seinen Studien nachgewiesen, dass Hungersnöte auch in Gesellschaften auftreten, in denen es keinen Mangel an Nahrungsmitteln gibt. So sind Menschen in Bengalen oder Äthiopien nicht etwa verhungert, weil es an Nahrung fehlte, sondern weil sie nicht genug Geld hatten, um sie zu kaufen. Damit wendet Sen sich ganz eindeutig gegen öffentliche Programme, die den Hunger dadurch bekämpfen wollen, dass sie nur die Produktion steigern. Das allein reiche nicht. Armut bedeutet für ihn auch immer eine Einengung der Entscheidungsmöglichkeiten.

Vielen Globalisierungsgegnern gilt Sen als Vordenker, trotzdem steht er dieser Bewegung kritisch gegenüber, weil ihm die Lösungsvorschläge der Demonstranten oft zu einfach sind. Aber er stimmt zu, dass die Frage sehr wichtig ist, unabhängig davon, ob die Antwort darauf korrekt ist. Deshalb plädiert Sen dafür, öffentlich über die Globalisierung und ihre Folgen zu diskutieren. Allerdings geht es ihm nicht darum, neue wirtschaftliche Beziehungen und den Einsatz moderner Technologien zu verhindern, sondern er will sie fairer verteilen.

Neue Prognosemethoden

Die Amerikaner James J. Heckman und Daniel L. McFadden entwickelten unabhängig voneinander neue Methoden der Mikroökonometrie, die es erlauben, das Entscheidungsverhalten von Einzelpersonen, Haushalten und Firmen zu analysieren und daraus Prognosen abzuleiten. Das brachte ihnen im Jahre 2000 den Nobelpreis. Wie man sieht, ging die Tendenz bei der

Verleihung des Preises immer mehr dahin, Lösungsvorschläge für aktuelle Probleme zu prämieren.

Wissensökonomie

Den Nobelpreis 2001 haben die drei Amerikaner George A. Akerlof, A. Michael Spence und Joseph E. Stiglitz erhalten. Ihre bereits in den Siebzigerjahren unabhängig voneinander durchgeführten Forschungen brachten wegweisende Erkenntnisse über die Funktionsweise von Märkten mit so genannter asymmetrischer Information, das heißt Märkten mit unterschiedlich gut informierten Akteuren. Die Theorien der drei Ökonomen werden als Kern der modernen Forschung über Information und Märkte angesehen.

Sie schufen damit ein neues Feld der Volkswirtschaftslehre, die so genannte Wissensökonomie. Diese kann zur Erklärung verschiedenster Bereiche angewendet werden, von traditioneller Agrarwirtschaft bis zu modernen Finanzmärkten. Nicht nur der praktische Nutzen der Forschungen dieser drei Ökonomen ist bemerkenswert, in gewisser Weise haben sie auch eine Revolution unter den Theoretikern ausgelöst. Denn sie widersprachen der neoliberalen Theorie, die besagt, dass freie Märkte zu den besten Ergebnissen führen. Stattdessen wiesen sie nach, dass freie Märkte in der Praxis keineswegs so reibungslos funktionieren, wie es in der Theorie aussieht.

Ungleich verteilte Informationen verursachen schlechtere Ergebnisse, unabhängig davon, wie viel Freiheit dem Wettbewerb zugestanden wird. Bei mangelnden oder fehlerhaften Informationen wird nicht mehr das Produkt mit dem besten Preis-Leistungs-Verhältnis gekauft, sondern das Produkt, über welches die besten Informationen verbreitet beziehungsweise negative Informationen verheimlicht werden. Das ist wie bei dem Gebrauchtwagen, den der Verkäufer seinem Kunden zu einem höheren Preis andrehen kann, wenn er ihm verborgene Mängel verheimlicht.

Nicht anders verhält es sich bei Aktien, deren Kurs nach oben gepuscht wird, indem über Geschäftsabschlüsse berichtet wird, die noch gar nicht zustande gekommen sind. Mit der Asymmetrie der Informationen lässt sich noch zusätzlich gut verdienen, meint Michael Spence, wenn nämlich der besser informierte Marktteilnehmer seinen Informationsvorsprung als Berater an die schlechter informierten Marktteilnehmer verkauft. Die schöne neue Welt des Internet eröffnet hier vielfältige Möglichkeiten.

Joseph Stiglitz nimmt sogar an, dass das Informationsungleichgewicht auf den Märkten nicht die Ausnahme darstellt, sondern die Regel. Stiglitz wurde bekannt, als er vom Amt des Chefökonomen der Weltbank zurücktrat, weil er die dort verfolgte Politik nicht mehr mittragen wollte. In seinem Buch *Die Schatten der Globalisierung* kritisiert er die Entscheidungen des Internationalen Währungsfonds (IWF) als eine seltsame Mixtur aus Ideologie und schlechter Ökonomie. Dabei geht seine Kritik weit über das Thema hinaus, für das er den Nobelpreis bekommen hat.

Stiglitz weist nach, dass die klassische Ökonomie überall dort scheitern muss, wo Menschen unzureichend ausgebildet sind, kein Kapital vorhanden ist und statt Unternehmergeist kleptokratische Strukturen herrschen. Wirtschaft ist in der Praxis komplizierter und vielschichtiger, als die meisten Theoretiker glauben, aber auch viel schwieriger, als es sich Politiker, Bankmanager und Führungskräfte in der Entwicklungshilfe oft vorstellen.

Abschied von der Wissenschaft – es wird zu kompliziert

Lassen wir die großen Ökonomen und die Nobelpreisträger noch einmal vor unserem inneren Auge Revue passieren, dann erkennen wir eine ganz bestimmte Entwicklungslinie in den Wirtschaftswissenschaften. In der ersten Phase wurde Wirtschaft hauptsächlich isoliert betrachtet. Es wurden die Gesetze des Marktes entschlüsselt, die Bedeutung der Arbeit definiert, der Wert von Grund und Boden festgelegt.

TRÄGER DES NOBELPREISES FÜR WIRTSCHAFTSWISSENSCHAFTEN

1969 Ragnar Frisch/Norwegen, Jan Tinbergen/Niederlande:
Entwicklung und Anwendung dynamischer Modelle zur Analyse wirtschaftlicher Prozesse.
1970 Paul A. Samuelson/USA:
Entwicklung der statischen und dynamischen ökonomischen Theorie zur Verbesserung des Analyseniveaus in den Wirtschaftswissenschaften.
1971 Simon Kuznets/USA:
Interpretationen wirtschaftlichen Wachstums, die zu neuen Einblicken in wirtschaftliche und soziale Strukturen und Wirtschaftsprozesse führten.
1972 Kenneth J. Arrow/USA, John R. Hicks/Großbritannien:
Pionierarbeiten zur allgemeinen Theorie des wirtschaftlichen Gleichgewichts und zur Wohlfahrtstheorie.

1973 Wassily Leontief/USA:
Entwicklung der Input-Output-Methode sowie ihre Anwendung bei wichtigen wirtschaftlichen Problemen.

1974 Gunnar Myrdal/Schweden, Friedrich August von Hayek/Großbritannien:
Grundlegende Arbeiten in der Geldtheorie und Untersuchung der Abhängigkeiten ökonomischer, sozialer und institutioneller Phänomene.

1975 Leonid V. Kantorowitsch/UdSSR, Tjalling C. Koopmans/USA:
Bahnbrechende Arbeiten in der Theorie der optimalen Zuweisung von Ressourcen.

1976 Milton Friedman/USA:
Erkenntnisse zur Konsum- und Geldtheorie und zu komplexen Problemen der Stabilitätspolitik.

1977 Bertil Ohlin/Schweden, James E. Meade/Großbritannien:
Bahnbrechende Arbeiten zur Theorie des internationalen Handels und der internationalen Kapitalverflechtungen.

1978 Herbert A. Simon/USA:
Erkenntnisse zur Entscheidungsfindung in Organisationen.

1979 Arthur Lewis/Großbritannien, Theodore Schultz/USA:
Erkenntnisse in der Entwicklungstheorie (Entwicklungsländer).

1980 Lawrence R. Klein/USA:
Entwicklung und Anwendung ökonomischer Prognosemodelle.

1981 James Tobin/USA:
Analyse der Finanzmärkte und ihrer Auswirkungen auf Ausgabeentscheidungen, Beschäftigung, Produktion und Preise.

1982 George J. Stigler/USA:
Pionierarbeiten über Industriestruktur und öffentliche Regulierung.

1983 Gerard Debreu/USA:
Neue analytische Methoden und Neuformulierung der allgemeinen Gleichgewichtstheorie.

1984 Richard Stone/Großbritannien:
Wegweisende Arbeiten zur Verwendung der Volkswirtschaftlichen Gesamtrechnung als Basis für die empirische Forschung.

1985 Franco Modigliani/USA:
Basisanalysen über Ersparnis und Finanzmärkte.

1986 James H. Buchanan/USA:
Entwicklung der vertrags- und verfassungstheoretischen Grundlagen für die Theorie wirtschaftlicher und politischer Entscheidungen.

1987 Robert M. Solow/USA:
Arbeiten zur Wachstumstheorie.

1988 Maurice Allais/Frankreich:
Pionierarbeiten zur Theorie der Märkte und der effizienten Ressourcennutzung.

1989 Trygve Haavelmo/Norwegen:
Klärung wahrscheinlichkeitstheoretischer Grundlagen der Ökonometrie und Analyse simultaner ökonomischer Strukturen.

1990 Harry M. Markowitz, Merton H. Miller, William F. Sharpe/alle USA:
Pionierarbeiten in der Investitions- und Finanzierungstheorie.
1991 Ronald H. Coase/Großbritannien:
Entdeckung und Klärung der Bedeutung von Transaktionskosten und Verfügungsrechten für die institutionelle Struktur und Funktion der Wirtschaft.
1992 Gary S. Becker/USA:
Ausdehnung der mikroökonomischen Analyse auf die unterschiedlichsten Gebiete menschlichen Verhaltens.
1993 Robert W. Fogel/USA, Douglas C. North/ USA:
Erneuerung der Forschung zur Wirtschaftsgeschichte durch Anwendung ökonomischer Theorie und quantitativer Methoden zur Erklärung wirtschaftlichen und institutionellen Wandels.
1994 John F. Nash/USA, John C. Harsanyi/USA, Reinhard Selten/Bundesrepublik Deutschland:
Pionierarbeiten über Gleichgewichtszustände in der Theorie nicht-kooperativer Spiele.
1995 Robert E. Lucas Jr./USA:
Entwicklung und Anwendung der Hypothese rationaler Erwartungen.
1996 James A. Mirrlees/Großbritannien, William Vickrey/USA:
Grundlegende Arbeiten zur Anreizmethode bei asymmetrischer Information.

1997 Robert C. Merton/USA, Myron S. Scholes/USA:
Neue Methode zur Bestimmung des Wertes von Finanzderivaten.
1998 Amartya Kumar Sen/Indien:
Beiträge zur Wohlfahrtsökonomie.
1999 Robert A. Mundell/Kanada:
Analyse der Geld- und Fiskalpolitik in Wechselkurssystemen sowie Theorie optimaler Währungsgebiete.
2000 James J. Heckman/USA, Daniel L. McFadden/USA:
Entwicklung von Theorien und Methoden zur Analyse von Wahlentscheidungen.
2001 George A. Akerlof, A. Michael Spence, Joseph E. Stiglitz/alle USA:
Analysen von Märkten mit asymmetrischer Information.
2002 Daniel Kahnemann/USA, Vernon L. Smith/USA:
Einsichten der psychologischen Forschung in die Wirtschaftswissenschaft; Einsatz von Laborexperimenten als Werkzeug in der empirischen ökonomischen Analyse.
2003 Robert F. Engle/USA, Clive E. J. Granger/Großbritannien:
Entwicklung statistischer Methoden für die Bewertung chronologischer Wirtschaftsdaten (Preise, Zinsen, Bruttosozialprodukt).

In einer zweiten Phase beschäftigte man sich mit dem Einfluss der Wirtschaft auf die Gesellschaft. Was wurde durch Veränderungen in der Wirtschaft im Leben der Menschen anders? Dann, in einer dritten Phase, ging es um die Frage, welchen Einfluss gesellschaftliche Aspekte auf die Wirtschaft haben. Die Erkenntnis setzte sich durch, dass der Markt in der Regel nicht so funktionierte, wie die Theorien es voraussagten.

Die Wirtschaftswissenschaftler erkannten, dass nicht nur das Ökonomische alle Lebensbereiche durchdrungen hat – von der Entscheidung, ein Haus zu bauen, bis hin zur Partnerwahl, vom Vorhandensein eines Kindergartenplatzes bis hin zu Ernährungsfragen –, sondern dass auch viele Dinge, die auf den ersten Blick mit Wirtschaft überhaupt nichts zu tun haben, wie zum Beispiel Hoffnung und Vertrauen in die Zukunft, letzten Endes die Wirtschaft doch beeinflussen.

Diese immer komplizierteren Zusammenhänge und Abhängigkeiten irritieren die meisten Menschen. Also versuchen sie die Komplexität der Wirklichkeit auf ein überschaubares Maß zu reduzieren, und dabei helfen ihnen die verschiedensten zeitgenössischen Denker, Berater, Philosophen und Gurus, die sich ordnend und sinnstiftend – manchmal stiften sie freilich auch Unsinn – betätigen und dabei weitgehend auf Wissenschaft verzichten.

Ideen als Lösungen – Guru & Co

Neben den eindeutig als Wissenschaftlern klassifizierten Denkern gibt es noch eine ganze Reihe anderer, denen das Prädikat »wissenschaftlich« für ihre Arbeit verwehrt bleibt. Ihr Einfluss auf das Denken und Handeln in den Unternehmen ist dennoch nicht zu unterschätzen. Das Beraten und Publizieren, Referieren und Agitieren ist längst zu einer eigenen Branche geworden: der Managementindustrie.

Mit dem Entstehen zunehmend größerer Konzerne seit dem Ende des 19. Jahrhunderts und der fortschreitenden Arbeitsteilung wurde das Lenken und Steuern der verschiedenen Unternehmensprozesse zu einer immer komplexeren Aufgabe. Nach dem Ende des Zweiten Weltkriegs kam es in den USA zu einer Professionalisierung des Managerberufs. Damit wuchs auch der Bedarf an theoretischer Unterstützung.

Bis Mitte der Siebzigerjahre des 20. Jahrhunderts wurden Managementtheorien hauptsächlich in Büchern für Fachleute veröffentlicht. Das änderte sich erst, als in der Achtzigerjahren die erprobten Methoden nicht mehr in der gewünschten Weise funktionierten. Die Managementliteratur boomte, allein in den USA wurden jährlich zweitausend Titel neu auf den Markt geworfen.

Im Jahr 1983 standen drei Bücher auf den ersten Plätzen der Bestsellerliste der *New York Times:* Tom Peters mit *Auf der Suche nach Spitzenleistungen,* John Naisbitt mit *Megatrends* und das Autorenduo Kenneth Blanchard und Spencer Johnson mit *Der Minutenmanager.* Diese Autoren repräsentieren das neue Spektrum der Managementliteratur. Tom Peters liefert Methodenwissen, John Naisbitt einen Blick in die Zukunft und Blanchard/Johnson bringen eine Mischung aus Management-Ratgeber und Lebenshilfebuch in Light-Version.

Man muss den Stellenwert dieser Bücher jedoch richtig sehen: Sie sind nicht viel mehr als PR-Instrumente für die eigentlichen Einnahmequellen der Autoren in Form von Vortrags- und Seminarhonoraren. Der Vortragszirkus ist das wirklich große Geschäft, Honorare von mehr als 50 000 Dollar pro Vortrag sind mittlerweile keine Ausnahmen mehr. Insofern ist es nicht verwunderlich, dass sich immer mehr Professoren bemühen, von den Gralshütern des Wissens zu Jägern der verborgenen Schätze zu werden, nach dem Motto: Mit weniger Wissen und mehr Show zu noch mehr Cash.

Was ist nun der Unterschied zwischen dem, was ein Nobelpreisträger zu sagen hat, und den weisen Lehren eines Managementgurus? Ökonomen geben stets komplizierte Antworten, auch auf einfache Fragen. Gurus geben immer einfache Antworten, auch auf komplizierte Fragen.

Peter F. Drucker: Gründervater der Managementlehre

Peter F. Drucker wurde 1909 in Wien geboren und absolvierte nach dem Abitur eine Lehre als Exportkaufmann in Hamburg. Danach nahm er ein Jurastudium auf, das er in Frankfurt am Main mit der Promotion abschloss. Dort arbeitete er dann für die Niederlassung einer New Yorker Brokerfirma. Über England wanderte Drucker 1937 in die USA aus. Seinen Lebensunterhalt verdiente er erst als Lehrer und Journalist, dann wurde er Dozent für Politik, Philosophie und Volkswirtschaft an einer Universität.

Seinen ersten großen Erfolg landete Peter F. Drucker mit dem Buch *Das Großunternehmen,* einem Porträt des Konzerns General Motors. In diesem Buch finden sich schon die meisten Ideen, die er später weiter ausführen sollte, so zum Beispiel das Management by Objectives (Führung durch Zielvorgaben) und die dezentrale Unternehmensführung. Das Buch wurde ein Bestseller und machte Drucker sogar in Japan berühmt, aber es beendete zunächst einmal seine akademische Laufbahn. Für die einen war es Populärsoziologie und für die anderen übergeschnappte Volkswirtschaft.

Mit dieser Kombination, ein Unternehmen zugleich als soziales System zu betrachten und als Wirtschaftsorganisation, hatte Drucker eine Marktlücke entdeckt. In den folgenden Jahrzehnten gab es keine Managementtheorie, die nicht von ihm selbst erfunden wurde oder zumindest unter seinem Einfluss stand. Die Idee der Dezentralisation und seine Ausführungen dazu veranlassten fast alle großen amerikanischen Unternehmen, ihre Organisation ebenfalls dezentral zu gestalten.

In Tausenden von Artikeln und mehr als dreißig Büchern blieb Drucker stets am Ball und zeigte sich mit seinen Zukunftsprognosen als treffsicherer Deuter von Entwicklungen. Bereits Anfang der Neunzigerjahre machte er auf Probleme aufmerksam, vor denen das Management heute steht: erstens das immer größer werdende Ausmaß an Veränderungen, die zu bewältigen sind, zweitens die zunehmenden Fälle von Missmanagement und drittens die wachsende Spannung zwischen Unternehmen und Gesellschaft. Und selbst heute, im Alter von über neunzig Jahren, hat sich Drucker noch nicht zur Ruhe gesetzt. Von ihm stammt die Idee des Wissensarbeiters, der von seinem Unternehmen nicht mehr als Kostenfaktor, sondern als Vermögenswert betrachtet werden muss und der im Gegensatz zu anderen Vermögenswerten sogar abwandern kann.

Tom Peters: Auf der Suche nach Spitzenleistungen

Als Thomas J. Peters und Robert H. Waterman Jr. als Mitarbeiter der Unternehmensberatung McKinsey ein internes Forschungsprojekt ausschlachteten und daraus ein Buch machten, ahnten sie noch nicht, welche Auswirkungen das für sie haben würde.

Das Buch, das 1982 unter dem Titel *Auf der Suche nach Spitzenleistungen: Was man von den bestgeführten US-Unternehmen lernen kann* erschien, wurde auf Anhieb zu einem Bestseller und machte die Autoren über Nacht zu Millionären. Niemand staunte mehr darüber als sie selbst. Eigentlich hatte das Buch nur eine Antwort auf die ständigen Loblieder auf japanische Unternehmen sein sollen.

Peters und Waterman entdeckten acht Erfolgsfaktoren, die, wie sie selbst fanden, »alles andere als sensationell« waren. Es sind dies:

1. Primat des Handels: »Probieren geht über studieren.«
2. Nähe zum Kunden: »Der Kunde ist König.«
3. Freiraum für Unternehmertum: »Wir wollen lauter Unternehmer.«
4. Produktivität durch Menschen: »Auf den Mitarbeiter kommt es an.«
5. Sichtbar gelebtes Wertesystem: »Wir meinen, was wir sagen – und tun es auch.«
6. Bindung an das angestammte Geschäft: »Schuster, bleib bei deinen Leisten.«
7. Einfacher, flexibler Aufbau: »Kampf der Bürokratie.«
8. Straff-lockere Führung: »So viel Führung wie nötig, so wenig Kontrolle wie möglich.«

Aus dem seinerzeit unbekannten McKinsey-Berater ist inzwischen der bekannteste amerikanische Starreferent Tom Peters geworden, der es versteht, selbst die langweiligsten Managementthemen interessant zu präsentieren und der sich bis heute seine Erfahrungen und Beispiele täglich neu aus der Praxis holt. Trotzdem sagen ihm viele nach, dass seine größte

Leistung bisher darin bestanden habe, den Boom der Managementgurus auszulösen, weil er vorgeführt hat, wie man mit viel heißer Luft verunsicherten Managern das Geld aus der Tasche ziehen kann.

Inzwischen wächst die Zahl der Managementtheorien und der Methoden munter weiter. Während Peter F. Drucker langfristige Entwicklungen über zehn und mehr Jahre voraussagte, konzentrierte sich Peters immer mehr darauf, Ratschläge für den kurzfristigen Erfolg zu geben. Um Interesse zu wecken, wurden die Theorien und Vorschläge immer abwegiger, doch blieben sie gerade noch so realitätsnah, dass Manager sie als bedenkenswert akzeptierten. Tom Peters wurde damit immer mehr zu einem Provokateur und Ideenproduzenten.

John Naisbitt: In Zukunft nichts Neues

John Naisbitt war nicht der Erste, der mit einem Blick in die Zukunft eine Menge Geld verdiente, aber er war der Erste, der sich daran machte, Trendforschung aggressiv zu vermarkten. Alvin Toffler hatte bereits im Jahre 1970 mit seinem Buch *Der Zukunftsschock* weltweite Berühmtheit erlangt, doch Toffler war eher ein Visionär und Geschichtenerzähler, der mit interessanten Fakten und klugen Schlussfolgerungen sein Publikum unterhalten wollte. Im Gegensatz dazu ging es Naisbitt darum, mit seinem 1982 erschienenen Buch *Megatrends* einen neuen Markt zu schaffen und auf diesem die erste Position zu besetzen. Mehr als zwei Jahre lag es auf den Spitzenrängen der Bestsellerliste der *New York Times,* weltweit wurden mehr als acht Millionen Exemplare verkauft.

Wenn John Naisbitt tatsächlich, wie er behauptet, zehn Jahre für dieses Buch recherchiert hat, dann stellt sich die Frage, ob es nicht bereits bei seinem Erscheinen veraltet war. Der Gefahr, Überholtes zu präsentieren, entging er dadurch, dass er im Wesentlichen bekannte Entwicklungen neu formulierte und sich ausschließlich auf Positives konzentrierte. Gute Nachrichten lesen und hören die meisten Menschen gern.

John Naisbitt nimmt für sich zwar immer noch in Anspruch, der renommierteste Trendforscher der Vereinigten Staaten zu sein, aber er hat der Wirtschaft doch nicht das zu bieten, was sie sich wünscht. Da liegt Faith Popcorn besser im Markt. Sie analysiert seit 1974 mit ihrer Marketingberatungsfirma das Verbraucherverhalten und macht die Ergebnisse ihrer Untersuchungen in den Popcorn-Reports auch einem breitem Publikum zugänglich. Vieles davon ist zweifellos amüsant zu lesen. Aber sind die Trends, die sich dort abzeichnen, auch wirklich wichtig? Man darf es bezweifeln.

Gerade in Deutschland war die Trendforschung eine Zeit lang ein sehr gutes Geschäft, und heute ist sie immer noch ein gutes. Gerd Gerken, der Zukunftsguru aus Worpswede, ist inzwischen weitgehend aus der Öffentlichkeit verschwunden. Matthias Horx ist zurzeit wohl der prominenteste Vertreter dieser Branche. Früher war er Journalist für Lifestyle und Jugend, heute beliefert sein eigenes Zukunftsinstitut die Wirtschaft mit Prognosen und Zeitgeistanalysen. Hauptkunden sind die Markenartikelindustrie und die Werbewirtschaft, die wissen wollen, wie sie ihre Kunden noch besser herumkriegen können.

Trendforschung bietet also kein realistisches und ganz sicher kein umfassendes Abbild unserer Gegenwart und wahrscheinlich erst recht nicht unserer Zukunft. Wer hier gesicherte Informationen wünscht, wird sich an Wissenschaftler wie zum Beispiel Prof. Horst W. Opaschowski halten müssen. Seine Ergebnisse sind nicht prall gespickt mit neuen Begriffen, dafür beziehen sie eine breite gesellschaftliche Basis ein. Marketing und Marken sind für ihn nicht der allein selig machende Lebensinhalt, und was er prognostiziert, stimmt auch keinesfalls immer nur optimistisch.

So kündigt Opaschowski eine Wohlstandswende an, die durch zwei Krisen hervorgerufen wird: durch die Krise der Arbeitsgesellschaft, der die Arbeit ausgeht, und durch die Krise der Wohlstandsgesellschaft, die über ihre Verhältnisse gelebt hat. Trendprognosen à la Naisbitt dürften demnach in Zukunft überflüssig sein.

Kenneth Blanchard und Spencer Johnson: Mäuse- und andere Strategien

Blanchard und Johnson sind beide Akademiker, die die Hoffnung auf einen Nobelpreis längst begraben haben – es sei denn, es gäbe eines Tages einen Nobelpreis für Geschäftstüchtigkeit. Blanchard hat sein Studium, wie übrigens auch Tom Peters und John Naisbitt, an der Cornell University in Ithaca im Bundesstaat New York absolviert. Offensichtlich ist das Amerikas Guru-Schmiede. Spencer Johnson ist von der Ausbildung her Mediziner, meint aber, dass er als Kommunikationsfachmann den Menschen mehr helfen kann als im Arztkittel.

Was Blanchard und Johnson verbindet – einmal abgesehen davon, dass sie gemeinsam ein paar Bücher geschrieben haben, die Millionenauflage erreichten und von denen die Verlage behaupten, sie hätten die größten Unternehmen der Welt maßgeblich beeinflusst –, ist die Tatsache, dass es beide verstehen, Binsenweisheiten so aufzupeppen, dass sie mindestens hundert Seiten füllen, und die Leser glauben, sie hätten bei der Lektüre wesentliche Erkenntnisse gewonnen. Bauernfängerei nannte man das früher, Erfolgstraining nennt man es heute.

Während die inzwischen zum Teil mehr als zwanzig Jahre alten Geschichten aus der Minuten-Manager-Reihe niemanden mehr so recht hinter dem Ofen hervorlocken wollen, tritt zu Beginn des 21. Jahrhunderts die Mäuse-Strategie ihren Siegeszug an und triumphiert über das ökonomische Wissen und alle sozioökonomischen Theorien. Wirtschaft ist ja so einfach!

In der Mäuse-Strategie sind die sieben wichtigsten Mottos zusammengefasst:

1. Es wird sich etwas ändern!
2. Sei auf Veränderungen vorbereitet!
3. Beobachte die Veränderungen!
4. Passe dich schnell an Veränderungen an!
5. Verändere dich!
6. Genieße die Veränderung!
7. Mache dich darauf gefasst, dich schnell zu ändern, und habe wieder Spaß daran!

Diese sieben Lehrsätze, die im Zweifelsfall immer passen, sind alles, was die Mäuse-Strategie zu bieten hat, aber kaum etwas, was man wirklich wissen muss. Blanchard und Johnson haben mit ihren Lehren, wenn man sie denn so nennen will, die Brücke von den Wirtschafts- und Gesellschaftswissenschaften zur Esoterik geschlagen. Damit sind sie ganz auf der Höhe der Zeit, und es sind ihnen inzwischen viele gefolgt. Selbst der frühere amerikanische Präsident Bill Clinton verbrachte seine Ferien in Gesellschaft der beiden Motivationsgurus Anthony Robbins und Stephen R. Covey. Bücher wie *Das Powerprinzip* von Anthony Robbins kann man sowohl in den Esoterik-Abteilungen der Buchhandlungen finden als auch unter den Handbüchern für Führungskräfte. Robbins predigt einfach alles, vegetarische Ernährung ist für ihn ebenso Voraussetzung für das erfolgreiche Handeln einer Führungskraft wie jede Form von Manipulation bis an die Grenzen zu Scientology. Sein deutscher Nachahmer Jürgen Höller hat gezeigt, wie gut diese Erfolgsstrategien funktionieren, und mit seiner Aktiengesellschaft eine der spektakulärsten Pleiten hingelegt. Anschließend machte er Bekanntschaft mit den berühmten schwedischen Gardinen. Schuld hatten (natürlich) die anderen. Auch Herr Höller war offensichtlich auf seine eigenen Lehren hereingefallen. Künstlerpech.

Stephen Covey, mit seinem Buch *Die sieben Wege zur Effektivität* lange auf den US-Bestsellerlisten, gehört ebenfalls zu den abtrünnigen Professoren, die den Weg der reinen Lehre verlassen haben, um sich mit einer New-Age-Psychotherapie als ökonomische Universalproblemlöser zu etablieren. Wenigstens eines zeigen die vielen Ratgeber unmissverständlich: dass das berufliche und das private Leben immer mehr zusammenwachsen. Wenn ökonomische Überlegungen zunehmend in den privaten Bereich vordringen, ist es nur einleuchtend, dass im Umkehrschluss auch die Ökonomie nach den allgemeinen Lebensregeln funktioniert. Wirtschaft ist Leben, Leben ist Wirtschaft. Wenn das schon so ist oder zumindest nach den Wünschen vieler Menschen so sein soll, dann aber bitte mit etwas mehr Tiefgang!

André Kostolany: Nur zwei Prozent Spekulationsprofit

Die Motivationsgurus versprechen ihren Kunden den schnellen Erfolg. Das ist zwar nicht ganz seriös, hat bisher aber nur bedingt Schaden angerichtet. Viel schlimmer waren die Börsengurus, die ihren Anhängern nicht nur Erfolg, sondern auch noch Reichtum versprachen. Sie tauchten auf dem Höhepunkt des Börsenbooms wie aus dem Nichts auf und verschwanden anschließend ebenso schnell wieder.

Bäckermeister, die ohne eigenes Zutun überraschend zu Millionären geworden waren, weil sie den Ratschlägen ihrer Bank folgten, zählten ebenso zu den Predigern des schnellen Reichtums wie junge Unternehmensgründer, denen allein deshalb das Geld ins Haus getragen wurde, weil sie ihrer Firma einen Dotcom-Namen gegeben hatten. Sie sind alle längst wieder von der Bildfläche verschwunden. Überlebt haben nur diejenigen, die das Auf und Ab der Börse schon häufiger am eigenen Leib zu spüren bekommen hatten.

Der Name André Kostolany (1906–1999) steht noch heute, fünf Jahre nach seinem Tod, als Markenzeichen für Börsenkultur. Ursprünglich wollte Kostolany, ein gebürtiger Ungar aus wohlhabender Familie, Kunstkritiker werden. Nach dem Ersten Weltkrieg mussten die Kostolanys aus Budapest fliehen und einen großen Teil ihres Vermögens zurücklassen. Als Zwölfjähriger begann André seine Börsenkarriere in Wien. Von Wien zog er nach Paris, das für ihn bis zu seinem Tode mit einigen Unterbrechungen die eigentliche Heimat war. In Paris arbeitete er als Assistent bei dem erfolgreichen Börsenmakler Adrien Perquel und wurde bald selbst zum Spekulanten.

1930 gab es einen spektakulären Einbruch an der Pariser Börse. Kostolany hatte auf eine Baisse spekuliert und war nun über Nacht reich geworden. Wie auch später noch oft hatte er entgegen der allgemeinen Meinung Recht behalten. Aber schon vier Jahre später, in der anschließenden Hausse, verlor er sein Vermögen wieder fast bis auf den letzten Pfennig. Anfang 1934 drohte ihm sogar die Versteigerung seiner Möbel.

Der Not gehorchend entschloss er sich, seinen Lebensunterhalt künftig durch Arbeit zu verdienen statt durch Spekulation. Die neue Erfahrung habe ihm so gut gefallen, schrieb er später, dass er entschieden habe, dabei zu bleiben. Er wurde Makler. 1936 verdiente er bereits 150000 Francs, in heutiger Kaufkraft wäre das rund eine Viertelmillion Dollar. Mit Mitte dreißig war er Generaldirektor, Präsident und Hauptaktionär der G. Ballai & Cie Financing Company.

1940 floh er vor den Nationalsozialisten nach Amerika. Mit 200000 Dollar – heute wären das etwa vier Millionen – ging er erneut an die Börse. Nach dem Zweiten Weltkrieg kehrte er nach Europa zurück. Nicht alle Geschäfte liefen gut, und er suchte sich ein zweites Standbein: Er schrieb Zeitschriftenartikel und Bücher und veranstaltete Seminare. 1957 erschien sein erstes Buch, das noch kein Bestseller wurde wie die späteren.

Bis zu seinem Lebensende verfasste er für verschiedene französische und deutsche Zeitschriften Börsenkolumnen. Ruhestand war für ihn ein Fremdwort. Eineinhalb Millionen Menschen haben seine polemisch-bissigen Bücher gelesen, Tausende bezahlten für ein Börsen-Wochenende mit Altmeister Kostolany bereitwillig 1000 Euro. In Frankreich wurde er für seine Leistungen zum »Ritter der französischen Ehrenlegion« ernannt.

Sein scharfer Verstand und seine Erfahrungen aus den Weltkriegen und Wirtschaftskrisen verhalfen Kostolany zu einem auskömmlichen Lebensstandard. Wirklich reich war er nie, und nach Reichtum strebte er wohl auch nicht. Er war durch und durch Spekulant und liebte das Spiel, allerdings wurde er mit zunehmendem Alter immer weiser. »Finanzielle Unabhängigkeit bedeutet allerdings nicht, Multimillionär zu sein«, sagte er einmal. »Jemand mit geringen Lebensansprüchen kann auch schon mit einem sehr kleinen Vermögen finanziell unabhängig sein.« Seine Erfahrungen an der Börse fasste er so zusammen: »Bei meinen Geschäften habe ich zu 49 Prozent falsch gelegen und zu 51 Prozent richtig. Diese zwei Prozent haben den Erfolg ausgemacht.«

Warren Buffett: Der nette Milliardär von nebenan

Während bei Kostolany zwei Prozentpunkte den Erfolg ausmachten und ihm zu einem kleinen Vermögen verhalfen, hat die Börse Warren Buffett ein Vermögen von 35 Milliarden Dollar gebracht (dazu mehr im nächsten Kapitel). Buffett ist der typische Vertreter des amerikanischen Mittelstands, der mit einfachen Rezepten, Durchhaltevermögen und Vertrauen in die soliden amerikanischen Grundwerte den Traum vom Reichtum verwirklicht hat. Obgleich Buffett heute luxuriös von den Erträgen seines Vermögens leben könnte, gehört er noch immer zu den Börsengurus, die Bücher schreiben und Seminare abhalten. Er ist einer der wenigen ganz Reichen, die keinerlei Aufheben von ihrem Geld machen. Sein Erfolgsrezept: keine Computer (auch privat), keine High-Tech-Aktien. Unterbewertete Qualitätspapiere, das ist sein Revier.

George Soros: Kapital und Kritik

Eine Ausnahme unter den weltbekannten Börsenspekulanten stellt sicherlich der Milliardär George Soros dar. Er schlägt die Brücke zwischen dem Kapitalbesitzer und den Kritikern der Globalisierung. Sie werden ihn trotzdem nicht lieben, dafür sind seine Botschaften zu pragmatisch und viel zu wenig idealistisch.

George Soros wurde 1930 als Dzjehdzhe Shorash in Budapest geboren. Er floh vor den Kommunisten nach London und studierte dort Karl Poppers *Die offene Gesellschaft und ihre Feinde.* 1956 ging er in die USA und ließ sich dort als Broker und Analyst verschiedener Effektenhäuser nieder. Mit seinem Partner Jim Rogers, einem brillanten Analysten, machte sich Soros 1973 mit dem Soros Fund Management selbstständig.

Soros managte hoch riskante Hedge-Funds, mit denen er auf kurzfristige Entwicklungen spekulierte. Die Kernstrategie dabei ist das Shortselling: Er verkauft Aktien, die er nicht besitzt, sondern sich bis zu einem bestimmten Termin nur geliehen hat, in der Hoffnung, dass er sie am Stichtag für weniger Geld erwerben kann, als er durch den Verkauf erlöst hat. Heute verwaltet die Soros Fund Management sechs Offshore-Hedge-Funds mit einem Volumen von insgesamt 70 Milliarden Dollar. Das Fachmagazin *Institutional Investor* feierte Soros 1981 als besten Anleger der Welt.

Anfang der Achtzigerjahre besaß Soros 25 Millionen Dollar – eigentlich genug Geld. Sein Quantum-Fonds wuchs weiter, und als er 100 Millionen Dollar erreicht hatte, beschloss Soros, dass es nun endgültig reichte. Auf der *Forbes*-Liste der reichsten Menschen der Welt 2002 steht Soros mit einem Vermögen von 6,9 Milliarden Dollar auf Platz 37. Er ist Argentiniens größter Grundbesitzer (etwa 400 000 Hektar) und Viehzüchter (160 000 Stück), besitzt die größten Einkaufszentren in Buenos Aires, außerdem Hotels und Firmenbeteiligungen. In Mexiko investierte er 1,3 Milliarden Dollar in den Bau eines Büro-, Hotel- und Apartmentkomplexes.

Soros ist aber nicht nur Großinvestor und Fondsmanager, er ist auch Philanthrop und Philosoph. Er wandte sich an Margaret Thatcher und George Bush und machte ihnen Vorschläge für die Gestaltung der weltweiten Finanzbeziehungen. Vor dem amerikanischen Kongress legte er seine Einschätzung des Weltfinanzsystems dar: »Das kapitalistische Weltsystem ist von Finanzkrisen erschüttert und buchstäblich dabei, auseinander zu brechen. (...) Ich bin fest überzeugt, dass wir grundlegende Veränderungen brauchen.«

Bei einer Anhörung über die internationale Wirtschaftskrise vor dem Banken-Ausschuss des amerikanischen Kongresses forderte Soros, der gefürchtete Spekulant, Eingriffe in den Kapitalmarkt. Er warnte, dass wenn man bei der kapitalistischen Ideologie des freien Marktes bleibe, erst das globale Finanzsystems zusammenbrechen werde und als Folge davon dann auch der internationale freie Handel.

Soros verdiente mit Devisenspekulationen durch die Abwertung des britischen Pfunds im Europäischen Währungssystem 1992 eine Milliarde Dollar. Mahnend kommentierte er das: »Wenn Leute wie ich ein Währungsregime stürzen können, stimmt mit dem System etwas nicht. Da ich mit Derivaten und anderen künstlichen Produkten eine erhebliche Hebelwirkung entfalten kann, könnte es passieren, dass ganz automatisch eine Kettenreaktion in Gang kommt und der Markt zusammenbricht.«

Große Summen aus seinem Privatvermögen steckt er in seine verschiedenen Stiftungsnetzwerke. Damit unterstützt er die Demokratieentwicklung in den postkommunistischen Staaten Mittel- und Osteuropas und versucht, sie auf den Weg zu einer neuen Marktwirtschaft zu bringen. Es scheint, als wolle er mit seinem pragmatisch-philanthropischen Engagement eine eigene Gesellschaftsordnung begründen. Im ukrainischen Czernowitz lehren englische, deutsche und österreichische Professoren die Mechanismen der »offenen Gesellschaft«. 1992 stellte Soros dem Flüchtlingshilfswerk der Vereinten Nationen 50 Millionen Dollar für die Einwohner von Sarajevo zur Verfügung. 1996 spendete er 360 Millionen Dollar für legale Einwanderer in den USA, das war damals die größte Einzelspende in einem Jahr.

Soros ist ein kühler Stratege, der einerseits gnadenlos die Schwächen des kapitalistischen Systems bis an die Grenzen des Möglichen zu seinem Vorteil ausnutzt und andererseits mit seinem Vermögen und seinem Einfluss für die Begrenzung dieser Möglichkeiten kämpft. Auf dem berühmten Weltwirtschaftsforum in Davos saß er zwar auf der Seite der Mächtigen dieser Welt, engagierte sich aber für die Ziele der Kritiker der Globalisierung, die anprangern, dass das reiche Zentrum das gesamte System kontrolliert.

Viviane Forrester: Der Terror der Ökonomie

Wenn schon die Manager der Welt Vordenker und Vorbeter brauchen, die ihnen den vermeintlichen richtigen Weg weisen, weshalb sollten da die Gegner der modernen Wirtschaftsstrukturen zurückstehen? Auch sie wollen ihre Gurus. Allerdings erfüllen diese Gurus einen anderen Zweck als Tom Peters und Konsorten. Die Gurus der Globalisierungsgegner haben in erster Linie eine integrative Funktion, sie schaffen eine gemeinsame Basis für die vielfach verzweigten Denkansätze, Forderungen und Interessen. Wenn man sich schon nicht auf eine gemeinsame Strategie einigen kann, dann wenigstens auf ein paar allgemein formulierte Basisforderungen und gemeinsame Leitfiguren. Eine solche Leitfigur ist Viviane Forrester.

Viviane Forrester ist die große alte Dame der Anti-Globalisierungsbewegung. Geboren 1927 in Paris, war sie hauptsächlich als Schriftstellerin, Essayistin und Literaturkritikerin bekannt, bis sie im Jahre 1996 ihr Buch *Der Terror der Ökonomie* veröffentlichte. Ihr geht es nicht um Theorien und Fakten, sondern um das, was sie und andere Menschen erleben und fühlen.

Viviane Forrester meint, dass es keine Krise der Arbeit gibt, sondern einen tief greifenden Wandel der Gesellschaft. Sinngemäß sagt sie:

Man tut nur so, als steckten wir in einer Krise, deren Folge Arbeitslosigkeit ist. Es ist falsch zu glauben, wenn nur erst die Krise vorbei ist, gibt es keine Arbeitslosigkeit mehr. Es wird nie wieder Vollbeschäftigung geben. Das wissen auch die Politiker. Das »Versprechen neuer Arbeitsplätze« ist eine Lüge. Man darf die Welt nicht mit den Wertmaßstäben der Herrschenden betrachten. Der Zwang, schnelle Lösungen präsentieren zu müssen, lenkt in der Politik nur von den eigentlichen Problemen ab. Man hält sich mit unechten Problemen auf, um die wirklichen Fragen nicht stellen zu müssen.

Der Begriff »Arbeitslosigkeit« stammt aus einer vergangenen Zeit. Er beschreibt nicht den heutigen Zustand. Unser Gesellschaftssystem setzt immer noch voraus, dass jeder Arbeit hat.

Das ist aber falsch, weil es immer weniger Arbeit gibt. Wir müssen das Fehlen von Erwerbsarbeit zur Grundlage unserer Zukunftsüberlegungen machen, anstatt sie zu leugnen. Dass Arbeit der Antrieb unserer Gesellschaft ist, ist ein Mythos geworden. Wir müssen den Mythos überwinden und ganz neu über unsere Situation nachdenken.

Heute ist zum ersten Mal die Masse der Menschen für die kleine Zahl derer, die über die Macht verfügen, materiell und wirtschaftlich entbehrlich. Menschen sind unrentabel und nutzlos. Wirtschaftlich betrachtet ist der Mensch heute unterhalb der Maschinen angesiedelt. Warum sollte man sich deshalb nicht vom Begriff der Arbeit lösen? Man hat Angst vor einer neuen Form der Zivilisation.

Heute hat sich diese Welt aufgelöst in eine Welt des Multinationalen, der Globalisierung, der Deregulierung und des Virtuellen.

Die Börse ist zu einer Spielbank geworden. Es geht nicht mehr um Werte, sondern nur noch um Wetten. Eine Wertschöpfung aus materiellen Gütern findet kaum noch statt. Virtuelle Werte werden auf surrealen Märkten gehandelt. Es gibt keine wirkliche Produktivität, es werden keine realen Güter produziert, und doch werden immer größere Profite gemacht.

Die globale Logik zielt auf die Abschaffung der Arbeit. Die Opfer des Verschwindens der Arbeit werden aber nicht wie Opfer behandelt, sondern wie Schuldige in einer Zeit, in der es Arbeit in Hülle und Fülle gab.

Es ist nicht die Aufgabe der Wirtschaft, wohltätig zu sein, aber sie soll auch nicht behaupten, dass sie es wäre. Die privaten Mächte sind freier, motivierter und mobiler als die Staaten, weil sie keine Rücksicht auf Wähler nehmen müssen, keine politische Verantwortung tragen und keine Kontrolle fürchten müssen. Die privatwirtschaftlichen transnationalen Unternehmen und Organisationen beherrschen die staatlichen Machtinstanzen und kontrollieren die Staaten.

Man muss die Menschen nicht dazu bringen, Arbeit zu suchen, sondern zu finden. Es geht nicht um den Anreiz, Arbeit zu suchen, sondern um den Anreiz, sich ausbeuten zu lassen, wenn niedrigere Löhne gefordert werden.

Auch heute noch werden die Ressourcen der armen Länder geplündert. Die herrschenden Eliten hüten sich, Licht in diese Zusammenhänge zu bringen. Wir haben es mit einem exklusiven Club zu tun, dessen Mitglieder sich nach ihren Spielregeln Konkurrenz machen. Das Wichtigste ist jedoch, dass die Mehrheit der Menschen diesem Club nicht angehören darf.

Mit diesen Überlegungen trifft Forrester nicht nur den Nerv der Globalisierungsgegner, sondern sie spricht vielen Menschen aus dem Herzen, die verunsichert auf die heutige Welt blicken und sich über ihre Zukunft Gedanken machen. Das tut auch die Kanadierin Naomi Klein mit ihrem Buch *No Logo*.

Naomi Klein: Die Diktatur der Marken

Anders als Viviane Forrester hat Naomi Klein Unmengen von Fakten und Argumenten zusammengetragen. Sie belegen, dass die großen Markenartikelunternehmen der Mode- und Konsumgüterindustrie immer mehr Bereiche des öffentlichen und privaten Lebens erobern. Durch Sponsoring, Events und andere neue Werbeformen gewinnen die Unternehmen wachsenden Einfluss auf Sport und Kultur. In den USA beginnen sie bereits die bislang werbefreien Schulen und Universitäten in ihre Markenkampagnen einzubeziehen. Vermarktung statt Produktion lautet für viele Firmen die Devise.

Dass schicke Sportschuhe und teure Kleidungsstücke in der Dritten Welt zu Hungerlöhnen unter frühkapitalistischen Bedingungen produziert werden, war den Verbrauchern lange Zeit gleichgültig. Inzwischen fühlen sich aber gerade junge Leute von der Markenartikelindustrie ihrer Selbstbestimmung beraubt.

Naomi Klein gehört zu den Sprecherinnen der Anti-Corporate-Bewegung, die bisher hauptsächlich in den USA, Kanada und Großbritannien Zulauf hat. In der Bewegung sammeln sich Menschenrechtsaktivisten, Umweltschützer, Gewerkschafter, aber auch viele Menschen, die bisher keiner Bewegung zuzuordnen waren. Die missachteten Rechte der Arbeitnehmer in der Dritten Welt sind plötzlich identisch mit der Missachtung der Freiheitsrechte in der Ersten Welt. Heiß begehrte Markensymbole werden zu Schandmalen. Es soll niemand mehr sagen, dass die Entwicklung der Wirtschaft wirklich vorhersehbar und planbar ist.

ZUSAMMENFASSUNG:

Das theoretische Wissen über die Ökonomie wächst weiter. Alle Wirtschaftstheorien, von den Klassikern über die Elite der Nobelpreisträger bis hin zu den Vordenkern der Anti-Globalisierungsbewegung, versuchen die Vergangenheit zu erklären, die Zukunft vorauszusagen und Vorschläge für mögliche Veränderungen anzubieten. Ein ehrenwerter Anspruch, mehr nicht. Interessengegensätze verhindern viele Veränderungen zum erhofften Besseren.

Alle gegenwärtigen Theorien der Nationalökonomie lassen sich auf zwei Kerngedanken reduzieren: Die Wirtschaft wird durch den Markt gesteuert, oder die Wirtschaft wird durch den Staat gesteuert. Alle so genannten Managementtheorien befassen sich nur mit der mikroökonomischen Ebene – den einzelnen Einheiten innerhalb des Wirtschaftssystems – und erwarten von kleinen Veränderungen das Heil. Dabei lassen sie die Gesamtzusammenhänge unberücksichtigt. Aus denselben Fakten werden oft unterschiedliche Schlüsse gezogen. Das ist in der Wirtschaft nicht anders als sonst im Leben.

Mit der Globalisierung wächst die Komplexität weiter. Die gesellschaftliche Wirklichkeit ist nicht das Ergebnis einer logischen und vernünftigen Konstruktion, sondern das Ergebnis historisch gewachsener Entwicklungen, die auf unterschiedlichen Interessen und Betrachtungsweisen beruhen. So einfach ist das – und so kompliziert.

BEGRIFFE, DIE MAN KENNEN MUSS

Arbeit:
Das Wort Arbeit stammt aus dem Althochdeutschen, wo es »Mühe« oder »Plage« bedeutete. Es bezeichnet ein bewusstes, zielgerichtetes Handeln des Menschen zum Zweck der Existenzsicherung und der Befriedigung von Bedürfnissen. In der Volkswirtschaftslehre gehört Arbeit zu den Produktionsfaktoren.

Von **Arbeitslosigkeit** spricht man, wenn auf dem Arbeitsmarkt die angebotene Art und Menge der Arbeitsleistungen die Nachfrage übersteigt und somit ein Teil der so genannten Erwerbspersonen ohne Beschäftigung ist.

Gemessen wird die Arbeitslosigkeit mit der **Arbeitslosenquote**. Diese bezeichnet die Anzahl der registrierten Arbeitslosen in Prozent der Gesamtzahl der abhängigen Beschäftigten. Das sind Beamte, Angestellte, Arbeiter und registrierte Arbeitslose zusammengerechnet.

Vollbeschäftigung liegt dann vor, wenn alle für eine Beschäftigung geeigneten Personen ohne lange Wartezeiten einen Arbeitsplatz zum bestehenden Lohnniveau finden können. Es ist ein Zustand der optimalen Auslastung aller Produktionsfaktoren in einer Volkswirtschaft. Vollbeschäftigung gehört zu den grundlegenden Zielen der deutschen Wirtschaftspolitik.

Betriebswirtschaftslehre:
Teilgebiet der Wirtschaftswissenschaften, das sich mit den Unternehmen befasst. Dabei geht es um die Beschreibung und Erklärung der Unternehmen als Institution, die Ana-

lyse der wirtschaftlichen Konsequenzen von Entscheidungen unter Berücksichtigung des unternehmerischen Umfeldes sowie um die Ableitung von Handlungsempfehlungen für die Praxis.

Bevölkerungsentwicklung:
Die Bevölkerungsentwicklung ist die jährliche Zu- oder Abnahme der Bevölkerungszahl eines Landes oder bestimmten Gebietes. Sie ist unter anderem abhängig von der Geburtenzahl, der Lebenserwartung, der Sterblichkeit und der Altersstruktur der Bevölkerung sowie der Zu- und Abwanderung. Im Jahr 2003 lebten auf der Welt 6,3 Milliarden Menschen: 3,7 Milliarden in Asien, 0,8 Milliarden in Afrika, 0,7 Milliarden in Europa, 0,5 Milliarden in Lateinamerika/Karibik, 0,3 Milliarden in Nordamerika und 0,03 Milliarden in Ozeanien. Nach Prognosen der UNO wird die Weltbevölkerung bis zum Jahr 2050 auf 9,3 Milliarden Menschen ansteigen. Das Wachstum wird demnach aber fast ausschließlich in den Entwicklungsländern stattfinden, wo im Jahr 2050 rund 8,2 Milliarden oder 90 Prozent aller Menschen leben werden. In Afrika wird die Bevölkerung in dieser Zeit von 0,8 auf 3 Milliarden zunehmen. Ohne Zuwanderung geht, so die UNO, die Bevölkerung in den Industrieländern zurück. Sogar dramatisch.

Bruttoinlandsprodukt (BIP):
Das Bruttoinlandsprodukt stellt den Wert aller Güter und Dienstleistungen einer Volkswirtschaft dar, die innerhalb

eines Jahres in diesem Land von den dort lebenden In- und Ausländern erwirtschaftet worden sind. Zieht man vom BIP die Einkommen ab, die ins Ausland geflossen sind, und zählt diejenigen Einkommen dazu, die von Inländern aus dem Ausland bezogen worden sind, erhält man das **Bruttosozialprodukt (BSP)**.

Früher galt das BSP als Maßstab für die wirtschaftliche Leistung eines Landes, heute hat sich mehrheitlich die Ansicht durchgesetzt, dass das BIP ein realistischeres Bild bietet. Denn das BIP misst die Leistung an der Produktion, während das BSP die Einkommen in den Vordergrund rückt. Sowohl BIP als auch BSP werden nominal und real berechnet, nominal heißt in Preisen des jeweiligen Jahres, real heißt ausgehend von den Preisen eines bestimmten Basisjahres.

Bei der Ermittlung des BIP wird zwischen Entstehungsrechnung, Verwendungsrechnung und Verteilungsrechnung unterschieden. Bei der Entstehungsrechnung wird das BIP als Summe der Wertschöpfung der verschiedenen Wirtschaftsbereiche wie Produzierendes Gewerbe, Handel, Gastronomie und Verkehr, Land- und Forstwirtschaft, öffentliche und private Dienstleistungen ermittelt. Bei der Verwendungsrechnung ist das BIP als Summe von privaten und staatlichen Konsumausgaben, Investitionen und Außenbeitrag definiert. In der Verteilungsrechnung ist das BIP die Summe aus Löhnen und Gehältern der Arbeitnehmer, der Unternehmensgewinne und der Vermögenserträge in der Volkswirtschaft.

Entwicklungsländer:
Als Entwicklungsländer oder Länder der Dritten Welt bezeichnet man die Staaten in Afrika, Asien und Lateinamerika, die im Verhältnis zu den Industrieländern wirtschaftlich und sozial unterentwickelt sind. Kennzeichen der Entwicklungsländer sind neben einem niedrigen Pro-Kopf-Einkommen unter anderem hohe Analphabeten- und Arbeitslosenquote, schlechte Infrastruktur, Dominanz der landwirtschaftlichen Produktion und Abhängigkeit von Rohstoffexporten. In den etwa 140 Entwicklungsländern leben drei Viertel der Weltbevölkerung, dort wird aber nur ein Fünftel der Weltwirtschaftsleistung erbracht.

Im Rahmen der **Entwicklungspolitik** wird versucht, den Lebensstandard der Menschen in den Entwicklungsländern zu erhöhen und den sozialen Fortschritt voranzutreiben. Zu den Maßnahmen gehören Infrastrukturprojekte, Verbesserung der Nahrungsmittelproduktion und der Exportproduktpalette, Eindämmung des Bevölkerungswachstums, Bildungsprojekte usw.

Geld:
Das Wort Geld stammt aus dem Althochdeutschen und bedeutet »Vergütung« oder »Wert«. Geld ist entstanden, weil man einen allgemeinen anerkannten Wertmaßstab für den Zahlungsverkehr brauchte. Wenn das Preisniveau in einer Volkswirtschaft über längere Zeit steigt, verliert das Geld an Wert, und man spricht von einer **Inflation**. Gemessen wird diese mit der **Inflationsrate**. Um die In-

flationsrate zu ermitteln, wird ein Preisindex definiert, der das allgemeine Preisniveau am besten widerspiegelt. Der prozentuale Anstieg dieses Index in einem bestimmten Zeitraum ist dann die Inflationsrate. Inflation tritt immer dann auf, wenn, aus welchen Gründen auch immer, die Nachfrage größer ist als das Angebot.

Der Gegensatz von Inflation ist die **Deflation**, eine Situation, in der das allgemeine Preisniveau über eine längere Zeit zurückgeht und damit die Kaufkraft des Geldes steigt. Dies ist der Fall, wenn das Güterangebot höher ist als die Nachfrage. Ursache dafür können eine restriktive Geldpolitik oder bestimmte Maßnahmen der Finanzpolitik (Steuererhöhungen, Ausgabenkürzungen) sein.

Vertreter des **Monetarismus** (Milton Friedman) sind der Auffassung, dass die Geldpolitik das wichtigste wirtschaftspolitische Steuerungsinstrument darstellt. Sie sehen einen engen Zusammenhang zwischen der Entwicklung der Geldmenge und dem nominellen Bruttoinlandsprodukt. Der Markt gilt als grundsätzlich stabil. **Geldpolitik** bezeichnet alle Maßnahmen, mit denen der Geldumlauf sowie die Geld- und Kreditversorgung der Wirtschaft gesteuert werden. Früher war dies Aufgabe der Deutschen Bundesbank, seit 1999 ist es innerhalb der Europäischen Währungsunion Aufgabe der Europäischen Zentralbank. Um die Geldmenge zu steuern, können die Zinssätze (Zinspolitik) und die Liquidität der Banken (Liquiditätspolitik) beeinflusst werden.

Globalisierung:
Globalisierung bezeichnet das Zusammenwachsen der Wirtschaft auf der ganzen Welt. Es entstehen sowohl für Waren und Dienstleistungen als auch für Kapital weltweite Märkte. Ermöglicht wurde diese Entwicklung vor allem durch die neuen Technologien in der Telekommunikation. Kennzeichnend für die Globalisierung sind die weltweit tätigen multinationalen Unternehmen und die zunehmende Vernetzung der Finanzmärkte.

Handel:
Handel ist im weiteren Sinne der Austausch von wirtschaftlichen Gütern, im engeren Sinne geht es um die Beschaffung und den Verkauf von Waren, ohne sie groß zu verändern. Man unterscheidet zwischen Binnen- und Außenhandel oder zwischen Groß- und Einzelhandel und natürlich nach dem Handelsobjekt. **Freihandel** bezeichnet das Prinzip der vollkommenen internationalen Handelsfreiheit, ohne Kontrollen und Regulierungen.
Das Gegenteil vom Freihandel ist der **Protektionismus**. Dieser Begriff bezeichnet eine Wirtschaftspolitik, die Einfuhrzölle (Schutzzölle), Einfuhrkontingente und andere Handelshemmnisse einsetzt, um die heimische Wirtschaft vor der ausländischen Konkurrenz zu schützen. Zölle sind so genannte tarifäre Handelshemmnisse; zu den nicht tarifären gehören neben den Kontingentierungen beispielsweise Abschöpfungen, Einfuhrzuschläge und Nebenabgaben, staatliche Beihilfen und Subventionen, Au-

ßenhandelsmonopole, Einfuhr- und Ausfuhr-Mindestpreise oder -verbote, Ursprungskontrollen und auch Verbraucherschutzbestimmungen sowie technische Normen und Standards. Trotz aller internationaler Liberalisierungsbemühungen gibt es auch heute noch eine Vielzahl von Handelshemmnissen unterschiedlicher Art.

Makroökonomie:
Teilgebiet der Volkswirtschaftslehre, das sich mit dem wirtschaftlichen Verhalten ganzer Sektoren befasst – alle privaten Haushalte, alle Unternehmen, der Staat –, gesamtwirtschaftliche Größen erklärt und deren Zusammenhänge untersucht. Zur Makroökonomie gehören die Konjunktur-, Wachstums-, Geld-, Verteilungs-, Einkommens- und Beschäftigungstheorie.

Mikroökonomie:
Teilgebiet der Volkswirtschaftslehre, das sich mit dem Verhalten von Einzelwirtschaften wie privaten Haushalten oder Unternehmen befasst. Kernstück der Mikroökonomie sind Produktions- und Preistheorie.

Interventionismus:
Mit Interventionismus bezeichnet man wirtschaftspolitische Maßnahmen zur Beeinflussung des Marktgeschehens. Es handelt sich dabei um punktuelle Eingriffe des Staates, im Gegensatz zum **Dirigismus**. Dirigismus bezeichnet die vollständige staatliche Wirtschaftslenkung einer Planwirtschaft.

Investition:
Eine Investition ist eine langfristige Anlage von Kapital in Sachgütern wie Betriebsgebäude, Anlagen oder Maschinen. Wenn Investitionen durchgeführt werden, entsteht zusätzliches Einkommen und damit zusätzliche Nachfrage, die wiederum zusätzliches Einkommen nach sich zieht. Man spricht hier vom Multiplikatoreffekt, weil die Einkommenserhöhung um ein Vielfaches größer ist als die eingesetzte Investitionssumme. Dieser Effekt ist wichtig für die Konjunkturpolitik. In Phasen eines konjunkturellen Abschwungs geht generell die Investitionsneigung zurück, und zwar stärker als die Konsumneigung. Man versucht deshalb in schwachen Zeiten die Investitionsbereitschaft der Unternehmen zu steigern, damit die Konjunktur wieder anspringt. Dies geschieht durch die Schaffung von investitionsfreundlichen Rahmenbedingungen oder zum Beispiel auch durch finanzielle Anreize.

Konjunktur:
Im allgemeinen Sprachgebrauch wird der Begriff Konjunktur nur für Aufschwung oder Aufschwungphase gebraucht. In der Volkswirtschaft bezeichnet man damit aber alle gesamtwirtschaftlichen Nachfrage- und Produktionsschwankungen, die zu Änderungen des Auslastungsgrades der vorhandenen Produktionskapazitäten führen. Die Ökonomen sind sich darin einig, dass die Konjunkturschwankungen mehr oder weniger zyklisch verlaufen in der Reihenfolge Aufschwung, Hochkonjunktur (Boom),

Abschwung und Tief, aber Uneinigkeit besteht darüber, welche wirtschaftlichen Kenngrößen als Konjunkturindikatoren herangezogen werden sollten. Die **Konjunkturpolitik** versucht die Konjunkturschwankungen im Hinblick auf ein gesamtwirtschaftliches Gleichgewicht zu beeinflussen. Ihre Ziele und Instrumente sind für Deutschland im Stabilitätsgesetz festgelegt.

Konsum:
Konsum ist der Verbrauch von Gütern und Dienstleistungen zur unmittelbaren Befriedigung von Bedürfnissen. Der private Haushalt kann sein Einkommen grundsätzlich für den Konsum und für das Sparen (einschließlich Vorsorgeversicherungen und Altersversorgung) verwenden. Die durchschnittliche **Konsumquote** gibt dabei das Verhältnis zwischen Einkommen und Konsum an.

Lohn:
Im engeren Sinn ist Lohn nur das Arbeitseinkommen gewerblicher Arbeiter, im weiteren Sinne werden die Einkommen von Beamten und Selbstständigen mit einbezogen.

Markt:
Der Begriff Markt bezeichnet im Allgemeinen den Ort, wo Tausch und/oder Handel stattfinden. In der Volkswirtschaft geht es nicht um den geografischen Ort, sondern um die Tatsache, dass Angebot und Nachfrage aufeinander treffen. Dabei kann es sich um Güter-, Finanz-, Rohstoffmärkte usw. handeln. Eine **Marktwirtschaft** ist eine

Wirtschaftsordnung, in der die Produktion und Verteilung der Produkte primär über den Markt gesteuert werden. Die Preise bilden sich dabei nach Angebot und Nachfrage (Marktmechanismus). Vom **Marktgleichgewicht** spricht man, wenn Angebot und Nachfrage am Markt übereinstimmen.

Nationalökonomie:
Die klassische Nationalökonomie geht davon aus, dass der auf Eigennutz bedachte Mensch mit seinem wirtschaftlichen Handeln gleichzeitig dem Wohl aller anderen dient. Zu den wichtigsten Vertretern der klassischen Nationalökonomie gehören Adam Smith, Thomas Robert Malthus und David Ricardo. Die Neoklassik ist eine Weiterentwicklung dieser Theorien. Sie stellt die Wirtschaft als System von Märkten dar, auf denen Angebot und Nachfrage durch die Preise ins Gleichgewicht gebracht werden.

Preis:
Der Preis gibt das Austauschverhältnis von Gütern und Dienstleistungen an. Mit der Einführung des Geldes wurde eine einheitliche Bezugsgröße für den Tauschwert geschaffen. Auf dem Markt bilden sich die Preise durch Angebot und Nachfrage, in einer Planwirtschaft werden sie staatlich festgesetzt.

Produktion:
Produktion ist die Herstellung, Erzeugung und Fertigung von Waren und Gütern. **Produktionsfaktoren** sind die

Güter und Leistungen, die bei der Produktion eingesetzt werden. In der Volkswirtschaftslehre wird zwischen den Produktionsfaktoren Boden, Arbeit und Kapital unterschieden. Als neuer Produktionsfaktor wird immer häufiger auch Wissen genannt.

Profit:
Das Wort Profit kommt aus dem Französischen und bedeutet »Gewinn« oder »Vorteil«. In den Wirtschaftswissenschaften ist Profit gleichbedeutend mit Gewinn, bei Karl Marx mit Mehrwert.

Wertschöpfung:
Als Wertschöpfung einer Volkswirtschaft, auch Volkseinkommen genannt, bezeichnet man das Nettoinlandsprodukt zu Faktorkosten, das heißt abzüglich der indirekten Steuern, zuzüglich der Subventionen.

Wettbewerb:
Wettbewerb bezeichnet in der Wirtschaft die Rivalität zwischen den verschiedenen Akteuren am Markt, vor allem im Kampf um Marktanteile. Freier Wettbewerb ist eine grundsätzliche Voraussetzung für das Funktionieren einer Marktwirtschaft. Dabei ist es Aufgabe der **Wettbewerbspolitik,** den Wettbewerb zu erhalten und Wettbewerbsbeschränkungen zu verhindern oder abzubauen. Gesetzliche Grundlagen dafür sind unter anderem das Kartellgesetz und das Gesetz gegen unlauteren Wettbewerb.

Wirtschaftswachstum:
Wirtschaftswachstum wird als prozentuale Veränderung einer bestimmten Größe im Zeitablauf angegeben, dabei wird vor allem das Sozialprodukt als Indikator verwendet. Die **Wachstumstheorie** untersucht, welche Produktionsfaktoren das Wachstum bestimmen und wie der Wachstumsprozess zu einem stabilen Gleichgewicht führen kann. Die **Wachstumspolitik** hat die Aufgabe, die wirtschaftlichen Rahmenbedingungen so zu gestalten und zu beeinflussen, dass die von der Theorie identifizierten Wachstumsfaktoren wirken können. Rechtliche Grundlage ist in Deutschland das Stabilitätsgesetz.

Wohlstand:
Wohlstand wird im allgemeinen Sprachgebrauch mit Lebensstandard gleichgesetzt. Der Begriff bezeichnet meist das relativ hohe Versorgungsniveau mit wirtschaftlichen Gütern (relativer Reichtum) von Personen, Haushalten usw. im Gegensatz zur Armut. In diesem Zusammenhang wird auch der Begriff Wohlstandsgesellschaft verwendet. Früher wurde als Maßstab für Wohlstand nur die Einkommenshöhe angesehen, heute bezieht man weitere Faktoren mit ein wie zum Beispiel die Lebenserwartung.

3
Reichtum und Armut – beides nimmt zu

Kein Begriff polarisiert heute so sehr wie das Stichwort »Globalisierung«. Auf der einen Seite stehen die Reichen, die Banken und transnationale Unternehmen, auf der anderen die Armen, die Menschen in der Dritten Welt, aber auch die Arbeitslosen und immer mehr Lohnempfänger in den früh industrialisierten Staaten.

Tatsächlich hat die Globalisierung zur Folge, dass es weltweit gleichzeitig größeren Reichtum und mehr Armut gibt. Da liegt das Hauptproblem. Nicht die Globalisierung an sich, also der Übergang von nationalen Gesellschaften zu einer großen übernationalen Gesellschaft, wird vorrangig kritisiert, sondern der damit verbundene Grad an Ungleichheit und die zunehmende Ungerechtigkeit bei der Verteilung der materiellen Güter. Das kann auch in den westlichen Industrieländern zu einer Bedrohung der politischen und sozialen Stabilität führen, weil sich auch hier immer mehr Bürger von der Beteiligung an der Politik und der Kontrolle ihrer eigenen Lebensbedingungen ausgeschlossen fühlen.

Mehr wirtschaftliche Macht ist in allen Ländern mit mehr politischer und sozialer Macht verbunden. Die soziale Gerechtigkeit, die von der Mehrheit der Bevölkerung in den früh industrialisierten Ländern in 150 Jahren mühsam erkämpft wurde, droht wieder verloren zu gehen.

Im Jahre 1960 besaß das reichste Fünftel der Weltbevölkerung 30-mal so viel wie die übrigen vier Fünftel. Heute besitzt es

78-mal so viel. Ist das fair? Wie kommt es, dass die Länder der Europäischen Union seit 1970 zwar um 50 bis 70 Prozent reicher geworden sind, aber trotzdem noch über 20 Millionen Arbeitslose, 50 Millionen Arme und 5 Millionen Obdachlose haben, während die Gesamtbevölkerung immer mehr abgenommen hat? Wer bestimmt hier die Spielregeln und setzt die Maßstäbe dafür, was richtig und was falsch ist?

Immer weniger Menschen treffen für andere die wichtigen Entscheidungen. Nicht mehr der Konsument von Produkten entscheidet am Markt über den Erfolg eines Unternehmens, sondern Finanzmanager. Die Globalisierung der Finanzmärkte und die weltweite Verflechtung der Unternehmen durch die Welle von Fusionen und Firmenübernahmen Ende der Neunzigerjahre hatten zur Folge, dass in den zurückliegenden Jahren die grenzüberschreitenden Kapitalströme stark angewachsen sind und sich von der Realwirtschaft abgekoppelt haben. Die weltweit erfassten Kapitalströme verdreißigfachten sich von 1975 bis 2000 auf 4000 Milliarden Dollar, während das Welthandelsvolumen in dieser Zeit nur um 320 Prozent stieg und das reale Bruttoinlandsprodukt (BIP) aller Ländern nur um 140 Prozent.

Der weltweite Bestand an Direktinvestitionen, so schätzt die Handels- und Entwicklungskonferenz der UNO (UNCTAD), betrug Ende 2002 rund 7000 Milliarden Dollar (also 7 Billionen!!), – viermal so hoch wie 1990. Rund 80 % davon entfallen auf die Triade USA, Japan und die EU. Und hier wiederum sind es die 64 000 so genannten transnationalen Unternehmen (TUN) mit ihren 870 000 in der Welt verstreuten Beteiligungen, die den Ton angeben. Das Buhlen um ihre Investitionsgunst (oder auch -gnade) hat in den Jahren 2001/2002 zugenommen, weil Konjunkturkrise, Aktienschwäche und Vertrauensverlust die Geldströme drastisch verlangsamt haben. Um 41 bzw. 21 % weniger

Direktinvestitionen – vor allem zu Lasten der Entwicklungsländer, hier besonders Lateinamerika. Stattdessen erhöhte die EU-Industrie ihre Investitionen in Mittel- und Osteuropa, vor allem aber im Wachstumsmarkt China. »Der Wettbewerb um Investitionen, das ist so schlimm wie Krieg«, bekennt ein führender indonesischer Politiker. Dieses Zusammenspiel von Expansion und Konzentration hat Auswirkungen bis in den letzten Winkel der Erde. Gute und schlechte Auswirkungen. Das Problem besteht darin, beides voneinander zu unterscheiden und nicht alles pauschal zu verdammen. Doch auch eine differenzierte Betrachtung ändert nichts an der Tatsache, dass die Schere zwischen Arm und Reich sich immer weiter öffnet.

Wer ist arm, wer ist reich?

Reichtum und Armut werden mit unterschiedlichen Maßstäben gemessen. Auch in armen Ländern gibt es reiche Menschen und in den reichen Ländern arme. Wie hat Shakespeare gesagt? Geld an sich ist nix, aber viel Geld, das ist schon was Besonderes.

Reichtum und Armut sind relative Begriffe, die sich stets nur im Vergleich zu anderen erschließen. In der Bundesrepublik haben heute selbst die Empfänger von Sozialhilfe mehr Einkommen, als ein durchschnittlicher Arbeitnehmerhaushalt Anfang der Fünfzigerjahre hatte. Das, was vor fünfzig Jahren Armut war, gibt es in Deutschland nicht mehr. Aus damaliger Sicht wäre in unserem Land heute niemand mehr arm. Was aber extremer Reichtum und extreme Armut bedeuten, ist für einen durchschnittlichen Mitteleuropäer gedanklich kaum zu fassen und nachzuvollziehen. Armut ist vielleicht sogar noch leichter vorstellbar als Reichtum.

Um überhaupt eine Vorstellung von der weltweiten Besitzverteilung zu schaffen, setzt man Statistiken ein, die die Einkommenshöhe erfassen. In den Entwicklungsländern gelten Menschen, die – in lokaler Kaufkraft gemessen – mit weniger als einem Dollar pro Tag auskommen müssen, als absolut arm. In Industrieländern gilt in der Regel als arm, wer weniger als 60 Prozent des durchschnittlichen Einkommens, das in seinem Land verdient wird, zur Verfügung hat.

Nach Ermittlungen der Weltbank lebten 2001 2,8 Milliarden Menschen, das ist rund die Hälfte der Gesamtbevölkerung, von weniger als zwei Dollar pro Tag, 1,2 Milliarden lebten in absoluter Armut mit weniger als einem Dollar pro Tag.

Als Messgröße für den Reichtum von Staaten wird heute das Bruttoinlandsprodukt herangezogen. Die Länder mit dem höchsten Bruttoinlandsprodukt (in Milliarden US-Dollar) sind:

1.	USA	9873
2.	Japan	4760
3.	Deutschland	1878
4.	Großbritannien	1417
5.	Frankreich	1289
6.	VR China	1243
7.	Italien	1077
8.	Kanada	700
9.	Brasilien	588
10.	Spanien	561

Nimmt man jedoch das Bruttoinlandsprodukt pro Einwohner des Landes, kommt eine ganz andere Liste heraus, die auch Aufschluss darüber gibt, wie groß das soziale Gefälle innerhalb eines Landes ist. Die Staaten mit dem höchsten Bruttoinlandsprodukt pro Kopf (in US-Dollar) sind:

1.	Luxemburg	45000
2.	USA	36000
3.	Schweiz	30100
4.	Norwegen	29400
5.	Irland	28500
6.	Dänemark	28300
7.	Kanada	28100
8.	Island	27500
9.	Niederlande	27500
10.	Monaco	27000

Schaut man sich das andere Ende dieser Liste an, die nach dem BIP pro Kopf ärmsten Länder der Erde, sieht das Ergebnis in US-Dollar so aus:

1.	Sierra Leone	448
2.	Tansania	501
3.	Burundi	578
4.	Malati	586
5.	Somalia	600
6.	Äthiopien	628
7.	Guinea-Bissau	678
8.	Republik Kongo	727
9.	Mali	753
10.	Niger	753

Das Entwicklungsprogramm der Vereinten Nationen (UNDP) hat zur Erfassung der weltweiten Armut den Human Development Index (HDI) eingeführt, den Index der menschlichen Entwicklung, der neben dem bereinigten Pro-Kopf-Einkommen auch die Lebenserwartung bei der Geburt, die Alphabetisierungsrate Erwachsener und die Gesamteinschulungsquote berücksichtigt. Der Maximalwert des HDI beträgt Eins. Die ersten fünf Staaten in der HDI-Rangliste sind Kanada mit fast Eins, Norwegen, USA, Japan und Belgien. Auf dem letzten Platz steht Sierra Leone mit 0,252 vor Niger, Äthiopien, Burkina Faso und Burundi.

Nach Regionen unterteilt, ergibt sich folgendes Bild (HDI-Index und Bevölkerungsanteil in absoluter Armut, vom UNDP geschätzt):

Afrika südlich der Sahara	0,46	46,3 Prozent
Südasien	0,56	40,0 Prozent
Naher Osten und Nordafrika	0,64	1,9 Prozent
Südostasien und Pazifik	0,69	15,3 Prozent
Lateinamerika und Karibik	0,76	15,6 Prozent
Transformationsländer Osteuropas	0,78	5,1 Prozent

Die Ursachen der globalen Armut

Die Ursachen für die globale Armut sind sehr vielfältig, und dementsprechend gibt es keine Patentrezepte, um sie einfach abzustellen. Armut ist auch keineswegs nur ein wirtschaftliches Phänomen, das im Mangel an Gütern besteht. Wirtschaft und Politik sind zwar ohnehin kaum zu trennen, bei der Armutsbekämpfung aber erst recht nicht.

Auch wenn es auf den ersten Blick wie eine Nebensache erscheint: Die Armen der Welt brauchen mehr Demokratie. Sie müssen die Macht bekommen, an Entscheidungen, die ihr Leben betreffen, selbst mitzuwirken. Natürlich spielt dabei auch die Gleichberechtigung der Geschlechter eine große Rolle. In erster Linie sind es die Frauen, die die Last der Armut zu tragen haben, nicht die Männer. Deshalb wären die Frauen auch viel eher bereit, Veränderungen herbeizuführen, um die Ursachen der Armut zu beseitigen. Nur lässt man sie nicht.

Nicht nur die politischen Rahmenbedingungen müssen sich ändern. Armut bedeutet fast überall auch Hunger und Unterernährung. Es gibt immer noch ernst zu nehmende Mangelerscheinungen, von denen rund zwei Milliarden Menschen betroffen sind. Zirka 840 Millionen Menschen in den Entwicklungsländern sind unterernährt, das ist fast ein Fünftel der dortigen Bevölkerung. Ein Drittel der Kinder unter fünf Jahren haben Untergewicht, in Asien sogar fast die Hälfte aller Kinder. Gerade in den afrikanischen Staaten südlich der Sahara hat sich in den vergangenen fünfundzwanzig Jahren die Ernährungslage kaum verbessert.

Der Teufelskreis der Armut bleibt aber auch dadurch erhalten, dass rund zwei Milliarden Menschen keine Versorgung mit Elektrizität haben. Ohne Elektrizität gibt es keinen Zugang zu Informationen über Radio, Fernsehen, Telefon und Internet. Ohne Elektrizität lassen sich die meisten der heute verwendeten Maschinen und Geräte nicht betreiben. Sicher wäre es hilfreicher, für einige Länder statt Dieselloks Dampflokomotiven zu bauen. Andererseits funktioniert es nicht, mit einem Rückschritt in die Vergangenheit zur Gegenwart aufzuschließen.

Der Gesamtenergieverbrauch der Welt ist während der vergangenen fünfzig Jahre um das Vierfache gestiegen, und er wird sich in den nächsten fünfzig Jahren wahrscheinlich noch einmal verdoppeln. Umso weiter fallen diejenigen zurück, die keine anderen Energiespender haben als Feuerholz und Dung, den sie verbrennen können.

Schon heute sind 132 Millionen Menschen in zwanzig Ländern von der sich verschärfenden Wasserknappheit betroffen. Und es gibt immer noch 1,3 Milliarden Menschen, die keinen Zugang zu sauberem Trinkwasser haben, sowie 2,5 Milliarden, die über keine angemessenen sanitären Einrichtungen verfügen. Die Folge sind immer wieder Epidemien von Infektionskrankheiten, die in direktem Zusammenhang mit der Armut stehen. Wer kein sauberes Wasser hat, wird krank. Wer krank ist, kann nicht arbeiten, wer nicht arbeitet, kann sein Leben nicht so gestalten, dass er der Armut entrinnt.

Eine Milliarde Menschen in den Entwicklungsländern haben auch keine angemessene Unterkunft. Hundert Millionen sind wahrscheinlich sogar obdachlos. Wer ohne Wohnung, ohne Wasser und ohne Strom ist, wird kaum über die Kraft verfügen, sich selbst aus der Armut zu befreien. Trotzdem sind es nicht die Umverteilungsprogramme und mildtätigen Spenden, die den Menschen auf Dauer helfen. Was sie brauchen, sind langfristige Investitionen der transnationalen Unternehmen.

Überall dort, wo eine neue Fabrik gebaut wird, entsteht auch die Infrastruktur für die Versorgung mit Wasser und Strom, es entstehen Straßen und Verkehrsverbindungen. Vor allem aber werden Arbeitsplätze geschaffen. Und genau davor haben die Menschen in den Industrieländern Angst. Sie fürchten, dass die Arbeit exportiert wird und sie dann selbst eines Tages ohne Arbeit dastehen. Wir sind sowohl von der Idee wie von der Verwirklichung der einen großen Welt noch weit entfernt. Befürworter der Globalisierung wie Globalisierungsgegner schauen nicht wirklich über den Zaun, der ihre eigenen Interessen schützen soll.

Die Lebenslagen in Deutschland

Man mag es fast nicht glauben: Bis 1998 hat es kein Bundestag und auch keine Bundesregierung für nötig gehalten, sich systematisch mit Armut und Reichtum in Deutschland zu beschäftigen. Im April 2001 wurde dann endlich der erste Armuts- und Reichtumsbericht der Bundesregierung vorgelegt. Dieser 300 Seiten dicke Wälzer hat bestimmt vielen Beamten und auch mitwirkenden Verbänden Lohn und Brot gebracht. Bloß mit den Erkenntnissen hapert es.

Was ist denn nun Armut und was ist Reichtum in Deutschland? Bei der Definition von Armut orientiert sich der Bericht an dem, was die Europäische Gemeinschaft 1984 schon einmal zu Papier gebracht hat: Als arm gelten Personen, Familien und Gruppen, »die über so geringe (materielle, kulturelle und soziale) Mittel verfügen, dass sie von der Lebensweise ausgeschlossen sind, die in dem Mitgliedsstaat, in dem sie leben, als Minimum annehmbar ist«.

In diesem Text sind fast so viele schwammige Begriffe enthalten, wie er Worte hat. Es geht nicht nur um Geld, sondern auch um kulturelle Mittel. Was können wir uns denn darunter vorstellen? Ist jemand schon reich, bloß weil er eine Blockflöte hat und ein lustiges Lied darauf spielen kann? Und welche Lebensweise ist in Deutschland als Minimum annehmbar? Brauchen Jugendliche Nike-Turnschuhe, Diesel-Jeans und ein Nokia-

Handy und sind sie, wenn sie das nicht haben, schon von der Lebensweise in Deutschland ausgeschlossen? Was unterscheidet die Lebensweise von Altersheimbewohnern von der jüngerer Bevölkerungsgruppen? Hat jeder Einwohner Deutschlands Anspruch auf eine mehrwöchige Urlaubsreise nach Mallorca?

All diese Fragen werden nicht beantwortet, sondern bleiben einfach im Raum stehen. Was arm ist, wollte man offensichtlich gar nicht so genau wissen, und erst recht nicht, was reich ist, denn das wird vorsichtshalber überhaupt nicht definiert. Die begriffliche Fassung von Reichtum sei einfach zu vielschichtig, wird uns erklärt. Die Verfasser des Berichts reden sich darauf heraus, dass man dem mehrdimensionalen Charakter von Armut und Reichtum mit dem Begriff der Lebenslagen gerecht zu werden gedenkt. Was soll das heißen?

Vielleicht einigen wir uns auf den Begriff »wohlhabend«. Da sieht's im Land der Dichter, Denker und auch Sparer prächtig aus – rein statistisch. Laut Bundesbank betrug das reine Geldvermögen – also ohne Immobilien – aller privaten Haushalte Ende 2002 rund 3,7 Billionen Euro. Gegenüber 1990 (2 Billionen) fast eine Verdoppelung. Oder: 96 000 Euro pro Haushalt. Hinzu kommt das Sachvermögen, das für das Jahr 2000 mal auf 4,6 Billionen Euro beziffert wurde. Statistik, die Mutter aller Lügen! Denn hinter den »reichen« Zahlen verbergen sich beträchtliche Unterschiede. Eben nur jeder zweite Haushalt besitzt Wohneigentum und 20 Prozent der Bevölkerung haben im Schnitt kein Vermögen. Sogar 30 Prozent aller Bundesbürger können nicht oder sind nicht in der Lage zu sparen. Das in einer Zeit, in der immer mehr, gerade bei den Jüngeren, für die private Altersvorsorge abgezweigt werden sollte. Ein Beispiel: Wer 30 Jahre vor Renteneintritt zu sparen beginnt und dabei rund 70 Prozent seines Nettoeinkommens als Rente wünscht, muss (bei einer unterstellten Verzinsung von 5 Prozent) rund 8 Prozent seines Einkommens jährlich zur Seite legen. Beträgt die Verzinsung nur 4 Prozent, so hat der Economic Trend Report der Allianz-Versicherung vorgerechnet, steigt der Betrag auf satte 12 Prozent. Ausweg? Runter mit den Konsumgewohnheiten! Schwierig für die unteren Einkommensschichten, bei denen ohnehin schon Schmalhans Küchenmeister ist.

Die fast 2 Millionen so genannten Vermögensmillionäre ficht das nicht an, zu schweigen von der ebenfalls stark wachsenden Schicht der Millardäre. Stattliche Erbschaften fördern die Wohlhabenden. Wie sagt der Volksmund: Wo Tauben sind, fliegen Tauben hin. Ist doch so ... Noch immer gilt die Formel: Über 40 Prozent des Privatvermögens ist im Besitz von 10 Prozent unserer Haushalte (»Die Reichen«), während die »unteren« Haushalte gerade mal auf 4,5 Prozent des Vermögens kommen. So relativiert sich der populäre Satz: Die Deutschen werden immer älter, immer weniger und immer reicher!

Die Zahl der Deutschen, die konstant im unteren Einkommensbereich verblieben, hat sich seit Mitte der Achtzigerjahre bis zum Beginn der Neunzigerjahre erhöht. Kein Wunder, dass viele den Eindruck haben, dass Arbeit sich nicht mehr lohnt. Ein wesentliches Element für Armut ist in Deutschland der Verschuldungsgrad der Haushalte. 3 Millionen Haushalte in Deutschland gelten als überschuldet. Arbeitslosigkeit, niedriges Einkommen, falsches Konsumverhalten oder auch, so die Schuldnerberatung München, psychosoziale Probleme (Sucht, Ärger in der Ehe) sind die Hauptgründe. Das Erschreckende: die Schuldner werden immer jünger. Über 60 Prozent der ausgefallenen Kredite entfallen auf 20- bis 34-Jährige, so die Kreditauskunftsstelle aller Banken und Sparkassen, die Schufa. Besonders markant: 2002 meldeten die Handy-Anbieter rund 275 000 Zahlungsausfälle bei den 20- bis 24-Jährigen. Immer mehr Jugendliche tappen also nur durch die Handy-Sucht in die Schuldenfalle! Bei den oft subtilen Verlockungen der Branche (»Unser Handy kostet dich Null Euro!!«) und auch bedenkenlosen Kreditvergaben an die »wichtige Zielgruppe« an sich kein Wunder – oder?

Und auch das stimmt im »reichen« Deutschland höchst bedenklich: Rund 3 Millionen Menschen erhalten jeden Monat vom Staat Hilfe zum Lebensunterhalt, genannt Sozialhilfe. Das sind über 3 Prozent der Bevölkerung, eine Verdreifachung in den 40 Jahren seit Inkrafttreten des Bundessozialhilfegesetzes (1963). Dazu kommen noch die rund 1,6 Millionen, die wegen Behinderung, Krankheit oder Pflegebedürftigkeit Geld aufgrund ihrer »besonderen Lebenslage« beziehen. Und auch hier steigt die Zahl der Jüngeren immer schneller: Rund 7 Prozent der unter 18-Jährigen erhalten Sozialhilfe. Kinderarmut ist in Deutschland leider ein großes Thema! Und das vor dem Hintergrund, dass auch in der Weiterbildung ähnlich wie in der Altersvorsorge immer mehr Eigeninitiative sprich Geld notwendig wird. Lediglich 216 Euro soll ein durchschnittlicher Haushalt 2003 für Bildung ausgegeben haben. Wahrlich ein Armutszeugnis!

Mittlerweile wurde/wird politisch an allen möglichen Schrauben gedreht, um wachsende Armut, Verschuldung und Bildungsnotstand zu bekämpfen. Alles ein bisschen spät und hektisch. Immerhin: Es gibt für Private das Verbraucherinsolvenz-Verfahren, das im Gegensatz zum früheren Offenbarungseid bessere Möglichkeiten zur Schuldenabtragung bietet. Vor allem sollen Familien gestärkt, mehr für Bildung getan, das Steuersystem »radikal« vereinfacht und der verkrustete Arbeitsmarkt »reformiert« werden. Der kranke Riese Deutschland soll gesund – hoffentlich nicht nur gebetet – werden.

Seid umschlungen – Ihr Reichen

Kleinvieh macht auch Mist. Aber richtig interessant wird es erst beim Huhn, das goldene Eier legt. Die Inhaber von Girokonten oder Sparkonten stellen zwar die Masse der Bankkunden, aber die großen Gewinne sind mit ihnen nicht zu machen. Umworben von den Banken werden nur die Wohlhabenden. Wer bei der Deutschen Bank nur 50 000 Euro mitbringt, muss jährlich ein Prozent vom Vermögen als Basispreis bezahlen, wenn er eine Vermögensberatung haben möchte, die so genannte Strategiegespräche, Finanzanalyse und Depotverwaltung umfasst. Billiger wird der Service für den, der mehr hat. Ab 100 000 Euro liegen die Gebühren nur noch bei 0,2 Prozent, die Provisionen für Wertpapiergeschäfte fallen allerdings noch zusätzlich an – zwischen 0,1 und 0,3 Prozent je nach Auftragsvolumen.

Obgleich es keine allgemein gültigen Abgrenzungen gibt, sieht es ungefähr so aus, dass die Banken Anlagebeträge zwischen 25 000 und 250 000 Euro dem so genannten Massengeschäft mit Wohlhabenden zuschlagen. Die eigentlich Wohlhabenden beginnen für viele Banken erst bei höheren Summen.

Wer mindestens 750 000 Euro zur Bank trägt, gehört dann zu der Klientel, für die es nur noch eine englische Bezeichnung gibt: »High Net Worth Individuals« (HNWI), was so viel heißt wie »Personen, die über große Nettowerte verfügen«. Darüber gibt es dann noch die »Ultra High Net Worth Individuals« (UHNWI). Diese Gruppen erhalten nicht nur eine spezielle Beratung, sondern auch eine spezielle Vermögensverwaltung, das so genannte Wealth Management (Reichtumsmanagement). Der Umfang der Beratung wie auch die Honorare, die die Bank kassiert, sind nach oben nicht begrenzt. Mit mindestens 15 000 Euro Gebühren muss man in dieser Klasse schon rechnen. Das schätzen besonders die Privatbanken, die sich zum Teil bereits seit ein paar hundert Jahren um die wirklich Reichen kümmern.

Besonders beliebt bei den Banken sind Unternehmerfamilien, die nicht nur das Unternehmensvermögen, sondern auch das private Vermögen verwalten lassen. Sie schlagen sich dazu noch mit Nachfolgeregelungen und Erbschaftsfragen herum, an denen ganze Scharen von Beratern verdienen können. Aufgrund der langen Phase der wirtschaftlichen Stabilität sind aber auch die Privatvermögen stark gewachsen. Nicht mitgewachsen ist hingegen die Dienstleistungsbereitschaft der Banken. Deshalb ist das Geschäft mit den Privatkunden immer noch unterentwickelt.

Die Deutsche Bank zum Beispiel hat diesen Mangel erkannt und schon 1999 in Zusammenarbeit mit der Ruhruniversität Bochum den Studiengang Financial Consultant eingerichtet. Dort macht man aus normalen Bankangestellten, die über nicht sonderlich viel Wissen in der Beratung verfügen, hoch qualifizierte Generalisten. Dazu brauchen sie nicht nur Fachwissen, sondern auch eine gute Portion Psychologie. Die müssen sie einsetzen, um den Privatkunden über die Hürden der Gebühren zu bringen und ihm die Bankprodukte so richtig schmackhaft zu machen.

Turbo-Kapitalismus schafft Giga-Vermögen

Zu den Giga-Reichen zählen alle, die mehr als eine Milliarde Dollar besitzen. Noch nie gab es so viele von diesen Superreichen, und noch nie wuchsen Vermögen in solch schwindelnde Höhen wie heute.

Möchten Sie gern Millionär sein? Glauben Sie, dass Sie dann reich wären? In Deutschlands Statistiken begann der Reichtum mit dem D-Mark-Millionär. Wer eine Million DM besaß, galt als reich. Darüber können die Leute, die wirklich reich sind, natürlich nur lächeln. Was kann man sich schon für eine Million DM kaufen? Ein paar Dinge des täglichen Lebens wie ein großes Auto, ein kleines Flugzeug oder eine klitzekleine Motorjacht, aber doch nichts, was einen wirklichen Wert darstellt. Die Million ist für die Giga-Reichen nur ein Taschengeld.

Millionen Deutsche spielen Lotto. Aber offensichtlich nicht, um zu gewinnen. Denn wenn man sie fragt, ob Geld wichtig ist, sagen sie Nein. Umfragen bestätigen das immer wieder. Für die Deutschen hat Geld nur einen geringen Stellenwert. Gesundheit und Wohlbefinden sind für 74 Prozent am wichtigsten. Dann kommen Familie und Partnerschaft, die sind noch für 67 Prozent wichtig. Geld ist nur für 4 Prozent das Wichtigste im Leben. Ob das stimmt? Sehr wahrscheinlich teilen auch die Giga-Reichen die Einstellung der Mehrheit. Sie können es sich immerhin leisten. Geld wird erst dann wirklich unwichtig, wenn man mehr als genug davon hat.

Die 225 reichsten Menschen der Welt besaßen 1997 insgesamt ein Vermögen von über 1000 Milliarden Dollar. Das entsprach dem jährlichen Einkommen der ärmsten 47 Prozent der Weltbevölkerung, und das sind immerhin 2,5 Milliarden Menschen. Wer würde angesichts dieser Zahlen noch bestreiten wollen, dass sich die Schere zwischen Arm und Reich immer weiter öffnet?

Das Vermögen der drei reichsten Menschen war 1997 höher als das gesamte Bruttoinlandsprodukt der 48 am wenigsten entwickelten Länder, das der 15 reichsten Personen überstieg das gesamte Inlandsprodukt von Afrika südlich der Sahara, wozu immerhin auch Südafrika mit seinen Diamantminen gehört. Die 32 reichsten Menschen hatten ein größeres Vermögen als das gesamte Bruttoinlandsprodukt von Südasien, und die 84 reichsten schafften es sogar, das Bruttoinlandsprodukt von China zu überbieten. Was 1,2 Milliarden Menschen in einem Jahr erwirtschafteten, ist weniger als das, was 84 andere besitzen. Inzwischen sind die Vermögen noch größer geworden.

Was ließe sich mit diesen ungeheuren Vermögen nicht alles machen? Um für alle Menschen auf der Welt eine Grundausbildung, eine anständige Gesundheitsversorgung, ausreichende Ernährung, sauberes Wasser und Sanitäreinrichtungen bereitzustellen, bräuchte man pro Jahr rund 40 Milliarden Dollar. Das sind weniger als 4 Prozent des Gesamtvermögens der 225 reichsten Menschen auf der Welt.

Natürlich dürfen wir uns nicht vorstellen, dass diese Menschen wie Dagobert Duck ihr Geld in einem großen Speicher liegen haben. Natürlich ist es investiert, und soweit es in Aktien angelegt ist, schwankt das Vermögen mit den Börsenkursen. Aber Vermögen in dieser Größenordnung hat es in der gesamten Geschichte der Menschheit noch nie gegeben. Im Jahre 1987 registrierte die Zeitschrift *Forbes* weltweit gerade einmal 96 Dollar-Milliardäre. 2003 waren es schon 476, wenn auch 21 weniger als 2002. Fast die Hälfte (222) hat ihren Sitz im Mutterland des Kapitalismus USA. Immerhin: Deutschland bringt es auch auf stattliche 43 Milliardäre (2002: 35). Tendenz weiter steigend, was die These stützt: Die Deutschen werden immer weniger, immer älter und: immer reicher!

Die Reichen der Welt: Die *Forbes*-Liste

Wer sind denn nun die Super-Reichen dieser Welt? Jedes Jahr veröffentlicht das US-Wirtschaftsmagahin *Forbes* die Rangliste – mit ähnlicher Spannung erwartet wie die Oscar-Verleihung der Filmbranche. Das bitter-baisse Börsenjahr 2003 ist auch an ihrem Vermögen nicht spurlos vorbei gegangen. Aber wenn einer von den Herrschaften jammern sollte, dann auf verdammt hohem Dollar-Niveau! Reichster Mensch bleibt laut *Forbes* trotz 10-Milliarden-Einbuße Microsoft-Gründer Bill Gates vor Börsen-Guru Warren Buffett. Dann aber wird die Riege der US-Reichen durchbrochen – wie 2002 durch zwei Deutsche: die »Aldi-Könige« Albrecht. Sie sind mit ihrer Discountkette die großen Gewinner im miserablen Einzelhandelsjahr. Wenn die Deutschen 2003 einkauften, dann immer billig und auf Schnäppchen bedacht. »Aldisierung« – auch ein Wort des Jahres. Die Zahlen bezeichnen das Vermögen in Milliarden Dollar:

1.	William Gates, USA:	40,7	Software
2.	Warren Buffett, USA:	30,5	Börse
3.	Karl und Theo Albrecht, Deutschland:	25,6	Einzelhandel
4.	Paul Allen, USA:	20,1	Software
5.	Prinz Alwaleed Bin Talal, Saudi-Arabien:	17,7	Öl
6.	Lawrence Elison, USA:	16,6	Software
7.	Alice Walton, USA:	16,5	Einzelhandel
8.	Helen Walton, USA:	16,5	Einzelhandel
9.	Jim Walton, USA:	16,5	Einzelhandel
10.	John Walton, USA:	16,5	Einzelhandel

11.	Robson Walton, USA:	16,5	Einzelhandel
12.	Liliane Bettencourt, Frankreich:	14,5	Industrie
13.	Kenneth Thomson und Familie, Kanada:	14,0	Medien/ Verlage
14.	Ingvar Kamprad, Schweden:	13,0	Möbelhandel
15.	Birgit Rausing und Familie, Schweden:	12,9	Industrie
16.	Steven Ballmer, USA:	11,1	Software
17.	Michael S. Dell, USA:	11,1	Computer
18.	John W. Kluge, USA:	10,5	Medien
19.	Barbara Cox Anthony, USA:	10,3	Medien
20.	Anna Cox Chambers, USA:	10,3	Medien
21.	Amancio Ortega, Spanien:	10,3	Einzelhandel

Diese Liste der reichsten Menschen der Welt ist zwar korrekt, aber sie dient auch ein wenig dazu, einen amerikanischen Mythos zu pflegen: dass man mit einer guten Idee und ein paar Freunden eine Firma in der Garage der Eltern gründen und es von dort aus innerhalb weniger Jahre bis ganz an die Spitze bringen kann. Es macht sich einfach gut, wenn Bill Gates mit seiner Firma Microsoft der reichste Mensch der Welt ist.

Wäre man ein bisschen ehrlicher und würde wie bei manchen anderen Reichen auch die Familienvermögen zusammenzählen, dann stünden die Waltons weit vor Bill Gates. Aber das ist natürlich nicht so schick. Die Waltons haben zusammen ein Vermögen von 82,5 Milliarden Dollar, mehr als doppelt so viel wie Bill Gates. Selbst wenn man die Vermögen addiert, die sich auf den Erfolg von Microsoft zurückführen lassen – Gates, Allen und Ballmer –, kommt man nur auf 71,9 Milliarden Dollar.

Aldi, Wal-Mart, Ikea – preiswert zu Reichtum

Schauen wir uns genauer an, wie die Vermögen der zwanzig reichsten Menschen entstanden sind, kommen wir zu einigen verblüffenden Erkenntnissen. Sieben der zwanzig Plätze werden von Einzelhändlern belegt, die alle in kleinsten Verhältnissen gestartet sind. Die deutschen Brüder Karl und Theo Albrecht übernahmen zum Beispiel nach dem Zweiten Weltkrieg das Essener Feinkostgeschäft ihrer Mutter. 1962 eröffneten sie dann den ersten Albrecht-Discount-Laden (Aldi) in Dortmund. Heute gibt es zirka 3000 Aldi-Läden in ganz Deutschland und einige hundert im Ausland.

Die Geschichte der Waltons verlief ähnlich, folgte jedoch anderen Prinzipien, wie wir noch sehen werden. Und auch Ingvar Kamprad, der Gründer von Ikea, schuf sein großes Vermögen (laut einer Pressemeldung vom April 2004 soll es mittlerweile sogar das von Bill Gates übersteigen) mit Produkten, die er möglichst preiswert verkaufte. Ob bei Aldi, Wal-Mart oder Ikea, der Preis spielt für die Kunden eine große Rolle, aber auch die Qualität der Produkte. Hier genau das richtige Gleichgewicht herzustellen, war die Kunst. Und noch etwas kommt hinzu: Die Vermögen der Einzelhändler sind zunächst nur sehr langsam gewachsen. Man braucht offensichtlich einen langen Atem, um mit dem Handel Erfolg zu haben, aber dann ist er umso größer.

Dass auch mit Computern oder Computer-Software nicht über Nacht das schnelle Geld zu machen war, wird ebenfalls oft übersehen. Bill Gates startete mit Microsoft 1975 und Michael

S. Dell mit seinem Computer-Versandhandel 1984. Ebenfalls seit Jahrzehnten im Markt sind die Medien- und Telekommunikationsunternehmen der drei anderen Giga-Reichen. Die Industrievermögen von Johanna Quandt (BMW und Altana) und Liliane Bettencourt (L'Oréal) sind die beiden einzigen alten Vermögen, die von ihren heutigen Besitzern ererbt und weiter vermehrt wurden.

Die 81-jährige Französin Liliane Bettencourt hat von ihrem Vater die Mehrheit der Anteile am französischen Kosmetikkonzern L'Oréal geerbt. Sie hält 51 Prozent, der Rest liegt in den Händen des Nestlé-Konzerns. Das Geschäft von L'Oréal verläuft überaus erfolgreich. Kenner der Branche sehen als Erfolgsfaktoren die starken Marken, die zwischen dem Konsumgüter- und dem Luxussegment angeordnet sind, und den breit angelegten Vertrieb – ein wesentlicher Teil der Umsätze wird mit Wiederverkäufern gemacht, wie mit Haarkosmetika für das Frisierhandwerk. Schließlich bringt das Unternehmen immer neue Marken und Produkte auf den Markt. Besondere gute Zukunftschancen gibt man den Pflegemitteln für die ältere Generation.

Vom Spitzenplatz zum Schlusslicht – vor fünfzig Jahren war alles anders

Die beiden großen Ausnahmen in der Liste der Reichen sind Prinz Alwaleed Bin Talal, der seine Ölmilliarden erfolgreich in den USA investiert, und Warren Buffett, der es über Jahrzehnte an der Börse zu einem Vermögen gebracht hat. Wahrscheinlich hätten Sie viel mehr Ölprinzen und Aktienbesitzer an der Spitze der *Forbes*-Liste vermutet. Und tatsächlich, schauen wir einmal siebenundvierzig Jahre zurück, dann bietet sich ein ganz anderes Bild.

In der 1957 von der Zeitschrift *Fortune* aufgestellten Liste finden wir auf den ersten zwanzig Plätzen neun Industrielle, sechs Aktienbesitzer, drei Öl-Mogule, einen Immobilienbesitzer und einen Bankier. Auf Platz 1 lag J. Paul Getty aus London, dem seine Getty Oil Company damals ein Nettovermögen von einer Milliarde Dollar bescherte. Heute tauchen die Gettys erst auf Platz 192 der Giga-Reichen auf, aber immerhin hat sich ihr Vermögen seit 1957 noch einmal verdoppelt, auf mehr als zwei Milliarden Dollar. Mit nur einer Milliarde würde der alte Getty heute zu den Schlusslichtern zählen. So ändern sich die Zeiten.

Auch andere Namen, die noch zu Beginn des 20. Jahrhunderts ein Synonym für unendlichen Reichtum waren, sind in den Hintergrund getreten. John D. Rockefeller Junior lag 1957 mit einem Vermögen von 0,7 Milliarden Dollar nur noch auf Platz 6, heute liegt David Rockefeller Senior mit 2,5 Milliarden Dollar auf Platz 147. Auch die Fords, die du Ponts und die Astors mussten ihre Spitzenpositionen räumen.

Wenn wir uns vor Augen halten, dass der reichste Mann im Jahre 1957 nur eine Milliarde Dollar besaß und der reichste Mann der Welt heute 40,7 Milliarden, dann bekommen wir vielleicht eine Vorstellung davon, wie groß die Veränderungen sind, denen wir gegenüberstehen. Öl und Industrie haben als Wertschöpfungsfaktoren zwar noch nicht endgültig gegen Wissen verloren, aber der Trend ist unübersehbar.

In vierzig Jahren an die Spitze – Wal-Mart

Helen Walton und ihre vier Kinder sind die Erben des 1992 verstorbenen Sam Walton, der die Handelskette Wal-Mart aufgebaut hat.

Mit rund 1,1 Millionen Angestellten in 3300 Läden allein in den USA und einem Jahresumsatz von 245 Milliarden Dollar wurde der Lebensmittelriese 2003 nur noch vom Ölmulti ExxonMobil übertroffen: Der hatte ein aufgrund der stark gestiegenen Öl- und Erdgaspreise 247 Milliarden Dollar Umsatz (2002: 205 Milliarden). Auch der Gewinn kann sich bei Wal-Mart mit 7 Milliarden Dollar sehen lassen – die Umsatzrendite liegt bei knapp 3%. Deutsche Filialisten würden sich mit ihren lausigen 1% und weniger also die Finger lecken!

Sam Walton hat mit ein paar Gemischtwarenläden in Arkansas angefangen. Als der Discounter Kmart in den Großstädten Märkte eröffnete, entschloss sich Walton, auch in diesen Bereich einzusteigen, allerdings in den kleineren Städten, 1962 weihte er seinen ersten Wal-Mart Store ein. Das Rezept stimmte. Vorwiegend auf dem flachen Lande, das von der auf Ballungsgebiete fixierten Konkurrenz übersehen wurde, entstanden immer neue Walton-Supermärkte.

1970 beschaffte sich Walton mit dem Börsengang Geld für die weitere Expansion. Ende der Siebzigerjahre gab es bereits 276 Wal-Mart-Märkte. Ein großer Teil des folgenden Wachstums gründete sich auf Übernahmen von anderen Einzelhändlern. Anfang der Neunzigerjahre war Wal-Mart mit 1400 Supermärkten, sechs Supercentern und 270000 Beschäftigen der größte Einzelhändler der USA, 1997 übersprang der Umsatz die Marke von 100 Milliarden Dollar, und Wal-Mart war mit 680000 Angestellten der größte Arbeitgeber der USA. Danach nahm das Unternehmen das Ausland ins Visier.

Sam Walton beschrieb sein Erfolgsrezept einmal folgendermaßen: »Das Geheimnis des erfolgreichen Einzelhandels ist, dem Kunden das zu geben, was er will: ein breites Angebot an Waren von hoher Qualität, die niedrigsten Preise, die möglich sind, garantierte Zufriedenheit mit dem, was er kauft, freundlichen, kompetenten Service, günstige Öffnungszeiten, kostenlose Parkplätze und eine angenehme Einkaufsatmosphäre.« Zur angenehmen Atmosphäre gehört bei Wal-Mart auch der 1983 eingeführte »People Greeter«, ein Angestellter, der die Kunden am Eingang eines Wal-Mart-Marktes höflich begrüßt. Außerdem gilt für die Angestellten die Regel, dass sie jeden Kunden, der sich ihnen auf eine Entfernung von weniger als drei Metern nähert, ihre Hilfe anbieten müssen.

Ein Star ohne Allüren – Warren Buffett

Warren Buffett verdankt seinen Erfolg an der Börse einem ganz einfachen Prinzip: Wenn die Börse schwach ist, kauft er Aktien zu niedrigen Kursen und verkauft sie dann fast nie. Er spekuliert nicht, sondern investiert immer langfristig. Deshalb braucht er auch nicht auf kurzfristige Kursschwankungen, Marktstimmungen und Charts zu achten. Er kauft nur Aktien von Unternehmen, unter deren Produkten er sich etwas vorstellen kann und von deren Wachstumschancen er überzeugt ist – und er kauft nur dann, wenn er annimmt, dass der innere Wert des Unternehmens unter seinem Marktpreis liegt. Er bevorzugt international tätige Markenartikelunternehmen wie American Express, Coca-Cola oder Gillette.

1965 übernahm Buffett für weniger als 20 Dollar je Aktie das Textilunternehmen Berkshire in New England, das kurz vor der Pleite stand. Er baute die Firma zunächst zu einer Investmentholding aus. Deren Aktienkurs lag im März 2000 bei etwa 42 000 Dollar und ist inzwischen (Februar 2004) auf sagenhafte 95 200 Dollar gestiegen, hat sich also über die 3-jährige Börsen-

Baisse hinweg mehr als verdoppelt. Die Aktie des nach Bil Gates zweitreichsten Mannes der Welt (45 Milliarden Dollar) ist damit die teuerste Aktie rund um den Globus. Heute ist Berkshire nach der Übernahme des Rückversicherers General Re Ende 1998 einer der größten Versicherungskonzerne der Welt. Zu dem Konzern gehören auch noch eine Reihe sehr unterschiedlicher Unternehmen, zum Beispiel ein Möbelhaus im Stil von Ikea, Schuhgeschäfte, ein Juwelier und eine Milchbarkette. Hauptumsatzträger ist mittlerweile das Rückversicherungsgeschäft.

Warren Buffett sieht man seinen Reichtum nicht an. Er trägt teure Anzüge, die trotzdem schlecht sitzen. Er liebt Hamburger und Coca-Cola und gönnt sich als Luxus einmal pro Woche ein Essen im Steakhouse. Er geht selbst einkaufen und hat auch keinen Chauffeur. Buffett lebt noch heute in einem einfachen Haus in Omaha im Bundesstaat Nebraska, das er vor fünfunddreißig Jahren für 31 500 Dollar gekauft hat. Seit über zwanzig Jahren genehmigt er sich nur ein Jahresgehalt von 100 000 Dollar. Damit ist er der am schlechtesten bezahlte Firmenchef auf der Liste der reichsten Menschen der Welt.

Die Großen gewinnen – die Kleinen verlieren

Natürlich sind die Giga-Reichen nur die Spitze des Vermögens-Eisbergs, sein größter Teil taucht in keiner Rangliste auf. Immerhin hatten im Jahr 2001 auf der ganzen Welt rund 7,1 Millionen Menschen ein Vermögen von mehr als einer Million Dollar. Das waren wieder 3 Prozent mehr als im Jahr zuvor. Insgesamt gehörte ihnen ein Vermögen von 26 200 Milliarden Dollar, das macht pro Kopf rund 3,7 Millionen Dollar.

Dass die Zahl der Vermögensmillionäre trotz Börsenflaute, Konjunkturkrise und den Terroranschlägen immer weiter wächst, liegt letzten Endes daran, dass sie ihr Geld besser verwalten oder verwalten lassen als die weniger Besitzenden. Der »Kleine« gibt sich mit 3 Prozent Rendite zufrieden, der Vermögensmillionär macht's nicht unter dem Doppelten, hat sein Depot auch wesentlich cleverer »abgesichert«. Mit neuartigen Finanzanlagen, die für den Kleinanleger böhmische Dörfer sind.

Im Umkehrschluss bedeutet dies, dass die weniger Vermögenden die Hauptlast der Verluste an den Börsen zu tragen haben. Allein mit der T-Aktie haben deutsche Privatanleger seit dem Höchststand im März 2000 104 (Euro!!) Milliarden verloren und fühlten sich zusätzlich vom Noch-Großaktionär Staat (Bund) gelinkt, als der die so genannte dritte T-Aktien-Tranche noch mit über 60 Euro pro Stück offerierte. Von wegen T-Aktie als Volksaktie. Eine ziemliche Volksverdummung war die gigantische PR-Kampagne der Deutschen Telekom unter ihrem damaligen Sonnyboy Ron Sommer. Auch seine »Vertreibung« nach massivem Protest der »kleinen Leute« ist bislang einmalig. Laut Bundesbank sind in den Jahren 2001/2002 an der Börse insgesamt rund 238 Milliarden Euro »verbrannt« worden. Und damit ging auch viel Vertrauen der (neuen) Aktionäre flöten.

Wer clever war oder sich clevere Berater leisten konnte, hatte sich schon lange von den so genannten Wachstumswerten und von Technologieaktien getrennt, als die Kleinanleger noch fleißig kauften. Die wert- und qualitätsorientierten Aktien inspirieren zwar nicht die Kursfantasien, geben aber Sicherheit.

Noch schlechter als den Besitzern kleiner Vermögen erging es all jenen, die überhaupt kein Vermögen haben, sondern nur direkt von ihrer Arbeit leben. Sie konnten sowohl in Deutschland als auch in den USA trotz Lohnerhöhungen in den vergangenen zwanzig Jahren keine Zuwächse verbuchen. Was mehr in die Lohntüte kam, wurde von steigenden Preisen sofort wieder aufgezehrt. Eine Änderung ist nicht in Sicht. Man kann also tatsächlich sagen: ohne Moos nichts los.

ZUSAMMENFASSUNG:
Die Weltgesellschaft sieht heute nicht viel anders aus als die europäische Gesellschaft während der Industrialisierung am Ende des 19. Jahrhunderts: eine Wassersuppe mit wenigen Fettaugen darauf. Es mag manche vielleicht freuen zu hören, dass Deutschland zu den wenigen Fettaugen zählt. Nur darf man nicht vergessen, dass auch wir Teil eines Systems sind, bei dem sich die Schere zwischen Arm und Reich immer weiter öffnet. Armut wird zwar durch Arbeit verhindert, aber Reichtum wird nicht mehr durch Arbeit geschaffen. Deshalb muss das Kapitel über Armut und Reichtum im Zusammenhang mit dem folgenden Kapitel über Arbeit und Kapital gelesen und verstanden werden.

4
Interessen im Widerspruch: Arbeit und Kapital

Karl Marx war der Erste, der den Widerspruch zwischen den Interessen von Arbeit und Kapital formulierte. Viele Jahrzehnte lang bestimmte er dann die Politik von Sozialisten und Sozialdemokraten. Die Forderungen reichten von mehr Mitbestimmung bis hin zur Verstaatlichung der Schlüsselindustrien.

Je mehr sich jedoch das industrielle Zeitalter seinem Ende näherte und große Industriezweige wie die Eisen- und Stahlproduktion und der Kohlebergbau in die Krise gerieten, desto stärker traten die Widersprüche in den Hintergrund und desto populärer wurde die Idee der sozialen Partnerschaft. Arbeit und Kapital waren sich einig: Staatliche »Stütze« sollte her in Form von Subventionen.

Ihren Höhepunkt erreichte die Idee der sozialen Partnerschaft im Bündnis für Arbeit. Allerdings brachen als Folge der Globalisierung parallel dazu die alten Interessengegensätze wieder auf. Betrachtet man Arbeit und Kapital unter dem Gesichtspunkt der Sozialpartnerschaft, dann ist das Kapital als der Bestand sachlicher Produktionsmittel innerhalb einer Volkswirtschaft die Grundlage für die Ausgestaltung und Umsetzung bestimmter gesellschaftlicher Ziele. Nur wenn Kapital vorhanden ist, besteht die Möglichkeit, eine Gesellschaft so weit wie möglich frei von Sachzwängen zu gestalten. Je ärmer ein Land ist, desto geringer sind seine Gestaltungsspielräume.

Erwerbsarbeit schafft für jeden Einzelnen innerhalb der Gesellschaft die individuellen Spielräume zur eigenen Lebensgestaltung. Ohne Kapital, also ohne sachliche Produktionsmittel, keine Arbeit. Wenn man nun im Rahmen der Globalisierung dem Kapital das Recht zugesteht, seinen Standort frei zu wählen, wird als Folge die Arbeit auch flexibel und mobil – mit immensen Folgen.

Befürworter wie Gegner der Globalisierung sind sich einig darüber, dass die Erwerbsarbeit in den hoch industrialisierten Ländern weniger werden wird. Das hängt einerseits damit zusammen, dass die Arbeit in Länder mit niedrigerem Lohnniveau abwandert, andererseits damit, dass immer weniger menschliche Arbeitskraft gebraucht wird, um immer mehr Güter zu produzieren. Der technische Fortschritt macht's möglich.

Das heißt aber nicht, dass sich nicht andere Formen von Arbeit entwickeln. Arbeit oder vielmehr Leistung wird weiterhin das zentrale Element im menschlichen Leben bleiben. Die Frage ist allerdings, wovon die Menschen ihren Lebensunterhalt bestreiten werden und wie hoch der Lebensstandard derjenigen sein wird, die keine Erwerbsarbeit mehr leisten können, leisten sollen oder auch leisten dürfen.

Die Zukunftsmodelle, wie wir in den hoch industrialisierten Ländern in dreißig oder fünfzig Jahren leben werden, sind naturgemäß sehr dürftig. Die Abwanderung des Kapitals aus dem Zuständigkeitsbereich der einzelnen Nationalstaaten wird neue globale Regelungen notwendig machen, aber wie sie aussehen könnten, darüber existieren nur sehr vage Vorstellungen. Einig sind sich die Zukunftsforscher nur über die Tatsache, dass wir heute, am Beginn des 21. Jahrhunderts, in einem Zeitabschnitt leben, in dem das Gleichgewicht zwischen Kapital und Arbeit im globalen Maßstab gestört ist.

Wie lange diese Übergangsphase, die durch Unsicherheit und Unübersichtlichkeit geprägt ist, dauern wird, vermag niemand zu sagen. Und es weiß auch niemand, wohin die Entwicklung gehen wird. Zurzeit behaupten alle politischen Parteien und alle Regierungen, dass sie die Garanten für eine sichere Zukunft und eine Weiterentwicklung der auf Erwerbsarbeit beruhenden Gesellschaftsordnung seien. Besitzstandswahrung ist heute die erste Politikerpflicht. Aber: Wasser in den Wein kann der mündige Bürger schon vertragen, wenn man es ehrlich meint, offen über die Probleme spricht und über notwendige Veränderungen. Nur Nichtstun ist gefährlich!

Was ist Arbeit?

Der Arbeitsbegriff hat sich gewandelt. In der Hochindustrialisierung war der Mensch nur ein Anhängsel der Maschinen. Die Prinzipien der Industriegesellschaft haben ausgedient. Individualisierung, Multifunktionsarbeit und Entzeitlichung sind die Merkmale der Wissensgesellschaft. Lebenslanges Lernen ersetzt die einmalige Ausbildung. Immer mehr Selbstangestellte schaffen eine neue Form der Abhängigkeit. Dienstleistung statt Produktion. Das Normalarbeitsverhältnis verschwindet.

Als Karl Marx seine Gedanken zu Papier brachte, waren die Positionen von Kapital und Arbeit noch ziemlich klar. Arbeit war zu jener Zeit in erster Linie Muskelarbeit. Der Mensch wurde als eine Arbeitskraft genutzt, so wie man auch Arbeitstiere nutzte. Dann wurde die menschliche Arbeitskraft durch den Einsatz von anderen Energieträgern wie Wasserkraft ergänzt und zum Teil auch ersetzt. Später kamen Dampfkraftmaschinen und Kraftwerke hinzu, die elektrische Energie erzeugten.

In weiten Bereichen der Industrie wurde die Muskelkraft durch Maschinenkraft ersetzt. Motoren übernahmen die menschliche Arbeit. Das Bedienen von Maschinen wurde zunächst als eine leichte Tätigkeit angesehen. Die Vorstellung, dass auch dies »richtige« Arbeit ist, setzte sich erst allmählich durch. Im *Kapital* von Karl Marx heißt es dazu: »In Manufaktur und Handwerk bedient sich der Mensch des Werkzeugs, in der Fabrik dient er der Maschine.«

Wie wenig der Mensch als ganzheitliches Individuum gesehen und wie weit er nur auf bestimmte Funktionen reduziert wurde, geht aus Henry Fords Buch *My Life and Work* hervor. Für die 7882 verschiedenen Fertigungsschritte zur Produktion eines T-Modells von Ford waren nur bei 949 Arbeitsvorgängen kräftige, geschickte und gesunde Männer nötig. Für 3338 Arbeitsvorgänge brauchte man nur durchschnittliche Körperkraft. Die übrigen 3595 Arbeitsvorgänge waren in ihren Anforderungen so niedrig, dass sie auch von Frauen oder älteren Kindern ausgeführt werden konnten.

Aber Ford ging in seinen Analysen noch weiter. Er stellte fest, dass von den Arbeitsplätzen, die nur eine unterdurchschnittliche Anforderung stellten, 670 auch von beidseitig beinamputierten Männern ausgefüllt werden konnten und 2637 von Männern mit nur einem Bein. Zwei Funktionen wären sogar von beidseitig armamputierten Männern auszuführen, 715 von einarmigen Männern und zehn von blinden Männern.

Die Arbeiten am Fließband bei Ford waren also nicht unbedingt schwer im Sinne der körperlichen Belastung, sondern nur so entsetzlich langweilig, dass Ford im Jahre 1914 den Tageslohn von 2,50 Dollar auf 5 Dollar verdoppeln musste, um überhaupt längerfristig Menschen zu finden, die bereit waren, solche Arbeitsbedingungen zu ertragen.

Das Bedienen der Maschinen wurde für viele Jahrzehnte zum Hauptinhalt der Industriearbeit. Es war eine stumpfsinnige, monotone und menschenunwürdige Arbeit, die kaum Wissen und Können erforderte. Der Mensch war nicht Produzent, sondern Teil des Produktionsprozesses. Er übernahm die Arbeiten, die Maschinen nicht oder noch nicht ausführen konnten.

Ebenso monoton wie die Bedienung und Wartung von Maschinen waren Messen, Steuern und Regeln, also die Überwachung von Maschinen. Heute sind diese Arbeiten zumindest weitgehend weggefallen. Handhabungsroboter führen längst komplizierteste Handgriffe aus, Mess- und Regelkreisläufe kontrollieren und steuern die industriellen Prozesse. Die Fabriken sind menschenleer. Intelligente Maschinen haben den Menschen von der Maschinenarbeit befreit, zumindest in den hoch industrialisierten Ländern. Aber was sollen die Menschen jetzt tun, nachdem sie gelernt haben, ihr Leben nach den Anforderungen der Industriegesellschaft auszurichten?

»Alle Räder stehen still ...«

In der Industriegesellschaft basierten Produktion und Arbeit auf vier Prinzipien: der Standardisierung, der Spezialisierung, der Synchronisierung und der Zentralisierung.

Standardisierung bedeutet, dass immer gleiche Produkte in immer gleichen Prozessen hergestellt werden. Standardisierung bedeutet auch die Entwicklung von Normen. Die bekanntesten sind DIN und ISO. Nur durch die Einigung auf bestimmte Normen war es der Industrie überhaupt möglich, Kosten zu senken und arbeitsteilig zu produzieren.

Malen wir uns einmal aus, wie kompliziert unser Leben heute wäre, wenn zum Beispiel jeder Automobilhersteller individuelle Schraubentypen verwenden würde, die einmal rechts herum, einmal links herum einzuschrauben sind und sich auch noch durch die Art des Gewindes und des Schraubenkopfes voneinander unterscheiden. Das erste einheitliche Gewindesystem wurde 1841 von J. Whitworth entwickelt.

Noch ein Beispiel, das uns heute völlig selbstverständlich erscheint und doch typisch für die Bedeutung der Standardisierung in unserer Wirtschaft ist: Wie würde das deutsche Flaschenpfandsystem funktionieren, wenn jede Brauerei und jeder Abfüller von Mineralwasser ein eigenes Pfandflaschenmodell benutzte? Gar nicht würde es funktionieren, es wäre zu teuer und zu ineffektiv.

Diese Gedankengänge lassen sich beliebig weiterführen. Was wäre, wenn jeder Elektrogerätehersteller einen anderen Stecker hätte, die ebenfalls wiederum spezielle Steckdosen erforderten? Wer erinnert sich noch an das Videosystem Betamax von Sony, das als Konkurrenz zum VHS-System auftauchte und längst wieder vom Markt verschwunden ist? Mit jeder neuen technischen Erfindung kommen neue Standards auf den Markt, aber am Ende setzt sich meist nur einer durch.

Die Spezialisierung ist ebenfalls ein Phänomen der industriellen Produktion. Heute gibt es zirka zwanzigtausend verschiedene Berufe, die ganz unterschiedliche Qualifikationen erfordern. Wie heißt es doch so schön: Der Generalist weiß über alles nichts und der Spezialist weiß über nichts alles.

Wie weit die Synchronisierung in unser Leben eingegriffen hat, wird uns oft genug gar nicht mehr bewusst. So sehr sind wir inzwischen daran gewöhnt, dass alles innerhalb eines bestimmten Zeitraumes oder zu einer bestimmten Zeit passiert. Die Tagesschau im Ersten beginnt um 20 Uhr, nicht zirka um 20 Uhr, keine drei Minuten früher und keine sieben Minuten später. Alles hat seine Anfangs- und Endzeiten. Züge verkehren ebenso nach Fahrplänen wie Flugzeuge nach bestimmten Abflugzeiten. Die Stunde ist die Bemessungsgrundlage für den Arbeitslohn. Mit 18 Jahren ist man volljährig. Die gesamte Gesellschaft ist durchterminiert und durchsynchronisiert. Ohne ein verbindliches Zeitsystem und Zeitregelwerk funktioniert heute nichts mehr.

Als Lenin amerikanische Ingenieure nach Russland holte, damit sie neue Fabriken aufbauten, sind diese fast verzweifelt. Die Arbeiter in den Fabriken waren in der Regel Bauern aus der Umgebung. Sie waren durchaus guten Willens, trotzdem funktionierten die Fabriken mit ihren Fließbändern nicht. Die Bauern hatten nämlich keine Uhren. Sie kamen, wenn sie das Gefühl hatten, anfangen zu müssen, und gingen, wenn sie glaubten, ihr Tag sei um. Wenn von den Tausenden von Handgriffen am Fließband auch nur einer nicht gemacht wurde, stand alles still. Aus jener Zeit stammt der Schlachtruf der Arbeiterbewegung: »Alle Räder stehen still, wenn dein starker Arm es will.«

Die Zentralisierung der Produktion in großen Einheiten ist eine Folge der Standardisierung und Spezialisierung. Je größer eine Fabrik ist, desto mehr lohnt sich die Spezialisierung einzelner Arbeitsprozesse, desto kostengünstiger wird der Einkauf von Rohstoffen und desto größer wird der Marktanteil für die einzelnen Produkte. Doch all das gilt eben nur für die industrielle Produktion. In der erstmals von Daniel Bell beschriebenen Wissensgesellschaft, der neuen Form der nachindustriellen Gesellschaft, sieht das ganz anders aus.

Hier zählt nicht mehr die Standardisierung der Produkte, sondern deren Individualisierung. Die Normen bleiben zwar erhalten, aber die Arbeitsprozesse müssen vollkommen neu organisiert werden, um den Verbrauchern Produkte anbieten zu können, die deren individuellen Wünschen entsprechen. Bei Automobilen zum Beispiel ist die Individualisierung im Rahmen der industriellen Fertigung nicht oder nur sehr bedingt möglich. Heute beschränkt sich die Auswahl auf Farbe und Sonderausstattungen, aber schon bald werden zusätzliche Wünsche und Details von den Händlern erfüllt werden müssen.

Vielleicht bekommen die Händler irgendwann nur noch Basiskarossen geliefert, die sie dann in ihren Werkstätten individuell nach den Wünschen der Kunden in Form, Farbe und Ausstattung aufrüsten. Schon heute wird ein Smart, wenn es der Kunde wünscht, mit Kotflügeln in anderer Farbe ausgeliefert und auch sonst stärker maßgeschneidert, als es bei klassischen Automobilen der Fall ist.

Diese Individualisierung hat natürlich auch Folgen für die drei anderen Grundprinzipien. Bleiben wir ruhig bei dem Beispiel der Autofertigung nach den individuellen Wünschen der Kunden. Nicht mehr der Spezialist ist gefragt, um bei einem Händler das Auto herzurichten, sondern der Multifunktionsarbeiter. Immer mehr Teile eines Automobils bestehen aus Komponenten, die sowohl aus elektronischen Bausteinen als auch aus mechanischen Elementen zusammengesetzt sind. Stellmotoren, Schalter, Messgeräte, alles muss aufeinander abgestimmt sein. Wer nur von Mechanik oder nur von Elektronik Ahnung hat, ist aufgeschmissen.

Selbst der Zeitrhythmus wird in der Wissensgesellschaft über den Haufen geworfen. Globale Unternehmen arbeiten heute schon rund um die Uhr, da irgendwo auf der Welt gerade der Arbeitstag beginnt, wenn an einem anderen Ort auf dem Globus der Feierabend anbricht. Das Auto, von dem wir als Beispiel sprechen, wird auch nicht mehr zu dem Zeitpunkt fertig werden können, den der Takt der Fabrik vorgibt, sondern genau dann, wenn es der Kunde wünscht.

In den USA ist man es schon lange nicht mehr gewohnt, dass man Wochen, Monate und manchmal Jahre warten muss, bis ein Neuwagen geliefert wird. Für Autos gelten dort die gleichen Regeln wie für alle anderen Produkte: Wenn man sie kauft, will man sie auch haben, und zwar sofort. Supermärkte sind rund um die Uhr geöffnet, ebenso die Schnellrestaurants. Im Internet kann man ohnehin zu jeder Tages- und Nachtzeit seine Bestellungen aufgeben oder seine Bankgeschäfte tätigen. Das Leben der Kunden wird nicht mehr durch die Industrie synchronisiert, sondern die unterschiedlichen Kundenwünsche geben den Firmen die neuen Zeittakte vor.

Entsprechendes gilt auch für die Zentralisierung. Konkrete Produkte und Dienstleistungen wachsen zusammen. Der Kunde bestimmt den Ort, an dem die Leistung zu erbringen ist. Durch die moderne Kommunikationstechnologie, die ebenfalls ein wesentliches Element der Wissensgesellschaft ist, spielen Ort und Zeit ohnehin kaum noch eine Rolle. Wer Probleme mit seinem Computer hat, ruft die Hotline an. Ihm ist egal, ob sein Gesprächspartner in Holland oder in Irland sitzt, Hauptsache, das Gespräch wird zum Ortstarif geführt, sein Gesprächspartner spricht Deutsch und kann sein Problem lösen.

Wer seine Flugtickets am Vormittag in Hamburg kauft, kann davon ausgehen, dass die Reservierung zum gleichen Zeitpunkt vielleicht auf den Philippinen gebucht wird, wo es später Abend ist, oder in der Karibik sogar noch in der Nacht des Vortages. Datenleitungen sind billiger als Arbeitsplätze in Deutschland. Na und? Hauptsache, man kann billig fliegen. Durch die Telekommunikation spielt das Hier keine Rolle mehr, und es existiert überall nur noch ein Jetzt.

Vielleicht werden Sie fragen, was all das mit Wirtschaft zu tun hat. Die Wirtschaft der Wissensgesellschaft wird »glokal«, das heißt ebenso lokal wie global. Das Internet mit seinen unendlichen Möglichkeiten ist ja nur die Spitze des Eisbergs der Vernetzung, die der Endverbraucher zu sehen bekommt. Die Intranets einzelner Firmen und die Zusammenschlüsse von Interessengemeinschaften führen zu ganz anderen ökonomischen Verhaltensweisen, die völlig neue Konsequenzen auch für die Mitarbeiter haben.

Es reicht nicht mehr, dass jemand nur seine Muttersprache beherrscht. Man muss auch die Konzernsprache sprechen und das ist meist Englisch. Bei DaimlerChrysler stehen beide Sprachen gleichberechtigt nebeneinander. Bei dem Nahrungsmittel-Multi Nestlé arbeiten in der Zentrale in der Schweiz Menschen aus sechzig Nationen zusammen, die meisten sprechen drei oder vier Sprachen. Wer Karriere machen will, braucht nicht nur Fachwissen, wie es früher einmal war, sondern muss sich auch international verständigen können.

Wenn es zum Beispiel darum geht, dass Nestlé in Deutschland ein neues Reisgericht vermarkten möchte, dann wird sich der deutsche Produktmanager mit dem Reisfachmann seines Unternehmens in Verbindung setzen. Dessen Büro befindet sich vielleicht in Indien, in China oder in Malaysia, aber sein Know-how steht der Firma weltweit zur Verfügung. Man braucht nur noch einen Experten für die ganze Welt und nicht Hunderte von Experten in verschiedenen Ländern.

Automobilkonzerne kaufen bestimmte Elemente, die dem Verbraucher niemals ins Auge fallen werden, wie zum Beispiel Leuchtdioden im Armaturenbrett, zentral ein. Für den Hersteller geht es dann nicht mehr um einige hunderttausend Stück, sondern gleich um mehrere Millionen Einheiten, die er fertigen und liefern kann. Zu diesem Zweck schließen sich die Automobilhersteller zu Einkaufsgemeinschaften zusammen, die Global Sourcing, weltweiten Einkauf, betreiben.

Das erfordert ein neues Können, neue Kenntnisse über neue Märkte und eine neue Unternehmenskultur. Dass deshalb viele mittelständische Unternehmen ebenfalls umdenken müssen, liegt auf der Hand. Ihr bester Lieferant sitzt eben nicht mehr drei Städte weiter, sondern in Rumänien, in China oder in Mexiko. Diese weltweite Neuverteilung von Wissen ist die eigentliche Veränderung und macht die Wissensgesellschaft aus.

Wissensarbeiter arbeiten anders

In der Wissensgesellschaft werden die bisherigen Berufskategorien nicht mehr brauchbar sein. Das behauptete der amerikanische Ökonom Robert B. Reich, der unter anderem in der Clinton-Regierung Arbeitsminister war, bereits im Jahre 1991. Er schlug vor, die Berufe nach routinemäßigen Produktionsdiensten, kundenbezogenen Diensten und symbolanalytischen Diensten aufzugliedern.

Zu den routinemäßigen Produktionsdiensten zählt er nicht nur die Arbeit in den Fabriken, sondern auch viele Arbeitsplätze in der Datenverarbeitung. Überall, wo Daten erfasst, eingegeben und ausgegeben werden müssen, werden Routinearbeiter benötigt. Sie haben in erster Linie zuverlässig und loyal zu sein und müssen bereit sein, Anweisungen entgegenzunehmen.

Die kundenbezogenen Dienste bestehen ebenfalls aus einfachen und sich wiederholenden Tätigkeiten. Der Hauptunterschied zwischen diesen Dienstleistenden und den Routinearbeitern liegt darin, dass die Dienstleistungen an einen bestimmten Ort gebunden sind und deshalb weder in ein anderes Land verlagert werden können noch Kunden in anderen Ländern anzubieten sind. Zu den Dienstleistern gehören nach Reich die Beschäftigten aus sehr unterschiedlichen Branchen, von der Verkäuferin im Einzelhandel über die Hotelangestellte und die Krankenschwester bis zum Automechaniker und der Stewardess.

Gerade in Amerika wird von den Dienstleistern erwartet, dass sie jederzeit nicht nur freundlich sind, sondern auch rund um die Uhr gute Laune haben. Wer einmal in Amerika war, kennt das. Allerdings weiß er auch, dass das Lächeln oft genug zur Maske erstarrt ist und die Hilfsbereitschaft da aufhört, wo echte Flexibilität und Einsatz gefordert sind.

Die Arbeiten, die sich hinter dem ziemlich sperrigen Begriff des Symbolanalytikers verbergen, sind all jene, die mit Problemidentifizierung, Problemlösung, Beratung und Führung zu tun haben. Auch hier geht es quer durch alle Branchen. Symbolanalytiker müssen die Wirklichkeit in abstrakte Denkmuster umsetzen, die sie basierend auf Wissen bearbeiten und dann zurück in die Wirklichkeit transportieren. Das hört sich fürchterlich kompliziert an, ist es aber gar nicht.

Juristen sind beispielsweise Symbolanalytiker. Sie haben einen konkreten Rechtsfall zu lösen, abstrahieren ihn und setzen ihn dann, sagen wir, in eine Vergleichsvereinbarung um, die die beiden zerstrittenen Parteien unterschreiben. Ein anderes Beispiel könnte ein Werbetexter sein, der für ein bestimmtes Produkt eine Anzeige formulieren soll. Er befasst sich mit dem konkreten Produkt, stellt entsprechende Überlegungen an und schreibt anschließend einen Text, der hoffentlich seinen Zweck erfüllt. Robert Reich geht davon aus, dass die Arbeit der Symbolanalytiker in Zukunft immer wichtiger und daher auch immer besser bezahlt wird. Verschiebungen in der Struktur der Arbeitswelt finden aber nicht nur in Amerika statt, sondern ebenso in Deutschland.

Im Jahr 1885 gab es im Deutschen Reich 22,1 Millionen Erwerbstätige, davon waren jeweils 37,5 Prozent in der Land- und Forstwirtschaft sowie im produzierenden Gewerbe tätig. 14,4 Prozent erbrachten Dienstleistungen und 10,6 Prozent arbeiteten im Bereich Handel und Verkehr. 1950 waren von den 20,4 Millionen Erwerbstätigen in Westdeutschland 42,6 Prozent im produzierenden Gewerbe beschäftigt, nur noch 24,6 Prozent in der Land- und Forstwirtschaft, dafür aber 18,4 Prozent im Dienstleistungsbereich und 14,4 Prozent in Handel und Verkehr.

Der Anteil der im Dienstleistungssektor Beschäftigten (2003: 26,9 Millionen) ist inzwischen bei rund 38,2 Millionen Erwerbstätigen auf über 70 Prozent gestiegen, 21 Prozent (ohne Bau) arbeiten noch im klassischen produzierenden Gewerbe, beim Bau arbeiten 6 Prozent und der Land-, Forst- bzw. Fischerei-Wirtschaft nur noch 2,5 Prozent.

Normalarbeitsverhältnis: Was ist das?

Der Begriff Normalarbeitsverhältnis ist überall in der Politik, bei den Gewerkschaften und auch in den Medien präsent. Aber was haben wir uns unter einem Normalarbeitsverhältnis vorzustellen?

Zunächst einmal gehört dazu ein unbefristeter Anstellungsvertrag. Kurzzeitarbeitsverhältnisse und befristete Arbeitsverhältnisse bezeichnen wir nicht als normal. Jedenfalls zurzeit noch nicht. Weiter gehört zum normalen Arbeitsverhältnis die Vollbeschäftigung. Das bedeutet, dass der Arbeitnehmer pro Tag so lange und zu den Bedingungen zu arbeiten hat, wie es in der jeweiligen Branche üblich ist.

Als normal gilt inzwischen in West und Ost eine Wochenarbeitszeit von 40 Stunden mit einer täglichen Gleitzeit, die dem Arbeitnehmer gewisse Freiheiten gibt, wann er mit seiner Arbeit beginnen und wann er aufhören möchte. Dabei kann er innerhalb eines bestimmten Zeitrahmens, der einen Monat oder mehrere Monate betragen kann, sowohl ein Arbeitszeitguthaben als auch ein Arbeitszeitminus ansammeln, das in der Folgezeit auszugleichen ist. Schichtarbeit, wie sie zum Beispiel das Krankenpflegepersonal oder auch Polizisten und Feuerwehrleute leisten müssen, werden heute nur noch bedingt als ein normales Arbeitsverhältnis angesehen, besonders da sie auch mit festen Anfangs- und Endzeiten verknüpft sind und daher nicht die Freiheiten bieten wie zum Beispiel ein Bürojob.

Ebenfalls zum normalen Arbeitsverhältnis gehört heute noch ein fester Zeitlohn, der nicht oder nur zu einem kleinen Teil an die Erbringung bestimmter Leistungen geknüpft ist. Natürlich ist auch das Recht auf Urlaub Bestandteil eines normalen Arbeitsverhältnisses. Jeder, der nur eine dieser Komponenten antasten will, ohne nicht gleich mit einem ganzen Bündel von Zugeständnissen an anderer Stelle zu kommen, darf sich getrost das Etikett »unsozial« an die Brust heften. Kein Wunder, dass Selbstständige und Freiberufler mit langen Arbeitszeiten und ungewissen Einkünften von der Mehrheit der Arbeitnehmer entweder als geldgierig oder schlicht als dumm eingestuft werden.

Aber sind die Normalarbeitsverhältnisse nicht inzwischen zu einer reinen Fiktion geworden? Heute sind bereits 85 Prozent aller Erwerbstätigen mit flexiblen Arbeitszeiten in irgendeiner Form beschäftigt und 57 Prozent in den so genannten Sonderformen der Arbeitzeit, das sind zum Beispiel Schicht- und Nachtarbeit, Wochenendarbeit, Teilzeitarbeit und Überstunden. Nur noch 17 Prozent in Westdeutschland und 25 Prozent in Ostdeutschland arbeiten nach den Bedingungen des Normalarbeitsstandards.

Wie steht es mit der Teilzeitarbeit? Teilzeit ist kein normales Arbeitsverhältnis. Aber wie viele Arbeitnehmer sind heute noch vollbeschäftigt? In den Siebzigerjahren des 20. Jahrhunderts waren es sowohl in Deutschland als auch in Großbritannien über 80 Prozent der erwerbstätigen Bevölkerung. Heute haben in Deutschland nur noch 60 Prozent einen Fulltimejob und in England gerade einmal etwas mehr als 30 Prozent. Wer hier Parallelen zu der Entwicklung während der Industrialisierung im 19. Jahrhundert zieht, liegt nicht ganz falsch. Die englische Wirtschaft war in Bezug auf die Arbeit immer stärker marktorientiert als die deutsche. Die neoliberalistischen Reformen von Margaret Thatcher bilden also weniger die Ausnahme, sondern bestätigen eher die Regel.

1960 betrug in Deutschland die durchschnittliche Wochenarbeitszeit 44,6 Stunden, und es gab 15,5 Tage Urlaub. Bis 1975 ging die Wochenarbeitszeit auf 40,3 Stunden zurück, während sich die Urlaubszeit auf 24,3 Tage erhöhte. 1991 musste man nur noch 38,3 Stunden pro Woche arbeiten und erhielt 30,7 Tage Urlaub.

Die Zahl der durchschnittlich geleisteten Wochenarbeitsstunden ist im Zeitraum 1970 bis 2000 von 43,0 auf 35,9 Stunden zurückgegangen. Betrachtet man die Arbeitszeiten nach der

Stellung im Beruf, sieht man bei Beamten in dieser Zeit einen Rückgang von 43,0 auf 37,3 Wochenstunden, bei Angestellten von 41,5 auf 34,3 und bei Arbeitern von 40,9 auf 34,2 Stunden. Selbstständige arbeiten noch immer am längsten, doch ist ihre Arbeitszeit immerhin von 54,9 auf 49,1 Stunden zurückgegangen und die ihrer mithelfenden Familienangehörigen von 45,7 auf 31,9 Stunden.

Das Berufseintrittsalter steigt, die Lebensarbeitszeit nimmt ab, gleichzeitig wächst die durchschnittliche Lebenserwartung auf nahezu 80 Jahre. So betrug im Jahre 1906 die durchschnittliche Zeit für Kindheit, Schule und Hochschule in Deutschland 14,2 Jahre, es folgten 43,8 Jahre Arbeitszeit und 4,8 Jahre Ruhestand. Bis 1950 blieb die Dauer der ersten Lebensphase bei 14,2 Jahren, die Arbeitszeit erhöhte sich auf 45,8 Jahre, während sich die Ruhestandszeit auf 11,4 Jahre mehr als verdoppelte. 1990 schließlich lag das durchschnittliche Berufseintrittsalter bei 19,4 Jahren, die Arbeitszeit nahm weiter ab auf 40,6 Jahre, und die Dauer des Ruhestandes erhöhte sich kräftig auf 16,4 Jahre.

In der Industrie kann man heute schon ab Mitte 50 in Frührente gehen, im Bergbau liegt die Rentengrenze für Untertagearbeiter bei 50 Jahren.

Von Jobhoppern und Patchwork

War es Anfang der Fünfzigerjahre noch so, dass man einen Beruf erlernt hatte und von diesem Wissen ein Leben lang zehren konnte, so spricht man heute immer mehr vom lebenslangen Lernen. Wer in den Fünfzigerjahren genau wusste, wie man eine mechanische Schreibmaschine repariert, musste sich sehr bald auf elektrische Schreibmaschinen umstellen. Dann kamen die elektronischen Schreibmaschinen, dann Textverarbeitungssysteme mit schrankgroßen Rechnern und dann der PC, erst mit Nadeldruckern und dann mit Tintenstrahl- und Laserdruckern.

In den Fünfzigerjahren hatte man noch mechanische Tischrechner, die dann von elektrischen Rechnern ersetzt wurden, bis der elektronische Taschenrechner auftauchte. Mein Gott, was waren die Dinger teuer. Mehr als 500 DM kostete einer, der mehr konnte als addieren, subtrahieren, multiplizieren und dividieren. Und was ist heute? Rechner mit allen möglichen mathematischen Funktionen gibt es für weniger als 5 Euro im Supermarkt. Niemand repariert mehr eine Büromaschine. Ein ganzer Berufsstand hat einfach ausgedient. Das alte Wissen ist nichts mehr wert. Und so geht es in immer mehr Berufen. Gestern noch wertvolles Wissen wird heute nicht mehr gebraucht.

Früher waren viele Menschen stolz darauf, ein Leben lang bei ein und demselben Arbeitgeber beschäftigt gewesen zu sein. Einige wechselten einmal oder auch zweimal in ihrem Leben die Firma, mehr war schlecht für den Lebenslauf. Wer wollte schon einen Jobhopper einstellen? In Zukunft wird man wahrscheinlich froh sein, wenn man ein Jahr in derselben Funktion bei demselben Arbeitgeber bleiben kann. Rotation, Unterbrechungen durch Arbeitslosigkeit, Umschulungen, das ist die neue Wirklichkeit der Arbeitswelt.

Einen Begriff dafür gibt es schon: Es sind die Patchwork-Biografien, ein Flickwerk aus vielen verschiedenen unterschiedlichen Beschäftigungen. Erst klettert man langsam den Qualifikationsberg hinauf, und dann rutscht man ziemlich schnell wieder hinunter, wenn man sich nicht ganz besonders anstrengt. Weil es keine Normalarbeitszeit mehr gibt, wird es auch keinen Normallebenslauf mehr geben. Wer sich heute noch auf ein geruhsames Rentnerdasein freut und nicht ganz kurz vor dem Abschied aus dem Arbeitsleben steht, wird umdenken müssen.

Kapitalismus heute

Zwischen Kapitalbesitzern, Managern und Unternehmern besteht ein Unterschied. Wachstum ist auch ohne Arbeit möglich. Einkommen fließt immer häufiger aus verschiedenen Quellen.

Karl Marx hatte noch ein klares Bild vom Kapitalisten: Der Kapitalist war eine natürliche Person, ein konkreter Mensch, er besaß das Eigentum an den Produktionsmitteln. Kapitalisten waren zu Zeiten von Marx und Engels weder große Banken noch viele kleine Aktionäre. Beide spielten damals noch keine große Rolle. Der Kapitalist bei Marx war gleichzeitig Eigentümer und oberste Führungskraft seines Unternehmens. Heute bezeichnet man solche Personen als Unternehmer und unterscheidet sie damit von den Managern, die ein Unternehmen führen, es aber nicht besitzen, zumindest nicht als Ganzes, und von den Großaktionären, die ein Unternehmen oder große Teile eines Unternehmens besitzen, es aber nicht führen.

Kapitalismus-Kritiker haben es heute schwer, ihre Argumente und Thesen in der Öffentlichkeit an realen Personen festzumachen. Dem Großaktionär fehlt es an Einfluss und an öffentlicher Bekanntheit, der Manager ist juristisch gesehen kaum etwas anderes als einer von vielen Arbeitnehmern, letzten Endes ist auch er an Weisungen gebunden und muss sich seine Vorhaben vom Aufsichtsrat absegnen lassen. Kleinaktionäre taugen erst recht nicht als Buhmann.

Häufig bleiben dann nur die großen Banken übrig. Oft stellen sie den Aufsichtsratsvorsitzenden einer Aktiengesellschaft, sie finanzieren das Unternehmen, und sie sind gar nicht so selten auch einer der Großaktionäre. Echte Unternehmer findet man in den großen Konzernen nur noch höchst selten. Die Vertreter der Gründerfamilien besitzen oft genug nur noch so viel Aktien, wie sie für eine Sperrminorität brauchen.

Wie groß und damit mächtig die multinationalen Unternehmen heute sind, verdeutlicht dieser Vergleich. Die Umsätze des größten Autobauers der Welt, General Motors, sind höher als die gesamte Wirtschaftsleistung, die ein Land wie Dänemark in einem Jahr abliefert. Oder: DaimlerChryslers Verkaufserlöse (2002: 150 Milliarden Euro) sind genau so hoch wie das Bruttosozialproduct (BIP) von Indonesien. 365 000 Mitarbeiter »gegen« 215 Millionen Einwohner. Natürlich konzentrieren sich diese mächtigen Wirtschaftsgebilde in ihren Interessen auf ganz andere Ziele und wenden ganz andere Instrumente zur Wertschöpfung an, als es sich Karl Marx vorstellen konnte.

Während der Frühindustrialisierung machten die Kapitalisten ihren so genannten Profit tatsächlich dadurch, dass sie möglichst billig produzierten und ihre Waren dann zu den Preisen verkauften, die der Markt gerade hergab. Heutzutage sind die Kosten der Herstellung eines Produktes häufig so niedrig oder die Mengen der produzierten Güter so hoch, dass die Unternehmensgewinne erst durch die Vermarktungsleistung entstehen. Oft genug ist nicht mehr das Produzieren die Kunst, sondern das Vermarkten. Folglich hat sich auch der Stellenwert der Produktionsarbeit geändert.

Wachstum ohne Arbeit

»Jobless Growth« hört sich harmlos an. Ist es aber nicht. Es bedeutet Wirtschaftswachstum ohne neue Arbeitsplätze. Alle großen Unternehmen bauen in Deutschland Arbeitsplätze ab, weil die Arbeit hier hauptsächlich wegen der hohen Sozialabgaben einfach zu teuer ist. Was Siemens in Deutschland an Arbeitsplätzen streicht, entsteht anderswo neu. Der holländische Konzern Philips hat inzwischen mehr Mitarbeiter in Polen als in Deutschland.

1995 konnte man mit deutlich weniger Arbeitskräften erheblich mehr Waren und Dienstleistungen herstellen als 1970. Der Index des Arbeitsvolumens pro Kopf der Bevölkerung in Deutschland ist in der Zeit von 1970 auf 1995 von 100 auf 80 zurückgegangen, während in derselben Zeit das Bruttoinlandsprodukt pro Kopf von 100 auf 160 gestiegen ist.

In den Neunzigerjahren sind in Deutschland in der Stahlindustrie über 70 000 Arbeitsplätze verloren gegangen, in der Automobilindustrie über 100 000, in der Chemieindustrie über 220 000, bei den Banken über 60 000, bei der Bahn über 165 000 und im öffentlichen Dienst über 200 000. Und es finden weitere massive Stellenstreichungen statt, bei den Banken, der Post und der Bahn, und für den Bergbau wird mit dem Verlust von weiteren 80 000 Arbeitsplätzen gerechnet.

Die schöne neue Welt der Optimisten

Zukunftsforscher wie John Naisbitt oder auch Matthias Horx müssen Optimisten sein. Schlechte Nachrichten verkaufen sich nicht gut. Also werfen sie lieber einen Blick auf die Sonnenseite des Lebens, wo es zum Beispiel die »wandernden Wohlstandsberge« gibt. Alle privaten Haushalte erzielten, so die Bundesstatistiker, 2002 ein durchschnittliches Nettoeinkommen von 32 100 Euro. Verglichen mit 1991 (25 700) waren das 25 Prozent mehr Geld in der Haushaltskasse. Nach Abzug der Preissteigerungen für die Lebenshaltung aller Haushalte waren es jedoch real 1 Prozent weniger als 11 Jahre zuvor. Geht man indessen von Haushaltsmitgliedern aus (der Trend zu Single-Haushalten ist ungebrochen) hat sich das Durchschnittseinkommen real um 5 Prozent erhöht.

Interessante Details verrät die Auffächerung der Einkommen, allerdings noch aus dem Jahr 1998: Drei von zehn Haushalten mussten mit weniger als 1534 Euro im Monat auskommen. 30 Prozent hatten zwischen 1534 und 2556 Euro zur Verfügung und nur 8 Prozent aller Haushalte verfügten über ein Nettoeinkommen zwischen 5113 und 17 895 Euro im Monat. Da ist sie also wieder: die Kluft zwischen Arm und Reich!

Ein zweiter Punkt, der einem ebenfalls statistischen Sand in die Augen streut, hat mit dem Kapital zu tun oder – genauer gesagt – mit dem Einkommen aus Vermögen. Besonders im Blickpunkt steht dabei das zu vererbende Vermögen. 1987 wurden in Deutschland 52 Milliarden Euro vererbt, im Jahre 2002 waren es bereits 212 Milliarden Euro. Das Einkommen aus Vermögen wächst um den Faktor 10 gegenüber den Einkommen aus Arbeit.

Diese Statistik verschweigt allerdings etwas, was wir schon lange wissen: dass das Vermögen keineswegs so gleichmäßig in der Bevölkerung verteilt ist, wie es den Anschein haben könnte. Ganz harmlos spricht man von Mixed Income, wenn die Menschen ihren Lebensunterhalt sowohl aus Vermögen als auch aus Arbeit beziehen. Im Klartext heißt das: Wohlstand erzeugt Wohlstand. Aber leider ist es wohl so, dass die Klassengrenze, die Marx gezogen hat zwischen denen, die vom Vermögen leben, und denen, die von der Arbeit leben, heute von einem Drei-Klassen-System abgelöst wird.

Cheap Wealth ist nichts weiter als ein schönes Wort dafür, dass man heute in den hoch entwickelten Ländern mit wenig Geld einen im Vergleich zu früher hohen Lebensstandard hat. Das stimmt, im Vergleich zu Milliarden anderer Menschen haben wir in den entwickelten Ländern sogar einen sehr hohen Lebensstandard, aber das bedeutet noch lange keine Sicherheit und erst recht nicht die Gewissheit, dass es so bleibt.

Die alternativen Lebensstile beziehen sich darauf, dass besonders junge Leute aus verschiedenen Einkommensquellen leben können. Einmal verkaufen sie etwas auf dem Flohmarkt, dann bekommen sie etwas von den Eltern, dann übernehmen sie einen zeitlich begrenzten Job, vielleicht sogar mehrere parallel. Dass sie ihre soziale Sicherheit aus dem Studentendasein beziehen, dass sie bis zu dreißig Semester studieren, um Krankenversicherung und Sozialabgaben zu sparen, wird in Zukunft mit der kostenpflichtigen Überschreitung der Regelstudienzeit auch vorbei sein. Also, was heute ist, gilt noch lange nicht für morgen.

Die Verfechter der bargeldlosen Ökonomie befürworten eine neue Form von Tauschhandel: Dienstleistungen gegen Produkte oder Dienstleistungen gegen andere Dienstleistungen und natürlich auch Produkte gegen Produkte. Dann sind wir wieder genau da, wo wir im Mittelalter waren. Wenn jemand zufällig gerade keine psychologische Beratung von mir braucht, ich aber gerade wahnsinnig gern etwas zu essen hätte, steht es schlecht um die Befriedigung meiner Bedürfnisse. Also geht auch hier die Euphorie weit über das hinaus, was die Realität zu bieten hat.

Abschied von Illusionen

Arbeit ist die tragende Säule des Sozialstaats. Immer weniger Menschen werden immer mehr Arbeit haben. Die Notwendigkeit von Gewerkschaften.

Die bezahlte Arbeit wird weniger. Das ist kein vorübergehendes Phänomen, es ist auch keine Fehlentwicklung. Das ist eine Tatsache. Produktivität, Effizienz, Leistung – alles wächst. Insofern darf sich niemand wundern, wenn die bezahlte Arbeit weniger wird. Aber was ist zu tun? Sollen wir wie die Handweber die Maschinen stürmen, um die Arbeit zurückzubekommen? Können wir die Entwicklung zurückdrehen? Und wollen wir das überhaupt?

Weniger arbeiten heißt auch weniger verdienen. Das möchten nicht viele. Einfachere Arbeiten auszuführen bedeutet ebenfalls weniger zu verdienen. Das will auch keiner. Was dann? Unsere ganze Gesellschaft ist um die Arbeit herum aufgebaut, und die gesamte soziale Absicherung hängt an der Arbeit. Nur wer gearbeitet hat, bekommt Rente. Nur wer arbeitet, hat die Mittel, um ein selbstbestimmtes Leben zu führen.

Wer nicht arbeitet, ist ein Außenseiter der Gesellschaft. Die Arbeit bildet das Zentrum unseres Lebens. Nur schade, dass das in Zukunft nicht mehr funktioniert und wir radikal umdenken müssen. Wir werden vieles anders machen müssen. Aber zurzeit machen wir vor allem eines, wir machen uns riesige Illusionen – darüber, was ist, und noch mehr darüber, was kommen wird.

In diesem Zusammenhang ist es ganz wichtig, die Rolle der Gewerkschaften neu zu überdenken. Ganz sicher haben sie ihren Ursprung in der Industriegesellschaft, aber sie sind nicht allein auf die Vertretung der Interessen von Industriearbeitern festgelegt. Der Kampf der Gewerkschaften hat für alle Arbeitnehmer, auch für die, die nicht organisiert sind und die sich nicht von den Gewerkschaften vertreten fühlen, Vorteile gebracht. Der heutige Stand der Entwicklung von Lohn, Arbeitszeit, Lebensqualität und Demokratie geht mit all seinen Vorteilen allein auf das Konto der Gewerkschaften.

GEWERKSCHAFTSMITGLIEDER IN DER EU

Anteil der Gewerkschaftsmitglieder an den abhängig Beschäftigten im Jahr 2001

Dänemark	87,5 Prozent
Schweden	79,0 Prozent
Finnland	79,0 Prozent
Belgien	69,2 Prozent
Luxemburg	50,0 Prozent
Irland	44,5 Prozent
Österreich	39,8 Prozent
Italien	35,4 Prozent
Griechenland	34,1 Prozent
Portugal	30,0 Prozent
Deutschland	29,7 Prozent
Großbritannien	29,0 Prozent
Niederlande	27,1 Prozent
Spanien	15,0 Prozent
Frankreich	9,1 Prozent

Der EU-Durchschnitt lag also bei 30,4 Prozent (zum Vergleich: USA 13,5 Prozent, Japan 20,7 Prozent).

All jene Menschen, die heute von der Ich-AG sprechen und glauben, dass jeder für sich allein und auf sich selbst gestellt der beste Vertreter seiner Interessen ist, übersehen eindeutig die Kraft der Solidarität, aus der Größe und Macht entstehen. Große Unternehmen sind mächtiger als kleine. Weshalb sollte dann ein einzelner Arbeitnehmer mächtiger sein als eine große Gruppe Gleichgesinnter?

Die Gewerkschaften haben sich inzwischen für Selbstangestellte, Freiberufler und Arbeitslose geöffnet, damit machen sie deutlich, dass ein Prozess des Umdenkens stattfindet. Nicht mehr die ausschließliche Interessenvertretung für die Arbeitsplatzbesitzer wird in Zukunft im Zentrum stehen, sondern die Interessenvertretung für all jene, deren Lebensunterhalt von Arbeit abhängt. Und das wird auch in Zukunft, wenn die Arbeit weniger wird, die überwiegende Mehrheit der Bundesbürger sein.

Die Grundprinzipien der Gewerkschaften sind heute mehr denn je gefragt. Soziale Gerechtigkeit, menschliche Solidarität, freiheitliche Demokratie und internationale Zusammenarbeit bilden die Grundlage, damit wir die durch die Globalisierung ausgelösten Veränderungen mit einigermaßen heiler Haut überstehen können. Gerade jüngere Arbeitnehmer, die glauben, dass sie heute auf der Siegerseite sind und deshalb auf Solidarität verzichten können, sollten sich der Schnelligkeit des Wandels bewusst werden. Es reicht nicht, nur finanzielle Altersvorsorge zu betreiben, es ist auch notwendig, die gesellschaftlichen Rahmenbedingungen zu beeinflussen. Und hier haben gerade die Gewerkschaften mehr zu bieten, als viele glauben.

Sozialstaat als Tradition

Der Weg in den deutschen Sozialstaat begann damit, dass Reichskanzler Bismarck die Überzeugung gewann, dass die Unterdrückung sozialdemokratischer Aktivitäten nicht allein die Lösung der gesellschaftlichen Probleme sein könne, sondern dass gleichzeitig auch das Wohl der Arbeiter gefördert werden müsse. 1881 legte eine »Kaiserliche Botschaft« den Grundstein für die zukünftige Sozialgesetzgebung, deren erster Schritt 1883 die soziale Krankenversicherung war. 1884 folgte die gesetzliche Unfallversicherung und 1889 die Alters- und Invalidenversicherung. Mit diesen Regelungen entsprach Bismarck dem menschlichen Grundbedürfnis nach Sicherung der eigenen Existenz.

Bismarck hatte erkannt, dass der so genannte »Staatssozialismus« die Basisstrategie für erfolgreiche Politiker der Zukunft sein würde. Andere Länder folgten dem deutschen Beispiel erst nach Jahrzehnten, und die USA sind im Bereich der sozialen Sicherung noch heute nicht auf dem gleichen Niveau wie Deutschland zur Kaiserzeit.

1891 setzte Kaiser Wilhelm II. eine Gewerbeordnung durch, die die Grundlage für alle weiteren Arbeitsschutzmaßnahmen der Zukunft bildete. Sonntagsarbeit wurde grundsätzlich verboten, die Arbeitszeit für Kinder, Jugendliche und Frauen reguliert, und Maßnahmen zum Gesundheitsschutz wurden eingeführt. Zunächst befürchtete man, dass die Regelungen die Wettbewerbsfähigkeit der deutschen Wirtschaft einschränken würden. Doch das bestätigte sich nicht.

Mit der Einführung der Alters- und Invalidenversicherung für Angestellte im Jahre 1911 wurde für Jahrzehnte der Klassenunterschied zwischen Angestellten und Arbeitern in Deutschland zementiert. Angestellte konnten danach schon mit 65 Jahren in

Rente gehen, Arbeiter erst mit 70 Jahren. Die Witwen von Angestellten erhielten eine Hinterbliebenenrente. Für Arbeiter galt das nur, wenn die Frauen nicht selbst erwerbsfähig waren. Erst fünf Jahre später, während des Ersten Weltkriegs, wurde auch das Rentenalter für die Arbeiter gesenkt.

Die Arbeitslosenversicherung wurde 1927 in Deutschland eingeführt. Sie ersetzte die so genannte Erwerbslosenfürsorge. Rente bedeutete in der Kaiserzeit und auch einige Zeit danach keineswegs, dass man im Alter nicht mehr arbeiten musste, denn sie deckte ganz und gar nicht alles, was man zum Lebensunterhalt brauchte. Verbesserungen gab es erst in den Zwanzigerjahren.

Während der Weltwirtschaftskrise, die 1929 begann, war die Sozialversicherung nicht mehr in der Lage, den Belastungen standzuhalten. 1932 wurde die Arbeitslosenunterstützung für die sechs Millionen Arbeitslosen in Deutschland um ein Viertel gekürzt.

Zu den Errungenschaften der sozialen Marktwirtschaft zählen die 1957 eingeführte Rentenversicherung für Landwirte und das Bundessozialhilfegesetz von 1961, wonach jeder einen Rechtsanspruch auf Hilfe zur Sicherung des Existenzminimums hat. Im Jahr 1957 wurde auch die Dynamisierung der Renten eingeführt. Dies sollte den Rentnern ermöglichen, ihren Lebensstandard dem der Allgemeinheit anzupassen und ebenfalls vom zunehmenden Wohlstand zu profitieren.

Der nächste Schritt war die 1972 unter Bundeskanzler Willy Brandt verabschiedete Rentenreform. Sie brachte die flexible Altersgrenze. Außerdem wurde die Anpassung der Renten an die Einkommen verbessert, und in der Altersversicherung wurden auch Hausfrauen, Studenten und Behinderte berücksichtigt.

1994 wurde von der Regierung des Kanzlers Helmut Kohl zusätzlich zur Renten-, Kranken-, Unfall- und Arbeitslosenversicherung auch noch die Pflegeversicherung eingeführt. Man hoffte dadurch die staatliche Sozialhilfe zu entlasten und die Kosten der Krankenversicherung einzudämmen, die sich explosionsartig gesteigert hatten.

Besonders die Ausgaben des Gesundheitswesens stiegen schneller als die Durchschnittseinkommen, weshalb die verschiedenen Bundesregierungen immer wieder versuchten, durch Kostendämpfungsmaßnahmen gegenzusteuern. Der Wust von immer neuen Regelungen zeigte aber kaum Erfolg. Während von 1970 bis 1990 das Bruttosozialprodukt in Deutschland um das 2,6-fache stieg, verfünffachten sich die Ausgaben des Gesundheitswesens.

Die Idee des Generationenvertrages zwischen Jung und Alt (viele Junge »versorgen« wenige Alte mit Rente) ist nicht mehr zu halten. Die Alterspyramide hat sich in nur wenigen Jahren auf den Kopf gestellt. 20 Prozent der Deutschen sind älter als 60 Jahre. In 40 Jahren werden es 30 Prozent sein. Oder noch plastischer: 36,5 Millionen (2002) Erwerbstätigen stehen 41,8 Millionen so genannte Nichterwerbspersonen gegenüber. Kein Wunder, dass die Jahrzehnte hoch gepriesene staatliche Rente fast vor dem Aus steht.

Das Szenario kann aber auch ganz anders aussehen. Die qualifizierten Kräfte, die man in der neuen Wirtschaft nur noch braucht, werden bald so knapp sein, dass man einfach nicht auf sie verzichten kann, solange sie leistungsfähig sind. Deshalb müssen sie, ob sie wollen oder nicht, bis zum 75. Lebensjahr arbeiten. Vielleicht gibt es aber auch noch einen anderen Grund, die Lebensarbeitszeit deutlich zu verlängern: Womöglich können es sich viele Menschen finanziell einfach nicht mehr leisten, so wie heute mit Anfang sechzig in Rente zu gehen. In den USA ist es gang und gäbe, dass über Siebzigjährige an Banktresen oder sonst wo stehen, Kunden beraten und bedienen. Und keinen juckt's.

Angesichts der rückläufigen Geburtenzahlen sind keine nachfolgenden Generationen da, die mit ihren Sozialabgaben den Lebensunterhalt der Rentner sichern. Das müssen die Rentner in Zukunft selbst tun, und dafür reicht dann auch die Riester-Rente längst nicht mehr aus. Die Wahrscheinlichkeit ist des-

---

MARKTWIRTSCHAFT UND SOZIALE MARKTWIRTSCHAFT

Marktwirtschaft in Stichworten:
Liberale Weltanschauung, Wettbewerb für alle, freie Preisbildung, Freiheit und Eigentumsrechte für den Einzelnen.
Hauptmotor: Aussicht auf Gewinn für alle Beteiligten, Bedürfniserfüllung für den Verbraucher, Kapital für die Unternehmer, Steuereinnahmen und Aussichten auf Wiederwahl für die Regierenden.
Gesetze sollen den Wettbewerb sicherstellen, vor Monopolen, Kartellen und Dumpingpreisen schützen.
Zusätzliche Elemente der sozialen Marktwirtschaft: Einführung von Mindeststandards, Einführung von Zwangsversicherungen.
Sozialsystem, basierend auf Krankenversicherung, Unfallversicherung, Rentenversicherung, Pflegeversicherung, Arbeitslosenversicherung, Sozialhilfe.
Gewerkschaften und betriebliche Mitbestimmung, Verbände und Politikberater: Wirtschaftsverbände, Arbeitgeberverbände, Gewerkschaften, Sachverständigenrat, Wirtschaftsforschungsinstitute, Wissenschaftliche Beiräte.

halb groß, dass alle, die heute Mitte dreißig oder jünger sind, nicht früher in den Ruhestand gehen können, sondern erst später. Wir werden es erleben. Siehe Amerika!

Was wäre zu tun? Am besten: Die Idee der sozialen Marktwirtschaft mit neuen Inhalten füllen. Aus Arbeitern Kapitalisten machen und aus sozialen Versicherungen eine einzige soziale Absicherung, der nicht mehr der Hauch von Mildtätigkeit und Almosen anhaftet. Einer der Dreh- und Angelpunkte für eine breite Streuung des Produktionskapitals wäre dann die Börse.

An der Börse ist alles möglich ...

Nicht die tatsächlichen Ereignisse bestimmen die Kurse, sondern ihre Wahrnehmung. Es gibt eine Vielzahl unterschiedlicher Finanzprodukte. Man muss wissen, worauf es ankommt.

Als Mr. Market bezeichnet der amerikanische Professor Benjamin Graham in seinem Buch *Intelligent investieren* die Börse. Sie ist eine Person, mit der Sie gemeinsam ein Unternehmen besitzen. Doch Mr. Market hat eine ganz erhebliche Macke: Jeden Morgen kommt er zu Ihnen und schlägt Ihnen vor, dass er Ihren Geschäftsanteil an der Firma kauft oder seinen Anteil an Sie verkauft.

Obgleich Ihr gemeinsames Unternehmen gut läuft, macht Mr. Market Ihnen täglich ein neues Angebot, das sich von dem des Vortages oft ganz erheblich unterscheidet. Manchmal sieht er die Geschäftserfolge im rosigsten Licht und möchte Ihre Anteile am Unternehmen um jeden Preis kaufen, dann wieder erscheint ihm die Zukunft düster, und er will nur noch eines: seine Anteile verkaufen, ebenfalls um jeden Preis. Die Macke Ihres Partners Mr. Market hat mit seiner Krankheit zu tun, und diese Krankheit hat einen Namen: Er ist manisch-depressiv.

Sie stehen also jeden Tag vor der Wahl, ob sie auf die Vorschläge von Mr. Market eingehen wollen oder nicht. Da Mr. Market aber kein echter Mensch ist, brauchen Sie auf ihn auch keine Rücksicht zu nehmen. Kaufen Sie die Firmenanteile von ihm, oder verkaufen Sie ihm Ihre, je nachdem, ob Sie darin einen Vorteil für sich sehen. Bedenken Sie aber, dass Ihr Unternehmen im Prinzip solide funktioniert und dass nur Mr. Market seine üblichen Stimmungsschwankungen hat.

Die Geschichte von Mr. Market veranschaulicht eines ganz deutlich: Nicht tatsächliche Ereignisse und Fakten bestimmen die Kursentwicklung an der Börse, sondern die Art und Weise, wie sie von der Mehrzahl der Aktionäre wahrgenommen, interpretiert und in Entscheidungen umgesetzt werden. Börsenaltmeister André Kostolany hat seinen Lesern und Zuhörern immer wieder gebetsmühlenartig erklärt, dass 80 bis 90 Prozent des Börsengeschehens von Psychologie bestimmt werden.

Die Börsenkurse folgen eben keiner Logik, auch wenn es uns Analysten immer wieder weismachen wollen. Wer mit Statistiken umgehen kann, wird fast jeden Zusammenhang, ob zwischen der Börse und den Sternen oder zwischen der Börse und der Geburtenrate, beweisen können. Wären eindeutige Zusammenhänge vorhanden, so hätte man sie längst gefunden, und es gäbe keine Börse mehr, sondern nur noch feste Aktienpreise.

Wissenschaftler haben immerhin einen gewissen Zusammenhang mit der Massenpsychologie entdeckt. 60 Prozent der mittelfristigen Kursschwankungen sollen darauf zurückzuführen sein. Da massenpsychologische Phänomene jedoch so schwer zu erklären und noch schwerer vorherzusagen sind, gibt es dafür bis heute noch keine Formeln. Was jedoch vorhergesagt werden kann, ist in einem bestimmten Rahmen das Verhalten des einzelnen Kapitalanlegers. Fünf verschiedene Anleger-Typen kann man unterscheiden:

1. Der Stille Teilhaber möchte am verlockenden Börsengeschäft teilnehmen, allerdings aus sicherer Distanz. Er ist allenfalls bereit, ein kleines Risiko einzugehen, deshalb kauft er meist nur Fondsanteile und verlässt sich auf den Kundenberater seiner Bank und den Fondsmanager.
2. Der Klein-Absahner wagt sich etwas näher heran und trifft eigene Entscheidungen. In ihm tobt ein ständiger Kampf zwischen seiner Gewinngier und seinem Sicherheitsbedürfnis. Er kauft vor allem Standardaktien großer Unternehmen mit eingebauter Sicherheitsdividende.
3. Der Quartalsspekulant investiert meist kurzfristig, er kauft und verkauft schnell. Seine Entscheidungen trifft er hauptsächlich aus dem Bauch heraus. Er ist sich des Risikos bewusst, börsensüchtig zu werden, und handelt deshalb nur sporadisch.
4. Der Systemzocker geht bewusst ein hohes Risiko ein und kauft spekulative Aktien, Optionsscheine und Derivate. Er kennt sich ganz gut aus und hat schon einige Erfahrungen in der Bewältigung von Krisen gesammelt.
5. Der Schicksalshasardeur ist berauscht vom Börsengeschehen. Er ist ein Spieler, der sich kein Limit setzt. Wie im Spielcasino hat er manchmal Glück, aber er ist auch immer in Gefahr, alles zu verspielen, was er hat.

Was alles an der Börse gehandelt wird

Der Markt für Finanzprodukte ist in den vergangenen Jahren riesig gewachsen. Die meisten Menschen haben nur eine sehr unpräzise Vorstellung davon, was es an Produkten mittlerweile gibt. Aber viele lassen sich mit großartigen Gewinnversprechungen locken. Für jede Nische werde ein spezielles Angebot gewünscht, zur Risikoabdeckung oder zur Risikominimierung, sagen die Banken. Aber die das verlangen, sind natürlich vermögende Kunden, das ist nicht der klassische Kleinanleger.

Die Aktie: Der Klassiker
Aktien kennen die meisten Leser. Mindestens seit dem Börsenboom der Neunzigerjahre. Dazu brauche ich wohl nicht viel zu sagen. Lassen wir es bei den wichtigsten Neuerungen: So kann man heute jede Aktie einzeln kaufen. Ein Stück zu kaufen, das war früher nicht drin, da mussten es gleich fünfzig sein, und das ging für manchen ins Geld. Heute kann sich auch der Kleinanleger ein kleines Portfolio aus verschiedenen Werten zusammenstellen um das Risiko zu streuen.

Die zweite Neuerung ist die Einführung der nennwertlosen Aktie. Ihr Wert ist nicht mehr wie früher in einem festen Betrag ausgedrückt – 5 DM, 20 DM oder 50 DM –, sondern bezieht sich auf einen bestimmten Anteil am Grundkapital des Unternehmens. Die Höhe des Grundkapitals einer Aktiengesellschaft ist variabel und hängt davon ab, wie viel Kapital die Aktionäre eingezahlt haben. Ob Nennwertaktien oder nennwertlose Aktien, für den Aktionär ändert sich nichts, denn nach wie vor richtet sich die Zahlung der Dividende nach dem Anteil am Grundkapital, das die Aktie verbrieft, egal, ob dieses nun variabel ist oder fest. Der Aktionär behält die gleichen Rechte, die er vorher auch schon hatte.

Ein Aktionär ist Mitbesitzer eines Unternehmens und hat deshalb auch eine Anzahl von Rechten, von denen aber immer noch viel zu wenig Kleinaktionäre Gebrauch machen. Das wichtigste Recht ist das auf Teilnahme an der in der Regel jährlich stattfindenden Hauptversammlung der Aktiengesellschaft. Dort kann der Aktionär Fragen stellen und sich an den Abstimmungen beteiligen, er kann auch jemand anderen bevollmächtigen, das für ihn zu tun. Auf der Hauptversammlung wird beschlossen, ob eine Dividende gezahlt wird und in welcher Höhe, ob der Vorstand entlastet wird oder nicht und ob eventuell eine Kapitalerhöhung beziehungsweise eine Kapitalherabsetzung durchgeführt werden soll. Das Aktienrecht sichert dem Aktionär ferner das Recht auf eine Dividendenzahlung, sofern genügend Gewinn erzielt worden ist, ein Bezugsrecht bei Kapitalerhöhungen sowie ein Recht auf einen Anteil am Liquidationserlös, falls die Aktiengesellschaft aufgelöst wird.

Anders sieht es aus bei den Inhabern von Vorzugsaktien, die in der Regel kein Stimmrecht haben. Als Ausgleich erhält der Vorzugsaktionär meist eine höhere Dividende als der Inhaber von Stammaktien.

Indexzertifikate: Risiko verringern
Indexzertifikate sind »in«. Wie der Name schon sagt, beziehen sich diese Papiere auf einen Börsenindex, etwa den DAX oder den Nemax. Sie sind eine Art Schuldverschreibung einer Bank. Die Vorteile von Indexzertifikaten bestehen für den Anleger in erster Linie darin, dass durch die breite Streuung des jeweiligen Index mögliche Schwächen einzelner Aktien ausgeglichen wer-

den können und dass er die Wertentwicklung täglich an der Veränderung des Index ablesen kann.

Indexzertifikate können einzeln gekauft werden und kosten ab 50 Euro pro Stück. Mit monatlichen Sparraten kann auch ein Börsenneuling kontinuierlich in Indexzertifikate investieren. Er sollte sich aber genau die Gebühren seiner Bank anschauen, damit sie in einem vernünftigen Verhältnis zu seiner Anlage stehen. Die Zertifikate werden an der Börse gehandelt und lassen sich genau wie Aktien jederzeit verkaufen. Gegenüber Aktienfonds haben Indexzertifikate einen klaren Vorteil, sie sind wesentlich billiger, weil keine Ausgabeaufschläge und Kosten für das Fondsmanagement anfallen, sondern nur – wesentlich geringere – Spesen für Kauf und Verkauf. Die Banken verdienen relativ wenig an Indexzertifikaten und bieten sie deshalb nicht so gern den Kleinanlegern an.

Wie bei Aktien oder Fondsanteilen sind auch bei Indexzertifikaten die Kursgewinne steuerfrei, wenn die Spekulationsfrist von einem Jahr eingehalten wird. Bekanntlich wird diese Regelung gerade vom Bundesverfassungsgericht geprüft, nachdem der Bundesfinanzhof entschieden hat: Die Spekulationsbesteuerung ist verfassungswidrig, weil ungerecht. Während aber bei Aktien und Fonds die Erträge aus ausgeschütteten Dividenden versteuert werden müssen, sind bei Zertifikaten auch die ausgezahlten Dividenden steuerfrei.

Anleihen: Sicherer Hafen
Für Kreditinstitute, öffentliche Institutionen und Unternehmen sind Anleihen, auch Renten, festverzinsliche Wertpapiere, Bonds, Schuldverschreibungen oder Obligationen genannt, ein Instrument der langfristigen Kreditfinanzierung. Verzinsung und Laufzeit werden von vornherein festgelegt, wenn die Lauf-

zeit der Anleihe endet, nimmt der Schuldner sie zum Nennwert zurück. Der Nennwert gibt die Höhe der Geldforderung an und ist Grundlage der Verzinsung. Anleihen können zu pari, das heißt zum Nennwert, unter pari, das heißt unter dem Nennwert, oder über pari begeben werden.

Wer eine Anleihe kauft, wird nicht Anteilseigner, sondern er verleiht Geld. Er kann die Anleihe bis zum Ende der Laufzeit behalten oder über die Börse verkaufen, wo auch Anleihen gehandelt werden. Der Kurs einer Anleihe an der Börse ergibt sich aus Angebot und Nachfrage, er kann über dem Nennwert oder darunter liegen. Dadurch hat der Inhaber die Chance, neben der Verzinsung auch noch Kursgewinne zu erzielen. Entscheidend für die Geldanlage in einer Anleihe ist also nicht nur die vorher vereinbarte Verzinsung auf den Nennwert, sondern die so genannte effektive Verzinsung. Sie errechnet sich aus der Restlaufzeit, dem Kaufkurs und dem Rückzahlungskurs.

Anleihen unterscheiden sich hauptsächlich durch ihre Verzinsung. Bei Nullkupon-Anleihen gibt es keine Zinsen, dafür werden sie deutlich unter ihrem Nennwert ausgegeben und zum Fälligkeitstermin zum Nennwert zurückgenommen. Der Gewinn des Anlegers ergibt sich aus der Differenz zwischen Ausgabekurs und Nennwert und fällt erst am Ende der Laufzeit an, außerdem ist es ein Kursgewinn und kein Zinsgewinn. Bei Anleihen mit festem Zinskupon werden die vorher vereinbarten, konstanten Zinsen als Zinskupons der Anleihe beigelegt. Als dritte Anleiheart gibt es die so genannten Floater mit variablen Zinsen, wobei Ober- und Untergrenzen angegeben werden können oder die Anlehnung an andere Zinssätze.

Anleihen sind in der Regel eine relativ risikoarme Geldanlage, denn selbst wenn der Schuldner in Konkurs geht, kann der Inhaber der Anleihe sein Forderungsrecht auf Rückzahlung geltend machen. Doch Schuldner ist nicht gleich Schuldner. Bei Anleihen kommt es ganz entscheidend auf seine Bonität an, das ist eine Messlatte für die Zuverlässigkeit des Schuldners. Sie bezeichnet die Höhe der Wahrscheinlichkeit, dass er seine Schulden vereinbarungsgemäß zurückzahlt. Es gibt spezielle Wirtschaftsprüfungsgesellschaften oder Rating-Agenturen, die bekanntesten sind Moody's und Standard & Poors, die im Auftrag derjenigen, die am Anleihemarkt Anleihen auflegen wollen, deren Bonität prüfen.

Bei den Anleihen gilt die Faustregel: Je höher die Bonität, desto geringer die Rendite, je niedriger die Bonität, desto höher die versprochene Rendite. Denn niemand wird das Risiko eingehen, Anleihen von Schuldnern geringer Bonität zu kaufen, wenn sie nicht sozusagen als Entschädigung eine besonders gute Verzinsung versprechen. An der Spitze der hoch spekulativen Anleihen stehen die Junkbonds, die »Ramsch-«, »Schrott-« oder »Abfallanleihen«. Sie werden von Unternehmen ausgegeben, die bereits so hoch verschuldet sind, dass keine Bank ihnen mehr Kredit gewährt und ihnen auch die Emission von normalen Anleihen nicht mehr möglich ist. Wer Junkbonds kauft, geht das Risiko ein, sein Geld komplett zu verlieren. Er kann aber, wenn er Glück hat, eine hohe Rendite einstreichen.

Nicht so risikofreudige Anleger sollten nur Anleihen von Schuldnern mit guter Bonität kaufen, das sind natürlich vor allem die öffentliche Hand, Banken und solide Unternehmen. Anleihen bringen eine hohe Planungssicherheit. Man weiß im Voraus, wann man sein Geld zurückbekommt und welche Zinsen anfallen. Die Rendite ist in der Regel höher als die von Spareinlagen, Sparverträgen, Festgeld und Sparbriefen, aber kurzfristig in den meisten Fällen geringer als bei Aktien.

Optionsscheine: Geringer Einsatz, großer Gewinn?
Optionsscheine oder Warrants werden immer beliebter bei der Geldanlage. In Europa sind die Deutschen sogar führend. Sie eignen sich hervorragend zum Spekulieren, denn man kann mit relativ geringem Einsatz sehr hohe Gewinne erzielen, und die Verluste sind trotzdem auf den Wert des Scheins begrenzt. Optionsscheine sind rechtlich Wertpapiere, die an den Wertpapierbörsen gehandelt werden, sie dürfen nicht verwechselt werden mit Optionen (Trade-Options), die Finanzierungsinstrumente sind und an den Terminbörsen gehandelt werden.

Optionsscheine sind entweder Bestandteil einer Optionsanleihe, oder sie werden als eigenständige Emission platziert, als so genannte nackte Optionsscheine. Ein Optionsschein verbrieft das Recht, eine bestimmte Zahl von Aktien oder anderen Wertpapieren zu einem festen Preis innerhalb einer bestimmten Frist (amerikanische Version) oder zu einem bestimmten Zeitpunkt (europäische Version) zu kaufen. Man muss aber nicht von dem Recht Gebrauch machen. Wird das Recht bis zur Fälligkeit nicht ausgeübt, erlischt es. Der Optionsschein ist dann wertlos und der Einsatz ist futsch.

Optionsscheine sind etwas für spekulative Anleger, die glauben, Kursveränderungen voraussehen zu können. Der Reiz liegt in der so genannten Hebelwirkung. Die besagt, dass eine im Verhältnis zum Kaufpreis des Optionsscheins außerordentlich hohe Rendite möglich ist, wenn sich der Kurs stark in die mit dem Optionsschein vorgegebene Richtung entwickelt. Der Wert des Optionsscheins verändert sich nämlich nicht parallel zum Wert der Aktie, auf den er sich bezieht, sondern steigt progressiv, wenn die Wahrscheinlichkeit steigt, dass das Optionsrecht ausgeübt wird. Das ist dann der Fall, wenn die Differenz zwischen dem im Schein vereinbarten Preis und dem aktuellen

Aktienkurs größer wird. Allerdings sind die Einflussfaktoren und Mechanismen, die auf den Wert von Optionsscheinen einwirken, sehr komplex und kaum vorherzusagen.

Fonds: Kein Sparbuch
Warum kaufen so viele Deutsche Fonds? Weil sie immer öfter beides wollen, Sicherheit für das eingesetzte Kapital und dicke Renditen. Mit Fonds glauben sie diesen Spagat auf einfache Weise zu meistern. Kein Wunder, denn die Banken und Investmentgesellschaften werben bei den Kleinanlegern ganz aggressiv für diese Produkte. Nicht nur über Anzeigen, Werbebriefe sowie Fernseh- und Rundfunkwerbung, sondern auch durch die direkte Ansprache am Bankschalter (»Sie haben auf Ihrem Girokonto so viel Geld, wollen Sie das nicht lieber in unserem neuen Fonds anlegen?«) und natürlich auch über die Drückerkolonnen der so genannten Strukturvertriebe, die sich ganz vornehm Finanzberater nennen und selbst achtzigjährigen Opas Bausparverträge mit dreißig Jahren Laufzeit verkaufen.

In der Werbung stehen die Fonds immer ganz großartig da. Dabei geht es nicht darum, dem Anleger mehr Rendite und weniger Risiko zu bringen. Die Institute verdienen mit Fonds einfach mehr Geld als mit dem Verkauf von Aktien.

Folgende Argumente werden für den Kauf von Fondsanteilen immer wieder angeführt:

Erstens vermindert sich durch die Verteilung des Geldes auf viele unterschiedliche Anlagen angeblich das Gesamtrisiko. Zweitens biete ein Fonds die Möglichkeit, mit einem kleinen Einsatz von 50 Euro aufwärts gleichzeitig in mehrere verschiedene Anlagen zu investieren. Drittens hört der Kunde am Bankschalter, Fondsanteile seien ideal für Anleger, die keine Zeit oder Lust haben, ständig die Börse, die Konjunkturentwicklung und die Aktiengesellschaften zu beobachten. Das könnten sie beruhigt dem Fondsmanager und seinem Analysten-Team überlassen.

Dies alles stimmt – oder auch nicht. Der Teufel steckt wieder einmal im Detail. Fallen Sie nicht auf die großen Pauschalierer herein!

Nicht mehr breit gestreut ist das Risiko bei hoch spezialisierten Fonds – Medien, Internet, Biotechnologie oder auch Wellness. Gerade im Börsen-Boom Ende der Neunzigerjahre wurden Branchenfonds förmlich geflutet und die Anleger heiß drauf gemacht. Die Folgen sind bekannt. Auch da wurde viel Geld verbrannt. Denn wer hier Anteile kauft, verliert fast 100 Prozent, wenn die Götter abdanken. Paradebeispiele: der Absturz der Telekommunikation oder des Internets. Aber auch Fonds anderer Branchen haben wesentlich schlechter abgeschnitten als solche mit internationalen, europäischen oder deutschen Aktien aus unterschiedlichen Branchen. Lange Zeit waren wenigstens mit einer Branche noch Riesengewinne möglich, mit Pharma/Biotechnologie, aber auch die ist nun vom Abwärtssog betroffen. Es weiß eben niemand im Voraus, wann sich ein Trend umkehrt.

Dann sollte der Kleinanleger bedenken, dass er heute durchaus auch für 50 Euro Aktien kaufen kann, denn inzwischen haben die Börsen die Mindestorderhöhe abgeschafft und den Kauf einer einzigen Aktie ermöglicht.

Und schließlich ist es keineswegs so, dass man einen Fondsanteil unbesehen kaufen, sich beruhigt schlafen legen und dem Fondsmanager alle Entscheidungen überlassen kann. Denn einerseits muss man selbst wählen, ob man sein Geld zum Beispiel in Fonds mit deutschen oder internationalen Aktien anlegt oder in Branchenfonds und in welche Branche. Andererseits ist allein die Tatsache, dass die Fonds von Profis verwaltet werden, noch keine Garantie dafür, dass auch Gewinne erzielt werden. Profis irren sich sogar noch häufiger als Amateure. Börsenpsychologen haben das statistisch nachgewiesen.

Wer in die falschen Branchen oder bei den falschen Investmentgesellschaften investiert, ist sein Geld los, kaum dass er es überwiesen hat. Die Unterschiede in der Wertentwicklung zeigen deutlich, dass es ganz offensichtlich auch unterschiedliche Qualitäten des Fondsmanagements gibt. Das Erfolgsrezept der guten Fondsmanager bestand meist darin, dass sie rechtzeitig das Portfolio umgeschichtet haben, zum Beispiel Aktien aus den Branchen Technologie, Medien und Telekommunikation abgestoßen und dafür Aktien aus »konservativeren« Bereichen gekauft haben. Erfolgreich waren auch die Fonds, die schon früh aus Aktien des Neuen Marktes ausgestiegen sind.

Und was ist, wenn der jeweilige Fondsmanager die Trends nicht erkennt und nicht rechtzeitig umschichtet? Das ist dann Pech für den Anleger, denn er hat ja kein Weisungsrecht. Merken wird er es erst, wenn es eigentlich zu spät ist und der Wert seiner Fondsanteile sinkt. Also was tun? Immer die Augen offen halten.

Wissenswertes über Investmentfonds
In einen Investmentfonds fließt das Geld vieler Anleger, der Fonds legt es dann in Immobilien, Aktien, Anleihen oder sonstigen Formen an. Für die Zusammenstellung des Portfolios ist der Fondsmanager verantwortlich. Das Fondsvermögen, genannt Sondervermögen, das den Anlegern gehört, wird von einer Kapitalanlagegesellschaft verwaltet und bei einer Depotbank hinterlegt. Die Depotbank wickelt auch die Kauf- und Verkaufsauf-

träge ab und berechnet am Ende eines jeden Börsentages den Wert der Fondsanteile.

Es gibt geschlossene und offene Investmentfonds. Bei geschlossenen Fonds wird nur eine bestimmte Zahl von Anteilen ausgegeben bis zu einem vorher festgesetzten Volumen, dann wird der Fonds geschlossen. Der Fonds hat eine bestimmte Laufzeit, und während der Laufzeit muss die Investmentgesellschaft keine Anteile zurücknehmen.

Diese Grenzen bestehen bei offenen Investmentfonds nicht. Jederzeit können Anteile gekauft oder zurückgegeben werden. Steigt der Wert der in dem Fonds enthaltenen Papiere, steigt auch der Wert der einzelnen Anteilscheine, denn der Wert eines Anteilscheines errechnet sich durch Teilung des gesamten aktuellen Fondsvermögens durch die Anzahl der ausgegebenen Anteilscheine. Offene Investmentfonds sind: offene Immobilienfonds und offene Wertpapierfonds, die Aktien und/oder Rentenpapiere enthalten, außerdem Spezialfonds aus Optionsscheinen, Futures und so genannte Dachfonds, die ausschließlich in andere Investmentfonds investieren.

Man kann Fondsanteile bei einer Bank kaufen, direkt bei einer Kapitalanlagegesellschaft oder auch über Strukturvertriebe, unter denen es allerdings viele schwarze Schafe gibt. Fondsanteile werden in der Regel mit einem einmaligen Ausgabeaufschlag von 1 bis 7 Prozent ausgegeben. Diesen Betrag verwenden die Fondsgesellschaften für das Fondsmanagement, er erscheint normalerweise nicht in den Kontoauszügen, sondern wird fondsintern verrechnet. Als laufende Kosten kommen jährliche Verwaltungsgebühren für die Fondsgesellschaften und die Depotgebühren für die Bank hinzu.

Wie der Aktienbesitzer muss auch der Besitzer von Fondsanteilen die Dividenden, die er bekommt, versteuern. Verkauft er seine Anteile innerhalb der Spekulationsfrist von einem Jahr mit Gewinn, muss er darauf Steuern zahlen, nach Ablauf der Spekulationsfrist nicht mehr.

Nur etwas für risikofreudige Anleger, die außerdem mindestens 100 000 Dollar übrig haben, sind Hedge-Funds. Hedge-Funds waren ursprünglich dazu gedacht, ein Fondsvermögen abzusichern, heute haben sie nur das Ziel, möglichst schnell das Vermögen zu vermehren, und das mit hohem Risiko. Es wird ständig gekauft und verkauft. Den Anlageformen sind keine Grenzen gesetzt, Optionen, Futures und Währungen, alles ist möglich. Im Gegensatz zu »normalen« Investmentfonds unterliegen die so genannten Hedge-Funds keiner staatlichen Kontrolle.

Derivate: Was für Farmer und für Zocker
Derivate sind Finanzinstrumente, die von einem so genannten Basiswert abgeleitet sind. Die Basiswerte können Finanzprodukte sein wie Aktien, Anleihen, Devisen oder Gold, Aktienindizes, aber auch Waren wie Rohstoffe, Getreide oder Schweinebäuche. Ursprünglich dienten Derivate nur zur Kursabsicherung der entsprechenden Basiswerte, heute sind sie ein beliebtes Spielzeug für Zocker, da ihre Kurse wesentlich stärker schwanken als die der Basispapiere. Wie die Optionsscheine besitzen sie einen Hebeleffekt. Mit Derivaten kann man sowohl auf steigende als auch auf fallende Kurse spekulieren.

Im Gegensatz zu den Optionsscheinen handelt es sich bei Derivaten rechtlich nicht um Wertpapiere, sondern um Finanzierungsinstrumente. Derivate sind immer ein Vertrag zwischen zwei Parteien, dem Verkäufer und dem Käufer. Die Börse dient nur als Clearing-Stelle, die für den reibungslosen und sicheren Ablauf des Geschäfts sorgt. Die wichtigsten Derivate sind Optionen und Futures. Der Hauptunterschied zwischen Futures und

Optionen ist, dass bei Futures der Käufer die Verpflichtung eingeht, etwas zu einem bestimmten Zeitpunkt zu erwerben. Bei den Optionen hat er das Recht, etwas zu erwerben beziehungsweise zu verkaufen, er muss dieses Recht aber nicht ausüben.

Zu den Futures gehören Warenterminkontrakte (= Commodity Futures) und Financial Futures. Optionen (Trades Options) und Financial Futures werden an Terminbörsen gehandelt, Warenterminkontrakte an speziellen Warenterminbörsen. Futures haben ihre Ursprünge in Warentermingeschäften, Farmer haben sich damit gegen Preisschwankungen ihrer Produkte abgesichert. Mit einem Future-Kontrakt konnten sie so zum Beispiel schon die Getreideernte des nächsten Jahres zu einem festen Preis verkaufen.

Eine Option verbrieft das Recht, einen Basiswert, zum Beispiel Aktien oder Währungen, zu einem bestimmten Zeitpunkt (europäische Version) oder innerhalb eines bestimmten Zeitraums (amerikanische Version) und für einen bestimmten Betrag zu kaufen oder zu verkaufen. Der Preis, den man für dieses Recht zahlen muss, ist die so genannte Optionsprämie. Wenn der Anleger innerhalb des vereinbarten Zeitraums beziehungsweise zum vereinbarten Zeit nicht von seinem Optionsrecht Gebrauch macht, verfällt das Recht und der Schein ist wertlos.

Für den Handel mit Derivaten fordert die Börse hohe Sicherheiten, so genannte Margins. Der Anleger muss seine Position »decken«, das heißt entweder Wertpapiere oder Bargeld hinterlegen. Die Hausbanken schlagen in der Regel auf die von der Börse geforderten Mindestsicherheiten noch einmal 50 Prozent auf, dazu kommen Gebühren. Wer mit Derivaten spekulieren will, sollte schon einen sechsstelligen Euro-Betrag als Spielgeld zur Verfügung haben.

BEGRIFFE, DIE MAN KENNEN MUSS

Erwerbstätiger:
Erwerbstätige sind alle Personen, die in einem Arbeitsverhältnis stehen, sowie Selbstständige und Freiberufler.

So kommt man zur Zahl der Erwerbstätigen (Beispiel aus dem Jahr 2002):

Bevölkerungszahl	82,5	Millionen
Minus Nichterwerbspersonen	41,9	Millionen
Ergibt Erwerbspersonen	40,6	Millionen
Minus Erwerbslose	4,1	Millionen
Ergibt Erwerbstätige im Inland	36,5	Millionen
Minus Selbstständige und mithelfende Familienangehörige	4,1	Millionen
Ergibt Arbeitnehmer im Inland	32,4	Millionen

Arbeitnehmer:
Arbeitnehmer ist jeder, der sich verpflichtet hat, gegen Entgelt (Lohn, Gehalt) einem anderen, dem so genannten Arbeitgeber, Dienste zu leisten. Beamte, Selbstständige und mithelfende Familienangehörige zählen nicht dazu.

Selbstständiger:
Sammelbegriff für alle, die in eigener Verantwortung und auf eigene Rechnung arbeiten. Man unterscheidet das Handwerk, die freien Berufe und Gewerbetreibende.

Selbstangestellter:
Gewerbetreibende, die nur als Ein-Personen-Unternehmen agieren und nicht beabsichtigen, Mitarbeiter einzustellen.

Freiberufler:
Freiberufler sind Selbstständige, die kein Gewerbe betreiben. Dazu gehören u. a. Ärzte, Apotheker, Wirtschaftsprüfer, Rechtsanwälte, freie Schriftsteller, Designer und Journalisten.

Arbeitsverhältnis:
Das zwischen Arbeitgeber und Arbeitnehmer bestehende Rechtsverhältnis, das entweder durch einen Arbeitsvertrag oder die tatsächliche Arbeitsaufnahme begründet wurde. Von einem **befristeten Arbeitsverhältnis** spricht man, wenn von vornherein eine bestimmte Dauer festgelegt ist.

Arbeitszeit:
Durch Tarifvertrag oder Betriebsvereinbarungen festgesetzte Zeit vom Beginn bis zum Ende der Arbeit. Im Gegensatz zur tariflich fixierten Arbeitszeit bezieht die **geleistete Arbeitszeit** auch Überstunden mit ein und die **bezahlte Arbeitszeit** auch Urlaubs- und Krankheitszeiten.

Jobhopper:
Jemand, der häufig seinen Arbeitsplatz und/oder den Arbeitgeber wechselt.

Zeitlohn:
Zeitlohn wird nach der aufgewendeten Arbeitszeit gezahlt. Der **Leistungs-, Stück- oder Akkordlohn** richtet sich dagegen nach der Anzahl der geschaffenen Mengeneinheiten. Als Basis des Akkordlohns dienen bestimmte Zeitvorgaben.

5
Innovationen:
Salz in der Suppe

Produktion, Mobilität und Kommunikation bilden den Kern der nachgefragten Güter und Leistungen. Rohstoffe, Energie und Wissen sind die Grundlage.

Weder politische Entscheidungen noch der Besitz von Kapital haben die Marktwirtschaft so vorangetrieben und verändert wie die Erfindung neuer Technologien, neuer Produkte und neuer Produktionsverfahren. Der technische Fortschritt ist der Hauptmotor des Wirtschaftswachstums, das hat der Wirtschaftsnobelpreisträger Robert Solow nachgewiesen.

Durch den technischen Fortschritt entstehen zwei Drittel des Pro-Kopf-Wachstums. Nur so konnte Japan seit den Fünfzigerjahren seinen Lebensstandard um das Achtfache steigern. Und auch für andere Regionen lässt sich der Nachweis führen, dass es vorrangig nicht politische und gesellschaftliche Veränderungen waren, die den Wandel vorantrieben, sondern technische.

In China wuchs das Pro-Kopf-Einkommen zur gleichen Zeit wie in Japan durch die Industrialisierung um das Siebenfache. Noch bis nach dem Zweiten Weltkrieg hatte Chinas Bruttosozialprodukt unverändert auf dem Niveau des Jahres 1700 verharrt. Seit 1970 konnte Indien durch den technologischen Sprung ins Computerzeitalter den Lebensstandard fast auf das

Dreifache steigern. Im Verhältnis dazu haben Europa und die USA seit 1900 ihr Pro-Kopf-Einkommen »nur« auf das Fünffache erhöht. Das beweist, dass wirtschaftliches Wachstum nicht vom Durchlaufen bestimmter Entwicklungsphasen abhängig ist, sondern dass man auch sozusagen auf den »fahrenden Zug« aufspringen kann.

Im Prinzip könnten die Menschen direkt von der Steinzeit in die moderne Wissensgesellschaft umsteigen und alles, was dazwischen liegt, einfach übergehen. Die einzig notwendigen Voraussetzungen, Intelligenz und Lernfähigkeit, sind gegeben. Vielleicht erscheinen Bilder, die nackte Papua-Krieger mit Handy zeigen, schon bald nicht mehr als ungewöhnlich und pittoresk.

Von Aufschwung und Rezession: Die Konjunktur

Wächst die Wirtschaft? Wenn ja, um wie viel? Reicht das, um Arbeitsplätze zu sichern, vielleicht um neue zu schaffen? Wird investiert? Besorgt beobachten wir den Lauf der Wirtschaft, gnadenlos sind wir ihren Zyklen ausgesetzt – der Konjunktur.

Der russische Wirtschaftswissenschaftler Nikolaj D. Kondratjew (1892–1938) beschrieb erstmals 1926 den Verlauf der Weltkonjunktur als ein Auf und Ab von langen Wellen, den nach ihm benannten Kondratjew-Zyklen. Jeder Zyklus beginnt mit einer Phase der Prosperität, gefolgt von Rezession, Depression und Erholung. Insgesamt erstreckt sich jede Wellenbewegung über einen Zeitraum von fünfzig bis sechzig Jahren. Ausgelöst wird sie durch technische Innovationen, die die Wirtschaft so richtig in Schwung bringen.

Dann kommt eine Zeit lang nichts aufregend Neues hinzu. Das Entwicklungstempo lässt nach, das Wachstum verlangsamt sich. Aus der Rezession wird Depression. Irgendwann rappeln sich immer mehr Innovative auf, werfen das Alte über Bord und versuchen mit neuen Produkten, neuen Dienstleistungen und neuen Produktionsmethoden etwas anderes und Besseres zu machen. Die Phase der Erholung setzt ein. Ein neuer Kondratjew-Zyklus beginnt.

Die erste Welle (1787–1842) wurde ausgelöst durch die Dampfmaschine und die industrielle Verarbeitung von Baumwolle in Spinnereien und Webereien. Kattun, der Baumwollstoff, wurde vom sündhaft teuren Luxusgut zum Kleiderstoff für jedermann.

Die Produktion von Stahl, Eisenbahnen und Dampfschiffen setzte den zweiten Zyklus (1843–1894) in Gang. Die Welt wurde mobiler, die Fabrikhallen wurden größer, und 1880 entstand das erste Hochhaus in Chicago. Die dritte Welle ab 1895 hatte ihren Ursprung in der Chemie und der Elektrotechnik. Wann diese Welle zu Ende ging und von der nächsten, die auf Erdöl und der Automobilindustrie aufbaute, abgelöst wurde, ist nicht genau zu sagen. Der Zweite Weltkrieg brachte die Zyklen durcheinander. Ob wir heute in einer Phase der Rezession stecken oder schon wieder in der Erholung, darüber streiten die Gelehrten. In zwanzig Jahren werden wir es genauer wissen. Auf jeden Fall bleiben wir in Bewegung. Und wie sagte schon Aristoteles: Das Leben besteht in der Bewegung.

Schneller, größer, besser – neue Produkte und Prozesse

Wenn der technische Fortschritt der Hauptmotor für Wirtschaftswachstum ist, müssen wir uns doch einmal fragen, was genau dahinter steckt. Erfindungen waren sicher noch nie Selbstzweck. Manche Erfindungen wurden zwar eher zufällig gemacht, zum Beispiel als dem Mönch Berthold Schwarz seine neue Mischung um die Ohren flog, anstatt zu Gold zu werden – womit er das Schwarzpulver entdeckt hatte. Aber in der Regel steckt doch hinter jeder Form von Forschung ein bestimmtes Ziel.

Das zielgerichtete Forschen verstärkte sich seit der Industrialisierung. Trotzdem ahnten viele Erfinder bestimmter Produkte nicht, was später aus ihren Erfindungen wurde. Oft sind gar nicht die Produkte ausschlaggebend, sondern die veränderten Produktionsprozesse. Es kommt drauf an, was man draus macht.

Henry Ford baute seine erste Fabrik in Highland Park, einem Vorort von Detroit. Im Jahre 1913 eröffnete er dort seine erste Fließbandfabrik. Henry Ford war der Sohn eines Farmers aus Dearborn in Michigan. Er hatte nur acht Jahre lang die kleine Schule seines Heimatortes besucht und keine weitere Ausbildung genossen. Als er 1903 seine erste Firma gründete, wurden Autos noch in Handwerksbetrieben zusammengebaut. Jedes Auto war ein Einzelstück, das auf Bestellung und nach den Wünschen des Auftraggebers gestaltet wurde.

Fords glorreiche Idee bestand nicht darin, das Produkt zu verbessern, sondern den Produktionsprozess, um die Kosten zu senken. 1908 war das Modell Ford T entwickelt. Innerhalb von 19 Jahren baute er über 15 Millionen Stück von den so genannten »Tin Lizzies«. Während handwerklich gefertigte Automobile immer wieder in ihren Einzelteilen große Toleranzen aufwiesen, die von Hand angepasst werden mussten, griffen bei den Fließbandwagen die Prinzipien der Standardisierung und der Spezialisierung, so dass die Einzelteile untereinander identisch waren und alles exakt zusammenpasste.

Bis 1908 musste jeder Ford-Arbeiter eine ganze Reihe verschiedener Fertigungsschritte beherrschen und höchst unterschiedliche Arbeiten ausführen. Es dauerte insgesamt 514 Minuten, bis ein Arbeitszyklus abgeschlossen war und der nächste beginnen konnte. An dem zwei Kilometer langen Fließband von Highland Park erforderte der durchschnittliche Handgriff, den jeder Monteur auszuführen hatte, nur 79 Sekunden. Das war im Jahre 1915, nachdem die Rationalisierungsingenieure auch noch die letzte überflüssige Kleinigkeit im Arbeitsprozess ausgemerzt hatten. Der einzelne Arbeiter musste nicht mehr denken, sondern nur noch seine Hände bewegen. Er brauchte keine Kenntnisse von Werkstoffen und Werkzeugen, sondern musste nur genau das tun, was man ihm innerhalb von wenigen Minuten beigebracht hatte.

1923 wurden pro Jahr zwei Millionen Autos gebaut. Statt 728 Minuten schaffte Ford es, seine Autos in nur noch 93 Minuten zusammenbauen zu lassen. Der Preis pro Stück sank von ursprünglich 850 Dollar auf 260 Dollar. Im Jahre 1927 eröffnete Ford den größten Industriekomplex der damaligen Zeit, River-Rouge in der Nähe von Detroit. Die Zahl der dort beschäftigten Arbeiter lag bei über 100 000. Aber noch im gleichen Jahr musste Ford seine Fabrik für sechs Monate schließen. Der Absatz des Ford T Modells wurde immer schleppender, niemand wollte mehr ein Auto kaufen, das sowohl technisch als auch vom Design her inzwischen vollkommen veraltet war. Ford musste ein neues Modell entwickeln und seine Produktionsanlagen für rund 200 Millionen Dollar umbauen, um wieder konkurrenzfähig zu sein.

Zu jener Zeit verfolgten alle Industriesparten, auch die Automobilindustrie, eine Wertschöpfungsstrategie, die vorsah, dass man möglichst alles, von der Rohstoffgewinnung bis zum fertigen Produkt, in eigener Regie erledigte. Ford besaß alles: von der Kautschukplantage für das Gummi der Reifen bis hin zu den Erzminen, um Stahl und Eisen zu gewinnen.

Wer in einer Marktwirtschaft in der Lage ist, mit einem neuen Produkt neue Wünsche zu wecken oder bestehende Wünsche zu befriedigen, wer die Nachfrage bedient, wer Mängel behebt und Engpässe beseitigt, der wird die größten Gewinne einfahren können. Eine Binsenweisheit.

Zu Beginn der Industrialisierung war die Produktionstechnik am meisten nachgefragt. Aber schon ganz schnell entstand ein völlig neuer Bedarf im Bereich von Transport- und Verkehrswesen. Mobilität zunächst für Güter und dann auch für Menschen wurde gefordert. Als Letztes folgte die Nachfrage nach neuen Kommunikationsmöglichkeiten. Bei diesen drei grundsätzlichen Feldern – Produktion, Mobilität und Kommunikation – ist es bis heute geblieben, auch wenn sich die dafür angebotenen technischen Lösungen stark verändert und zum Teil extrem weiterentwickelt haben.

Die Industrialisierung begann mit Spinnmaschinen und Webstühlen, weil sich mit Tuchen bei den Endverbrauchern gutes Geld verdienen ließ. Es folgte die Eisenbahn, weil der Transport von Gütern Geld von den Produzenten brachte. Nun kamen die zum Zuge, die Eisenbahnen bauten. Der technische Fortschritt entwickelte eine Eigendynamik und schaukelte sich immer weiter auf. Verhältnismäßig spät entstand die Nachfrage nach neuen Kommunikationsmitteln. Selbst Kaiser Wilhelm konnte sich nicht vorstellen, wozu ein Telefon gut sein sollte. Telefon und Radio erlebten ihren großen Boom erst im 20. Jahrhundert, obgleich die Basistechnologien schon viel früher erfunden worden waren. Das war die eine Seite.

Die andere Seite des technischen Fortschritts sah so aus, dass die richtigen Werkstoffe in ausreichender Menge zur Verfügung standen, dass man Energieträger hatte, die man brauchte, um produktiv und mobil zu sein – Kommunikation kommt ja mit sehr viel weniger Energie aus –, und dass man immer auch das Wissen parat hatte, um aus Rohstoffen und Energie in den richtigen Produktionsverfahren wirkungsvolle und brauchbare Produkte zu machen.

Die Arbeitskraft von Menschen und von Tieren hatte als Energielieferant in der industriellen Produktion von vornherein keine Chance mehr. Wasserkraft war nicht überall verfügbar, wo man sie hätte brauchen können, obgleich die Mühlen noch bis ins 20. Jahrhundert hinein genutzt wurden. Der wichtigste Energieträger war zunächst Kohle, die über die Dampfmaschine in Bewegungsenergie umgesetzt wurde. Später folgten Erdöl, Erdgas und Atomenergie.

Dabei ist es im Prinzip bis heute geblieben. Mit der Gewinnung von Windenergie verschandelt man zwar die Landschaften, aber den Energiebedarf kann man nur zu einem kleinen Teil decken. Die Technik zur Nutzung der Solarenergie ist schon aus den Kinderschuhen heraus, aber noch nicht im optimalen Bereich angekommen. Die größten Veränderungen gab es sicherlich bei den Werkstoffen durch die Erfindungen der chemischen Industrie.

Betrachten wir die Gegenwart, so hat sich im Prinzip an der Grundrichtung nichts geändert. Immer bessere und effizientere

Maschinen zur Produktion bilden die Basis. Das reicht von klassischen mechanischen Maschinen bis hin zu Computern für die Informationsverarbeitung. Der Wunsch nach Mobilität ist die Grundlage der Automobilindustrie. Der Wunsch nach Kommunikation und Information hat den Boom der Elektrotechnik und Elektronik gefördert.

Der Computerchip ist optisch höchst unscheinbar. Und doch gehen auf seine Kosten unzählige Arbeitsplätze, die keine Muskelkraft, sondern den Einsatz des Gehirns erforderten. Überall, wo gerechnet, gemessen, gesteuert und geregelt werden musste, haben Computerchips den Menschen ersetzt. Und auch in immer mehr Alltagsgegenständen denkt er für seinen Herren mit.

Dass das Internet erst im Jahre 1991 für die Allgemeinheit geöffnet wurde, mag man heute kaum noch glauben. So gewaltig sind die Veränderungen, die durch dieses globale Informations- und Kommunikationsnetz ausgelöst wurden.

Vielleicht klingt es erstaunlich, aber es ist heute nicht mehr klar, wer eigentlich der Erfinder des Computers war. In Deutschland wird Konrad Zuse genannt, der im Jahre 1941 seinen Rechner Z 3 vorstellte. In Amerika gilt erst der vollelektronische Rechner ENIAC von 1946 als der Beginn des Computerzeitalters. Er wurde 1945 an der Universität von Pennsylvania in Betrieb genommen. Dank 17 000 Elektronenröhren konnte diese Maschine 2000-mal schneller rechnen als alle Vorläufer. Allerdings lag der Energiebedarf bei 150 000 Watt. Der Rechner wurde so warm, dass er sich nach jeweils vier Stunden Betriebsdauer erst einmal wieder abkühlen musste. Gebrauchen konnte solche Anlagen damals kaum jemand. IBM schätzte seinerzeit den weltweiten Bedarf an Computern auf fünf Geräte.

Erst mit der Erfindung des Transistors in den Bell Laboratories wurde der Computer zu einem Gerät mit einem größeren

ERFINDUNGEN UND EREIGNISSE VON BESONDERER WIRTSCHAFTLICHER BEDEUTUNG

1765: Die Erfindung der Dampfmaschine von James Watt wird als Grundstein der industriellen Revolution angesehen.

1767: J. Hargraves baut die Jenny-Spinnmaschine.

1784: Das Puddel-Verfahren, das Eisen schmiedbar macht, wird entwickelt.

1785: Mit der Erfindung des mechanischen Webstuhls von Edmund Cartwright beginnt die industrielle Massenproduktion.

1825: George Stephenson baut die erste Eisenbahn.

1828: F. Wöhler stellt Aluminium her.

1833: C. F. Gauß und W. E. Weber bauen den ersten elektrischen Telegrafen.

1839: Charles Nelson Goodyear erfindet die Vulkanisation von Kautschuk.

1843: Die »Great Britain«, der erste Eisendampfer mit Schiffsschraube, überquert den Atlantik.

1856: Das Bessemer-Verfahren zur kostengünstigen Stahlherstellung wird entwickelt.

1856: Teerfarben kommen auf den Markt.

1861: Johann Philip Reis erfindet den Fernsprecher.

1862: Nikolaus Otto erfindet den Benzinmotor.

1863: Ernest Solvay entwickelt das Ammoniak-Soda-Verfahren.

1866: Das erste funktionsfähige Transatlantik-Telegrafenkabel wird verlegt.

1867: Werner von Siemens baut die Dynamomaschine.
1869: Die transkontinentale Eisenbahnstrecke durch die USA wird eröffnet.
1875: Carl von Linde baut eine Ammoniak-Kältemaschine.
1876: Alexander Graham Bell baut das erste Telefon.
1880: Thomas Alva Edison erfindet die Kohlenfadenlampe.
1882: Edison baut das erste Elektrokraftwerk.
1886: Carl Benz baut den ersten benzinbetriebenen Kraftwagen.
1886: Der deutschstämmige amerikanische Ingenieur Hermann Hollerith entwickelt eine elektromechanische Lochkartenmaschine.
1896: Rudolf Diesel entwickelt den Dieselmotor.
1900: Ferdinand Graf von Zeppelin baut ein lenkbares Luftschiff.
1904: J. A. Fleming erfindet die Diode (Gleichrichterröhre).
1907: Leo Hendrik Baekeland erfindet das Bakelit.
1908: Henry Ford bringt den Ford T auf den Markt.
1915: Hugo Junkers baut das erste Ganzmetallflugzeug.
1919: Das erste Kraftfahrzeug aus Massenproduktion in Europa wird eingeführt, der Citroën Typ A.
1928: Synthetische Waschmittel kommen auf den Markt.
1935: Wallace H. Carothers erfindet das Nylon.
1939: Der Linienverkehr mit Flugzeugen über den Nordatlantik wird aufgenommen.

1941: Der deutsche Ingenieur Konrad Zuse baut die erste programmgesteuerte Rechenanlage.

1944: Der Mathematiker Howard Aiken entwickelt den ersten programmgesteuerten Rechenautomaten der USA, den MARK 1.

1945: ENIAC, der erste vollelektronische Großrechner der Welt, wird in den USA hergestellt.

1948: J. Bardeen, W. H. Brattain und W. Shockley bauen den ersten Transistor.

1955: TRADIC, der erste mit Transistoren bestückte Computer, wird in den Bell Laboratories in den USA hergestellt.

1958: J. S. Kilby baut den ersten Halbleiterchip.

1958: Einführung des A-Mobilnetzes in Deutschland, man kann mit Vermittlung telefonieren.

1962: Computer der dritten Generation arbeiten mit winzigen Transistoren.

1964: Energie kann durch Atomkernspaltung gewonnen werden.

1967: Anita Mark 8, der erste PC, wird gebaut.

1970: In den USA wird der Taschenrechner entwickelt.

1971: M. E. Hoff von Texas Instruments baut den ersten Mikroprozessor für Computer.

1974: Das B-Mobilfunknetz wird in Deutschland eingeführt, man kann ohne Vermittlung telefonieren.

1980er: Die Speicherkapazitäten von Mikrochips wachsen schnell. 1985 werden Chips mit 1 MB Speicherkapazität gebaut.

> **1985:** Das C-Netz ermöglicht in Deutschland ein verbessertes mobiles Telefonieren.
>
> **1985:** In Japan wird ein Auto-Bordcomputer entwickelt, der automatisch Fehler und Wartungsbedarf meldet.
>
> **1988:** Mikroskopisch kleine Maschinenteile werden aus Silizium hergestellt.
>
> **1989:** Laptops kommen auf den deutschen Markt.
>
> **1989:** In Deutschland sind mehr als eine Million Büroarbeitsplätze mit PCs ausgestattet.
>
> **1992:** Motorola bringt das erste Handy auf den Markt.
>
> **1997:** Die DVD (Digital Versatile Disc) kommt auf den Markt.

Einsatzspektrum. Der Siliziumchip mit den ersten integrierten Schaltkreisen entstand 1965. Sechs Jahre später, 1971, gelang es der Firma Intel, die komplette Rechnerschaltung auf einem Chip unterzubringen, dem so genannten Mikroprozessor. Man hatte sich jedoch bereits an die Großrechner gewöhnt und sah keinen Nutzen in solchen kleinen Dingern. Verwendet wurden sie zunächst nur in Fernsehgeräten und in Videorekordern für die Programmierung.

Der meist verkaufte Heimcomputer aller Zeiten kam im Jahre 1982 heraus, es war der C64 von Commodore. Ein Jahr später stellte IBM seinen XT vor. Als Erster hatte er eine interne Festplatte und benutzte das Betriebssystem DOS von Microsoft, das heute praktisch Standard ist. Im April 2002 wurde der milliardste PC weltweit ausgeliefert. Und wenn es nach den Marktforschern von Gartner Dataquest geht, steht die nächste Milliarde bereits 2007/2008 an. Wie viele andere Geräte chipgesteuert sind, kann niemand mehr schätzen.

Die »Treiber«: Autos, Maschinen, Chips

Die Autoindustrie war schon immer Seismograph für das Wohl und Wehe der Weltkonjunktur. Wenn sie hustet, kriegen andere Branchen sofort Schnupfen. Die internationale Autoproduktion erreichte 2002 mit knapp 58 Millionen hergestellten Fahrzeugen einen neuen Höchststand. Die USA, das Autoland Nummer eins, liegt natürlich an der Spitze mit 12,3 Millionen vor Japan mit 10,3 Millionen. Deutschland folgt mit exakt 5 469 309 produzierten Autos, so der Branchenverband VdA. Mit eingerechnet Kfz-Teile sowie Zubehörindustrie erwirtschaftete die Schlüsselbranche (jeder 7. Arbeitsplatz hat etwas mit Auto zu tun) 2002 einen Umsatz von 202 Milliarden Euro. Über die Hälfte (122,4 Milliarden) steuerten Käufer im Ausland bei. Damit wurde zwar das Vorjahresergebnis erreicht, aber nicht mehr das Rekordjahr 2000 mit damals rund 215 Milliarden (+ 8 Prozent). Auch die Zahl der Beschäftigten war nach dem Spitzenstand von 2001 (770 293) mit 764 161 in 2002 rückläufig. Die Branche bleibt damit zwar »Treiber« und Motor der Konjunktur, musste sich aber der allgemeinen Flaute beugen. Dennoch: Satte 20 Prozent der erwirtschafteten Gesamtleistung aus Waren und Dienstleistungen (Bruttoinlandsprodukt, BIP) entfallen immer noch auf die vier Räder, – von Entwicklung bis Vertrieb. Damit bleibt die Branche umsatzstärkster Industriezweig, aber nur drittgrößter Arbeitgeber nach Maschinenbau und Elektrotechnik/Elektronik.

Der Maschinen- und Anlagenbau setzte 2002 rund 130,8 Milliarden Euro um mit (noch) 891 000 Beschäftigten. Er bleibt im Welthandel mit Maschinen Spitze (rund 20 Prozent) vor den USA (17,5 Prozent) und den immer stärker werdenden Mitbewerbern Japan (13,4 Prozent) und Italien (11 Prozent).

Die Halbleiterindustrie ist schon viele Jahre lang einer der wichtigsten Motoren der wirtschaftlichen Entwicklung und wird es weiter bleiben, obwohl das enorme Wachstum bei den Chips zum Stillstand gekommen ist. Noch 1999 stieg weltweit der Umsatz mit Computerchips um 18,9 Prozent auf 149 Milliarden Dollar.

In 2001 mussten Umsatzeinbußen von 18 bis 20 Prozent verbucht werden. Die Gründe für den starken Rückgang der Chip-Nachfrage sind die schwächere US-Konjunktur, hohe Lagerbestände bei den Herstellern, ein stagnierender PC-Markt, Sparmaßnahmen bei traditionellen Unternehmen sowie Insolvenzen von zahlreichen jungen Internetfirmen. Dagegen ist der Umsatz der Halbleiterindustrie mit Speichern für Mobiltelefone oder Prozessoren in 2000 noch weltweit um 31 Prozent auf 222 Milliarden Dollar gewachsen.

Der weltweite Konjunktureinbruch traf die Halbleiterbranche tief ins Mark. Der zum Teil drastische Rückgang der Nachfrage bei gleichzeitig weltweiten Überkapazitäten brachte die Preise unter Druck und zwang viele Unternehmen in die Knie. Die Marktpreise deckten nur noch zu einem Teil die Produktionskosten. Vorbei die Zeit des Überschwangs und der Euphorie: Massive Sparprogramme waren die Folge. Allein in Deutschland ging der Inlandsumsatz mit elektronischen Bauelementen 2002 um 10 Prozent auf rund 16,5 Milliarden Euro zurück.

Besonders betroffen von der Krise war die Telekommunikations-Branche – mit IT Auslöser des Booms in den neunziger

Jahren des letzten Jahrtausends und damit auch der beispiellosen Börsenhausse. Handys wurden den Herstellern nur so aus der Hand gerissen. Jährliche Wachstumsraten von über 50% waren zu verzeichnen. Wohl selten hat ein neues Produkt in der Wirtschaftsgeschichte eine derartig rasche Verbreitung und damit Marktsättigung geschafft. Noch 1993 gab es weniger als 50 Millionen Mobiltelefone weltweit. Anfang 2002 wurde die erste Milliarde (1,3) vermeldet. Damit übertragen die Handys erstmals die Zahl der Festnetzanschlässe (2002: 1,2 Milliarden). Einer von fünf Menschen auf der Welt besaß/benutzte ein Handy. Allein 46 Prozent aller Nutzer lebten in China. Die eindrucksvollen Erfolge können freilich nicht darüber hinwegtäuschen, dass noch immer rund die Hälfte der Weltbevölkerung vom Gebrauch eines Telefons ausgeschlossen war. Die Handy-Sättigung betrug in Europa Anfang 2004: 50%, Amerika: 30%, Asien 12% und Afrika nur 5%. Internet: Europa 21%, Amerika: 24%, Asien 6% und Afrika 1%. Wie sagte der Schweizer Bundespräsident bei der Eröffnung der Telekommunikationsmesse ITU im Dezember 2003: »Freiheit ist an den Austausch von Informationen gebunden. Deshalb ist es wichtig, den digitalen Graben zu schließen, der sich zwischen den entwickelten und den armen Ländern/Gesellschaften aufgetan hat.« Da war sie also wieder, die sich immer weiter öffnende Schere zwischen Arm und Reich – jetzt auch beim Gebrauch von Handys. Die Preise gerieten zu Beginn der Konjunkturflaute massiv unter Druck. Mit immer neuen Produktverbesserungen und Innovationen (z.B. Handys mit eingebauter Kamera) versuchten die Hersteller gegenzusteuern und vor allem die so genannte dritte Generation der Mobiltelefone (UMTS) voranzutreiben. Immerhin: 2003 ging's in der knallhart umkämpften Branche wieder spürbar aufwärts.

6
National und international –
die Interessen werden neu geordnet

Den wenigsten Deutschen ist bewusst, in wie vielen und in welchen internationalen Organisationen der Staat, die Verbände und die Unternehmen direkt oder auch indirekt vertreten sind, und mit wie vielen sie zusammenarbeiten, um das internationale Gleichgewicht zwischen Wettbewerb und Kooperation zu erhalten oder herzustellen. Würde es nur Nationalstaaten und nicht zusätzlich diese Organisationen geben, befänden wir uns wahrscheinlich in einer Situation wie am Beginn des 19. Jahrhunderts, und einige Staaten würden ihre wirtschaftlichen Probleme wieder durch Kriege lösen. Wie kompliziert die Verhältnisse geworden sind, lässt sich sehr gut am Beispiel des Stahlmarktes erläutern.

Stahl: Kein altes Eisen

Stahl gehört nicht zum alten Eisen. Ganz im Gegenteil. War früher Krupp-Stahl ein Synonym für Härte, so ist es heute der globale Stahlmarkt. Man könnte ein ganzes Buch über die Stahlwirtschaft schreiben. Tue ich aber nicht. Trotzdem – interessant ist es schon, was sich da gestern abgespielt hat und heute und in Zukunft abspielt.

DIE ZEHN GRÖSSTEN WELTHANDELSNATIONEN

Die größten Exporteure, ihr Anteil an den Weltausfuhren und ihr Export in Milliarden US-Dollar (2002):

1.	USA	10,7 Prozent	694
2.	Deutschland	9,5 Prozent	613
3.	Japan	6,5 Prozent	417
4.	Frankreich	5,1 Prozent	332
5.	VR China	5,0 Prozent	326
6.	Großbritannien	4,3 Prozent	280
7.	Kanada	3,9 Prozent	252
8.	Italien	3,9 Prozent	251
9.	Niederlande	3,8 Prozent	244
10.	Belgien	3,3 Prozent	214

Die größten Importeure, ihr Anteil an den Welteinfuhren und ihr Import in Milliarden US-Dollar (2002):

1.	USA	18,0 Prozent	1202
2.	Deutschland	7,4 Prozent	494
3.	Großbritannien	5,2 Prozent	345
4.	Japan	5,0 Prozent	337
5.	Frankreich	4,9 Prozent	329
6.	VR China	4,4 Prozent	295
7.	Italien	3,6 Prozent	243
8.	Kanada	3,4 Prozent	228
9.	Niederlande	3,3 Prozent	220
10.	Hongkong	3,1 Prozent	207

Am 20. März 2002 hat US-Präsident George W. Bush Schutzzölle für Stahlimporte in die USA verhängt. Er will nur die maroden amerikanischen Stahlkocher mit ihren veralteten Produktionsanlagen vor den modernen Wettbewerbern aus Europa schützen – sagen die einen. Immerhin wird aus Europa Stahl im Wert von 2,5 Milliarden Dollar in die USA exportiert. Heißt das, dass die so viel gepriesene wettbewerbsorientierte amerikanische Wirtschaft im Stahlbereich einfach nur vor sich hin gegammelt hat?

Nicht ganz – sagen andere. Natürlich wurden Modernisierungen versäumt, schließlich konnte man sein Geld in den vergangenen Jahren ja viel gewinnbringender in den anderen Branchen anlegen, in der New Economy. Aber das ist es nicht allein. Immerhin beeinträchtigte der Höhenflug des Dollars schon seit Jahren die Wettbewerbsfähigkeit der gesamten US-Industrie. Immerhin beeinträchtigte der Höhenflug des Dollar seit Jahren die Wettbewerbsfähigkeit der gesamten US-Industrie. Lange wurde dies still geduldet. Erst in dem weltweiten Konjunkturabschwung ab 2000 »entdeckten« die Amerikaner die »Waffe« günstigerer Exporte durch einen niedrigeren Dollarkurs und leiteten an den Devisenmärkten bewusst einen Stimmungsumschwung zugunsten des Euro ein. Auch, weil die Verschuldung der USA (Staatsbudget, private Haushalte, Leistungsbilanz mit dem Ausland) inzwischen Rekordmarken erreichte, wurden internationale Anleger misstrauisch und stiegen zum Teil massiv aus der US-Währung aus. Der Dollar als angeblich einziger sicherer Hafen für Geldanlagen hatte seinen Nimbus eingebüßt und galt fortan als angeschlagen. Aber zurück zum Stahl. Hatte also der Währungskurs Schuld an den Problemen der Stahlindustrie?

Stimmt nicht ganz – sagen wieder andere. Das, was wie ein Streit zwischen Europäern und Amerikanern aussieht, wurde ja eigentlich in Asien ausgelöst. Die Wirtschaftskrise in Asien führte zu einem Rückgang des Stahlverbrauchs in der dortigen Region mit der Folge, dass Länder wie China und Indien, die zu den großen Stahlerzeugern unter den Entwicklungsländern gehören, sich nach neuen Absatzmärkten umsehen mussten. Dass ihr Blick dabei auf die USA fiel, ist kein Wunder. Also richten sich die Abwehrmaßnahmen der USA gegen Länder der Dritten Welt?

Was passiert, wenn es dort teurer und schwieriger wird, Stahl zu importieren? Immerhin kauften die USA im Jahre 2001 auf dem Weltmarkt rund 24 Millionen Tonnen. Man kann versuchen, seinen Stahl in Europa loszuwerden. Die USA haben für ihre Partner aus dem Nordamerikanischen Freihandelsabkommen (NAFTA) und der Allamerikanischen Freihandelszone (FTAA) Ausnahmen beschlossen, ebenso für die russische Stahlbranche. Richtet sich alles doch nur gegen die Europäer?

Natürlich geht es nicht nur um Rohstahl, sondern auch um das, was man draus macht. Stahl wird in erster Linie von der Automobilindustrie und von den Maschinenbauern gebraucht. Allerdings in immer höherer Qualität und in immer geringerer Menge. Denn bei den Autos ist Leichtbau angesagt und der lässt sich mit billigem Stahl nicht realisieren. Deshalb hat Stahl auch etwas mit der Forschung und Entwicklung, also mit der Wissensgesellschaft zu tun. Und mit der New Economy. Denn Stahl wird heute schon zum großen Teil über das Internet gehandelt. Global Sourcing ist hier das Stichwort der großen Einkaufsgemeinschaften der Automobilindustrie. Aber am Schluss entscheidet wieder der Verbraucher. Wann kauft er sich ein neues Auto, und wo wird es hergestellt? Und die Produkte, die er kauft, werden wiederum mit den Maschinen hergestellt, die die Maschinenbauer fertigen.

Deutschland erstmals Export-Weltmeister

Der moderne Welthandel im Sinne einer weltwirtschaftlichen Arbeitsteilung hat sich im Laufe des 19. Jahrhunderts entwickelt. Die bestimmenden Faktoren waren Industrialisierung, Überschussproduktion, Bevölkerungswachstum und vor allem die Idee des Freihandels. Im 19. Jahrhundert wurde der Welthandel von Großbritannien dominiert, seit Beginn des 20. Jahrhunderts entwickelten sich die USA zur führenden Handelsmacht.

Durch den Ersten und den Zweiten Weltkrieg schrumpfte der Welthandel stark, ebenso durch die Weltwirtschaftskrise in den Dreißigerjahren des 20. Jahrhunderts. Erst nach dem Zweiten Weltkrieg erholten sich die jährlichen Wachstumsraten wieder. In dieser Zeit wurden größere regionale Wirtschaftsblöcke wie die EG, die EFTA, der RGW und die ASEAN gebildet, um die jeweiligen Positionen im Welthandel zu verbessern. Japan und Südostasien entwickelten sich zu neuen Drehscheiben des Handels.

Zur Regelung des Welthandels schuf man internationale Institutionen wie den Internationalen Währungsfonds (IWF), die Weltbank und das GATT, das Allgemeine Zoll- und Handelsabkommen. Seit Anfang der Siebzigerjahre des 20. Jahrhunderts fordern die Entwicklungsländer auf internationaler Ebene (UNO, UNCTAD) eine neue Weltwirtschaftsordnung, die ihre Interessen stärker berücksichtigt.

Im Zeitraum von 1950 bis 2000 hat sich das Volumen des Welthandels auf mehr als das 103-fache erhöht, von 61 Milliarden Dollar auf über 6,3 Billionen Dollar. Diese rapide Entwicklung kann man ganz einfach an den folgenden Zahlen erkennen:

1950: 0,061 Billionen US-Dollar
1974: 0,769 Billionen US-Dollar
1980: 1,998 Billionen US-Dollar
1990: 3,494 Billionen US-Dollar
1995: 5,100 Billionen US-Dollar
1998: 5,336 Billionen US-Dollar
2000: 6,300 Billionen US-Dollar

ENTWICKLUNG DES DEUTSCHEN AUSSENHANDELS

(in Milliarden Euro)

1996:	Export 403,4	Import 353,0	Überschuss 50,4
1997:	Export 454,3	Import 394,8	Überschuss 59,5
1998:	Export 488,4	Import 423,5	Überschuss 64,9
1999:	Export 510,0	Import 444,8	Überschuss 65,2
2000:	Export 597,5	Import 538,3	Überschuss 59,1
2001:	Export 637,2	Import 543,3	Überschuss 93,9
2002:	Export 651,3	Import 518,5	Überschuss 132,8

Deutschland hat 2003 zum ersten Mal seit 11 Jahren die USA als Export-Weltmeister überholt. Der Anteil an der Weltausfuhr lag bei 10,2 Prozent vor den USA mit 9,9 Prozent. Noch 2002 (s. Tabelle S. 233) hatten die USA die Nase vorn. Immer stärker rückt dabei China vor (Platz 5). Das Land gilt als das wirtschaftlich dynamischste und soll spätestens 2050 die USA auch in der gesamten volkswirtschaftlichen Leistung (Sozialprodukt) übertreffen.

Die Bundesrepublik ist traditionell ein exportorientierter Staat, der mehr ausführt als einführt. In den zurückliegenden Jahren konnte man einen rasanten, stetigen Anstieg der Exporte verzeichnen, im Zeitraum von 1996 bis 2001 waren es allein 58 Prozent. Und der deutsche Ausfuhrüberschuss erreichte in 2002 mit 132,8 Milliarden Euro einen neuen Rekordwert. Neu aufgestiegen in die Liste der zehn größten Welthandelsnationen sind die Volksrepublik China und Japan.

Welt- und Geldorganisationen: Mächtig und umstritten

Die Vereinten Nationen (United Nations Organization, UNO) sind mit ihren unzähligen Unterorganisationen und Sonderprogrammen auf jeden Fall die größte und eine der mächtigsten unter den internationalen Organisationen. Der UNO gehören 189 Mitgliedsstaaten an. Sie hat allerdings zwei große Probleme: die hohen Beitragsrückstände etlicher Mitgliedsstaaten, die ihre gesamte Arbeit gefährden können, und die wachsende Kritik, nicht nur von den Globalisierungsgegnern. Auch aus den eigenen Reihen werden dringend Reformen angemahnt, damit die UNO in Zukunft effektiver und kostengünstiger arbeiten kann.

Ende 2000 schuldeten 29 Länder einen Jahresbeitrag und 19 sogar gleich mehrere. Größter Schuldner sind die USA, auf sie entfielen im Jahr 2000 mit 582 Millionen Dollar 74 Prozent der fehlenden Gesamtsumme. Offiziell machen die USA die Zahlung von einer umfangreichen Reform der UNO und deutlichen Einsparungen abhängig.

Die beiden UNO-Sonderorganisationen Internationaler Währungsfonds IWF (auf Englisch: International Monetary Fund = IMF) und Weltbank stehen seit längerem im Kreuzfeuer der Globalisierungsgegner. Man wirft ihnen vor, die Kluft zwischen den armen und den reichen Ländern vergrößert statt verkleinert zu haben und bei der Kreditvergabe zu stark politischen Einfluss zu nehmen. Es ging sogar so weit, dass die Weltbank-Konferenz zur Armutsbekämpfung, die im Juni 2001 in Barcelona tagen sollte, aus Furcht vor Krawallen der Globalisierungsgegner abgesagt wurde. Sie fand dann per Internet statt.

Der IWF gewährt den Mitgliedsländern kurzfristige Finanzhilfen bei Zahlungsbilanzdefiziten, aber nur, wenn der betroffene Staat korrigierende wirtschaftspolitische Maßnahmen verspricht. Nachdem seit den Achtzigerjahren der IWF bei den Bedingungen für eine Kreditvergabe neben den volkswirtschaftlichen Daten immer mehr strukturelle Auflagen gemacht hat und die Kritik an der politischen Einflussnahme gewachsen ist, kündigte IWF-Direktor Horst Köhler schließlich im Jahr 2001 umfangreiche Reformen an. Man wolle sich in Zukunft bei den Bedingungen der Kreditvergabe auf den wirtschaftlichen Rahmen für Tilgung und Zinszahlungen konzentrieren und generell die Verantwortung für politische und gesellschaftliche Reformen wieder den betroffenen Ländern überlassen, versprach er.

Weiter kündigte Köhler Maßnahmen an, die es ermöglichen, schneller und gezielter Krisen zu verhindern, anstatt sie hinterher zu bekämpfen. Dazu gehört die Gründung einer speziellen, mit rund sechzig Mitarbeitern besetzten Kapitalmarktabteilung, die die internationalen privaten Kapitalströme beobachten soll. Ein Frühwarnsystem soll sich anbahnende Krisen anzeigen, damit der Fonds gemeinsam mit den betroffenen Regierungen rechtzeitig eingreifen kann.

Nobelpreisträger Joseph Stiglitz, der bis 1999 Chefvolkswirt der Weltbank war, kritisiert die »fundamentalistischen« Vorstellungen von einem freien Markt auf Seiten des IWF. China hätte seiner Ansicht nach aus eigener Kraft erfolgreich den Wandel zu einer Marktwirtschaft geschafft, ohne den Standardrezepten des IWF zu folgen. In Russland habe die »Schocktherapie« des IWF – Preisfreigabe, radikale Marktöffnung und Privatisierung – eine katastrophale Kapitalflucht und die Zerstörung industrieller Strukturen ausgelöst.

Die Weltbank und der IWF arbeiten eng zusammen. Während der IWF vor allem für eine stabile Weltwährungsordnung sorgen soll, ist es Hauptaufgabe der Weltbank, den wirtschaftlichen und sozialen Fortschritt in den weniger entwickelten Mitgliedsländern voranzutreiben. Der IWF finanziert dabei in erster Linie gesamtwirtschaftliche Entwicklungsprogramme, dagegen sind die Weltbankkredite meist an einzelne konkrete Projekte gebunden wie zum Beispiel den Bau eines Staudammes.

Die Welthandelsorganisation WTO (World Trade Organization) löste 1995 das GATT (General Agreement on Tariffs and Trade, Allgemeines Zoll- und Handelsabkommen) ab. Zurzeit gehören der WTO 146 Staaten an, weitere 30 Länder haben den Beitritt beantragt. Hauptaufgabe der WTO ist es, für einen freien Welthandel zu sorgen. Dabei geht es nicht nur um den Handel von Gütern, sondern auch um Dienstleistungen, Patente und Rechte an geistigem Eigentum. In diesem Zusammenhang kommt der Schlichtung von Handelsstreitigkeiten eine besondere Bedeutung zu. Die Mitgliedsstaaten haben sich den Schiedssprüchen der WTO zu beugen. Die Macht, die daraus resultiert, ruft heute viele Kritiker auf den Plan. Man denke nur an die Tumulte der Globalisierungsgegner auf der WTO-Jahrestagung 1999 in Seattle.

Die Handels- und Entwicklungskonferenz der UNO, UNCTAD, die satzungsgemäß den internationalen Handel, vor allem mit Entwicklungsländern, fördern soll, hat seit Gründung der WTO im Jahr 1995 an Bedeutung verloren und konzentriert sich nun auf die Hilfe für die ärmsten Länder.

Auf der dritten UNO-Konferenz zur Lage der ärmsten Länder im Mai 2001 rief UNCTAD-Generalsekretär Rubens Ricupero die Industrieländer eindringlichst zu einer Erhöhung der Entwicklungshilfe, einer Reduzierung der Schulden der Entwicklungsländer und einer Öffnung ihrer Märkte auf. In den afrikanischen Ländern zum Beispiel sei ein Wachstum von 7 Prozent erforderlich, um die Armut zu überwinden. Dies sei nur möglich bei einer Verdoppelung der Hilfszahlungen an diese Länder.

Laut einer Untersuchung der Weltbank hat die Armutskonferenz bei der Öffnung der Märkte einen Fortschritt erreicht, die 49 ärmsten Länder könnten ihre Exporte um drei Milliarden Dollar jährlich steigern. Ein UNO-Fonds soll die Regierungs- und Verwaltungsorganisationen in den Entwicklungsländern verbessern und darüber hinaus eine virtuelle Welthandelsuniversität im Internet finanzieren. Hinsichtlich der Entschuldung und Erhöhung der Entwicklungshilfe gab es nur graduelle Fortschritte für die ärmsten Länder. Im Jahre 2001 lebten etwa 614 Millionen Menschen in den 49 ärmsten Ländern, davon lagen 34 in Afrika.

Auch die 1945 gegründete Ernährungs- und Landwirtschaftsorganisation FAO (Food and Agriculture Organization) bemüht sich um die Bekämpfung von Hunger, Unterernährung und Armut. Sie vergibt neben aktuellen Nothilfen unter anderem Finanzhilfen für die Land- und Forstwirtschaft, Fischerei sowie für die Umwelt. Die Internationale Arbeitsorganisation ILO (International Labour Organization) organisiert unter anderem Projekte der internationalen technischen Zusammenarbeit und unterstützt die Länder der Dritten Welt.

Die Organisation für wirtschaftliche Zusammenarbeit und Entwicklung OECD (Organization for Economic Co-Operation and Development) wird oft als elitärer Verein der reichen Industriestaaten bezeichnet. Sie hat zurzeit 30 Mitgliedsstaaten, es werden nur Länder mit demokratischen und marktwirtschaftlichen Strukturen aufgenommen. Aufgabe der OECD ist die Koordination der Wirtschafts- und Entwicklungspolitik der Mitglieder. Sie produziert zahlreiche Leitlinien, Statistiken und Prognosen.

Themen sind unter anderem Globalisierung, Liberalisierung des Welthandels und der Kampf gegen die Korruption. Als wichtiger Meilenstein im Kampf gegen Korruption sehen viele den Beschluss der OECD von 1990 an, keine Exportbürgschaften mehr für Geschäfte zu übernehmen, bei denen Korruption im Spiel sein könnte. Eine entsprechende schriftliche Erklärung wird vom Antragsteller verlangt.

G7/G8 ist keine feste Organisation mit Satzung und sonstigen Regeln. Man bezeichnet damit die seit 1975 jährlich stattfindenden Weltwirtschaftsgipfel, das sind die informellen Treffen der Staats- und Regierungschefs der wichtigsten Industrieländer. Auf den Treffen geht es meist um aktuelle wirtschaftspolitische Fragen, speziell wenn Probleme auftreten. Teilgenommen haben zunächst Deutschland, Frankreich, Großbritannien,

Italien, Japan und die USA (G6), Kanada ist 1976 dazu gekommen (G7) und Russland 1994 zuerst als Teilnehmer und 1998 als gleichberechtigter Partner.

Der Organisation Erdöl exportierender Länder OPEC (Organization of the Petroleum Exporting Countries) ist zwar bei weitem nicht so groß wie die UNO, aber wahrscheinlich mächtiger. Ihr gehören Algerien, Indonesien, Iran, Irak, Katar, Kuwait, Libyen, Nigeria, Saudi-Arabien, Venezuela und die Vereinigten Arabischen Emirate an. Diese Länder decken rund 40 Prozent des weltweiten Rohölbedarfs und sind im Besitz von 77 Prozent der weltweit nachgewiesenen Ölreserven. Das satzungsgemäße Hauptziel der OPEC ist die Koordination der Erdölförderpolitik. Konkret: Sie setzt die Fördermengen fest und kann damit den weltweiten Rohölpreis diktieren. Freilich nicht mehr so unumstritten und einseitig wie zu Zeiten des Ölpreisschocks und der so genannten Ölkrise, weil jetzt mit Russland und Norwegen potente Anbieter mitmischen. Den Ölhahn einfach mal zudrehen, wie auf dem Höhepunkt der OPEC-Macht angedroht, zieht nicht mehr.

Die Organisation für afrikanische Einheit OAU (Organization for African Unity) wurde 1963 gegründet mit dem Ziel, die Kooperation in Politik, Wirtschaft, Wissenschaft und Kultur zu fördern. Mitglieder sind 53 afrikanische Staaten. 1991 wurde auf der Gipfelkonferenz die Gründung der Afrikanischen Union beschlossen, in der die Souveränität der einzelnen Mitglieder erhalten bleibt. Geplant sind ein gemeinsames Parlament in Südafrika, in dem jedes Land mit fünf Sitzen vertreten ist, eine gemeinsame Zentralbank sowie ein gemeinsamer Gerichtshof. Am 9. Juli 2002 haben die 53 Mitgliedstaaten der OAU im südafrikanischen Durham die Gründungsprotokolle für die Afrikanische Union unterzeichnet.

Dem 1994 gegründeten Nordamerikanischen Freihandelsabkommen NAFTA (North American Free Trade Agreement) gehören die USA, Kanada und Mexiko an. Seine Aufgabe ist die Förderung des Handels zwischen den Mitgliedsstaaten. Dies scheint gut zu funktionieren. Besonders das Billiglohnland Mexiko profitiert von dem Bündnis. Es wehrt sich deshalb gegen den Plan, die Freihandelszone auf den gesamten amerikanischen Kontinent (außer das undemokratische Kuba) auszudehnen zur Free Trade Area of the Americas (FTAA).

Europa: Einigung durch den Euro?

Die Europäischen Union EU ist der einzige Staatenbund, der eine weitgehende Integration erreicht hat. Grundlage der EU ist der 1993 in Kraft getretene Vertrag von Maastricht, der den politischen und wirtschaftlichen Zusammenschluss der Mitglieder der Europäischen Gemeinschaften EG vorsieht. Dazu gehören die Realisierung der Europäischen Wirtschafts- und Währungsunion EWWU, eine gemeinsame Außen- und Sicherheitspolitik sowie die Zusammenarbeit der Mitgliedsstaaten in den Bereichen Justiz und Inneres. Die EWWU startete im Jahre 1999 mit elf Staaten, als der Euro eingeführt wurde und die Verantwortung für die Geldpolitik auf die Europäische Zentralbank EZB überging. Diese elf Staaten waren Belgien, Deutschland, Finnland, Frankreich, Irland, Italien, Luxemburg, Niederlande, Österreich, Portugal und Spanien. Anfang 2001 kam Griechenland hinzu.

Voraussetzung für die Teilnahme an der EWWU ist die Erfüllung der so genannten Konvergenzkriterien: Die durchschnittliche Inflationsrate in einem Land darf höchstens 1,5 Prozentpunkte über dem Durchschnitt der drei preisstabilsten Länder liegen und der langfristige Zinssatz höchstens 2 Prozentpunkte über dem Durchschnitt dieser Länder. Das jährliche Haushaltsdefizit darf 3 Prozent des Bruttoinlandsprodukts und die öffentliche Verschuldung 60 Prozent des BIP nicht übersteigen.

Aufgabe der Europäischen Zentralbank ist die Sicherung der Geldwertstabilität, die Inflationsrate soll möglichst niedrig gehalten werden und darf maximal 2 Prozent erreichen. Die amerikanische Notenbank Fed (Federal Reserve) hat übrigens weitergehende Aufgaben. Sie muss nicht nur für Geldwertstabilität sorgen, sondern ist auch für das Wirtschaftswachstum und die Eindämmung der Arbeitslosigkeit zuständig.

Der Euro ist jetzt die zweitwichtigste Währung der Welt, nach dem amerikanischen Dollar und vor dem japanischen Yen. Er ist nicht nur offizielles Zahlungsmittel in den Staaten der EWWU, sondern auch in einigen karibischen Ländern, in Monaco, San Marino und dem Vatikanstaat. In Andorra, dem Kosovo und Montenegro ist er gesetzliches Zahlungsmittel. Und eine ganze Reihe afrikanischer Staaten hat ihre nationale Währung an den Euro gebunden.

Schon im Jahre 1950 hat der französische Währungsfachmann Jacques Rueff gesagt: »Europa wird durch das Geld entstehen, oder es wird gar nicht entstehen.« Er war der Überzeugung, dass ohne den Druck der gemeinsamen Währung jeder Anreiz fehlt, die nationale Politik auf Europa auszurichten. Andere waren und sind der gegenteiligen Meinung: Es müsse erst eine gemeinsame Wirtschaftspolitik geben, bevor eine gemeinsame Währung eingeführt werden könne.

7
Wie viel Staat braucht die Wirtschaft?

Seit dem Ende des Zweiten Weltkriegs gab es wohl nur wenige deutsche Politiker und erst recht keine Regierungen, die der Meinung waren, dass weniger staatlicher Einfluss dem Zusammenleben der Menschen und ganz besonders der Wirtschaft gut tun könnte. Auf keinem anderen Gebiet sind Politiker so erfindungsreich, wie wenn es darum geht, immer neue und immer kompliziertere Regeln und Vorschriften zu erdenken. Das hat sicher auch damit zu tun, dass viele wichtige Dinge heute durch das EU-Recht geregelt werden und die Politiker der europäischen Staaten sich deshalb nach neuen Regelungsmöglichkeiten umschauen.

Vielfach herrscht die Vorstellung, dass gerade sozialdemokratische Regierungen gern zum Instrument der Globalsteuerung der Wirtschaft greifen. Globalsteuerung bedeutet die Beeinflussung so unterschiedlicher Größen wie Wachstum, Volkseinkommen, Preisniveau, Investitionen, Außenhandel und Beschäftigung durch die verschiedenen Maßnahmen der Fiskalpolitik (zum Beispiel durch Steuererhöhungen), der Geldpolitik (durch Zinssatzveränderungen) und der Außenwirtschaftspolitik.

Mit Globalsteuerung will man den jeweiligen konjunkturellen Zyklen entgegenwirken und Kontinuität in die wirtschaftliche Entwicklung bringen. Einer der wichtigsten Vertreter war

Karl Schiller (SPD), Wirtschaftsminister von 1966 bis 1972. Dass seine Vorstellungen letzten Endes nicht zu den gewünschten Erfolgen führten, mag unter anderem daran gelegen haben, dass die Umsetzung nicht so schnell erfolgte wie nötig und dass bestimmte Elemente seiner politischen Vorschläge immer wieder durch die verschiedenen Interessengruppen verwässert wurden.

Die klassischen Felder der politischen Steuerung, die auch von den Neoliberalen akzeptiert werden, sind die Wettbewerbspolitik, die Geldpolitik und die Fiskalpolitik. Speziell die Wettbewerbspolitik mit dem Verbot von Kartellen, der Verhinderung von einseitiger Marktmacht, dem Abbau statt Aufbau von Subventionen, der Deregulierung geschützter Märkte und der Privatisierung von staatlichen Unternehmen wurde generell bejaht. Allerdings sieht der Staat immer mehr in der Arbeitsmarktpolitik sein vorrangiges Betätigungsfeld.

Wettbewerbspolitik: Sicherung oder Verzerrung?

Die Fusionskontrolle ist eine wichtige Maßnahme zur Sicherung des marktwirtschaftlichen Wettbewerbs. Sie wird in Deutschland durch das Bundeskartellamt auf der Basis des Gesetzes gegen Wettbewerbsbeschränkungen (Kartellgesetz) durchgeführt. Grenzüberschreitende Unternehmenszusammenschlüsse in der EU werden von der Europäischen Kommission kontrolliert. Unternehmen müssen beabsichtigte Fusionen beim Bundeskartellamt oder der Europäischen Kommission anmelden, wenn festgelegte Größen, Beschäftigtenzahlen oder Marktanteile überschritten werden. Falls durch eine Fusion eine marktbeherrschende Stellung entsteht, kann sie untersagt werden.

Ein großes Problem liegt sicherlich darin, dass die Politik erkannt hat, dass Maßnahmen im wirtschaftlichen Bereich durchaus publikumswirksam sein können und deshalb das Notwendige oft genug hinter dem Populären zurücktreten muss. Freilich: Solche Maßnahmen dienen nicht der Sicherung, sondern der Verzerrung des Wettbewerbs.

Das beste Beispiel für solche Politik ist Bundeskanzler Gerhard Schröder. So hat er im Jahr 1999 großzügig Hilfen für den vor der Pleite stehenden Baukonzern Holzmann organisiert und sich als Retter der Arbeitsplätze feiern lassen, trotzdem musste das Unternehmen nach zweieinhalb Jahren doch Insolvenz anmelden. Holzmann ist kein Einzelfall. Schröder hat schon früher als Ministerpräsident von Niedersachsen gern in das Schicksal von Firmen eingegriffen.

1993 engagierte er sich beim Reifenhersteller Continental, um zu verhindern, dass er von der italienischen Pirelli übernommen wurde, 1994 sorgte er für die Quasi-Verstaatlichung der Flugzeugwerft Lemwerder und 1998, als der Verkauf der Preussag Stahl AG an einen ausländischen Konzern drohte, ließ er das Land Niedersachsen mehr als eine halbe Milliarde DM zahlen, um 51 Prozent des Stahlherstellers zu übernehmen. Im Januar 2001 intervenierte Schröder für das vom Aus bedrohte Bombardier-Werk im ostdeutschen Halle-Ammendorf.

All diese Interventionen sind ordnungspolitisch zweifelhaft, sie passen nicht zu den Prinzipien einer Marktwirtschaft und natürlich erst recht nicht zu den Wettbewerbsregeln der Europäischen Kommission. Die *Financial Times Deutschland* schrieb einmal so schön, Schröder verstehe nicht zwischen »Economy« und »Business« zu unterscheiden, was im Deutschen ja beides Wirtschaft heißt, aber ein großer Unterschied ist. »Economy« nützt allen, »Business« ist nur für das einzelne Unternehmen von Vorteil. Wenn der Kanzler von Wirtschaft rede, meine er leider immer nur »Business« und nicht die Gesamtwirtschaft »Economy«. Die EU-Kommission kennt aber – anders als er – diesen Unterschied und versteht es durchaus, die Einzelinteressen von Firmen den Interessen der Gesamtwirtschaft unterzuordnen. So muss aus Wettbewerbsgründen das deutsche System öffentlicher Banken verschwinden. Auch da ein Abschied von der so genannten Deutschland AG.

Aber Deutschland steht mit seiner interventionistischen Politik nicht allein. Auch Frankreichs Regierung mischt gerne in der Wirtschaft mit. So ist der französische Staat noch immer Hauptaktionär des Computerkonzerns Bull und steckt regelmäßig Steuergelder in Höhe von Millionen Euro in das Unternehmen, um es gegen die große amerikanische Konkurrenz zu schützen.

EINIGE WICHTIGE WIRTSCHAFTSGESETZE

Gesetz zur Förderung der Stabilität und des Wachstums der Wirtschaft (Stabilitätsgesetz):
Das 1967 in Kraft getretene Stabilitätsgesetz (StabG) schreibt fest, dass Bund und Länder bei ihrer Wirtschaftspolitik die Bedingungen des gesamtwirtschaftlichen Gleichgewichts berücksichtigen müssen. Die Wirtschaftpolitik soll antizyklisch eingreifen, um die vier Ziele zu erreichen, die auch als das magische Viereck bezeichnet werden.

Das sind:
- Stabilität des Preisniveaus,
- hoher Beschäftigungsgrad (Vollbeschäftigung),
- wirtschaftliches Gleichgewicht sowie
- stetiges und angemessenes Wirtschaftswachstum.

Gesetz gegen Wettbewerbsbeschränkungen (Kartellgesetz):

Das Gesetz gegen Wettbewerbsbeschränkungen (GWB) soll die rechtlichen Voraussetzungen zur Sicherung und Erhaltung des Wettbewerbs schaffen. Es verbietet grundsätzlich Kartelle, das sind »Vereinbarungen zwischen miteinander in Wettbewerb stehenden Unternehmen, Beschlüsse von Unternehmensvereinigungen und aufeinander abgestimmte Verhaltensweisen, die eine Verhinderung, Einschränkung oder Verfälschung des Wettbewerbs bezwecken oder bewirken«. Zu den verbotenen Absprachen gehören unter anderem Preiskartelle, Quotenkartelle, Gebietskartelle, Rabattkartelle sowie Import- und Exportkartelle.

Bestimmte Kartelle können vom Bundeskartellamt genehmigt werden, wie zum Beispiel die Erlaubniskartelle, Mittelstandskartelle und die Ministerkartelle. Im letztgenannten Fall kann der Bundesminister für Wirtschaft ein Kartell bewilligen, wenn Beschränkungen des Wettbewerbs aus Gründen der Gesamtwirtschaft und des Gemeinwohls notwendig sind.

Betriebsverfassungsgesetz:
Das Betriebsverfassungsgesetz (BetrVG) vom 15. 1. 1972 regelt die betriebliche Mitbestimmung, ausgehend vom Grundsatz der »vertrauensvollen Zusammenarbeit« zwischen Arbeitgebern und Arbeitnehmern. Organe der Mitbestimmung sind der Betriebsrat und die Betriebsversammlung. Für leitende Angestellte gilt das Gesetz nicht. Das Personalvertretungsgesetz vom 15. 3. 1974 regelt die Mitbestimmung für den öffentlichen Dienst. Für Unternehmen, die überwiegend Kohle und Eisenerze fördern oder Eisen und Stahl produzieren und mehr als 1000 Beschäftigte haben, gilt das Montanmitbestimmungsgesetz.

Teilzeit- und Befristungsgesetz:
Das Anfang 2001 in Kraft getretene Teilzeit- und Befristungsgesetz löste das Beschäftigungsförderungsgesetz von 1985 ab. Bereits das alte Gesetz hatte das alleinige Recht der Arbeitsvermittlung durch die Bundesanstalt für Arbeit aufgehoben und auch privaten Unternehmen die Arbeitsvermittlung erlaubt. Neu aufgenommen wurde, dass ein befristeter Arbeitsvertrag zulässig ist, wenn er durch einen sachlichen Grund gerechtfertigt ist. Außerdem gibt es jetzt ein Recht auf Teilzeitarbeit, Teilzeitkräfte dürfen nicht schlechter gestellt werden als Vollzeitkräfte.

EU-Agrarmarkt vor der Wende?

In keinen Wirtschaftsbereich hat die Politik so stark eingegriffen wie in die Landwirtschaft. Der freie Markt ist hier praktisch ausgeschaltet worden, einerseits um den wenigen noch in der Landwirtschaft beschäftigten Menschen ihr Einkommen zu sichern, andererseits um die Bevölkerung mit Nahrungsmitteln zu versorgen, die einem bestimmten Qualitätsstandard entsprechen und nicht gesundheitsgefährdend sind.

Zum Schutz der Landwirte in der EU vor preiswerteren ausländischen Erzeugnissen und zur Sicherung von Mindestpreisen auch bei Überproduktionen existiert in der Europäischen Union ein ganzer Strauß von Agrarmarktordnungen. Sie setzen für landwirtschaftliche Produkte bestimmte Preise fest, die höher sind, als sie bei freier Marktbildung wären. Sollten die Preise für wichtige Agrarprodukte unter eine bestimmte Marke fallen, kaufen staatliche Stellen die Produkte auf und lagern sie ein.

Da jedoch die Produktivität in den vergangenen Jahrzehnten in der Landwirtschaft erheblich zugenommen hat und der Markt von beständigen Überproduktionen bedroht ist, wird immer wieder ein Umschwenken in der Agrarpolitik hin zu einer Verringerung der Produktion und zu einer Anhebung der Qualität versucht. Meist vergeblich.

Weil ab 2004 nach und nach immerhin zehn Länder aus Mittel- und Osteuropa der EU beitreten wollen, sollen künftig nicht mehr einzelne Produkte wie Rindfleisch oder Weizen subventioniert und gleichzeitig die Beihilfen kontinuierlich gesenkt werden. Stattdessen plant der EU-Landwirtschaftskommissar Franz Fischler, das Einkommen der Bauern unabhängig von der Produktion zu sichern. Jeder landwirtschaftliche Betrieb soll eine Direktbeihilfe erhalten. Das hätte den Vorteil, dass sich die Landwirte mehr an den Bedürfnissen des Marktes orientieren könnten und dass zusätzlich Geld zur Förderung von Umweltschutz und Nachhaltigkeit frei würde.

Der Haken an der Sache ist, dass die im Sommer 2002 vorgelegten Fischler-Pläne vorsehen, die Subventionen für Großbetriebe auf 300 000 Euro zu begrenzen. Davon wären in den ostdeutschen Bundesländern 1500 Betriebe betroffen. Statt mit rund einer Million Euro aus der EU-Kasse müsste jeder zukünftig mit »knappen« 650 000 Euro als Zuschuss auskommen und den Rest selbst verdienen. Natürlich sind alle dagegen, von der Regierung bis zum Erntehelfer, denn es sind mal wieder Arbeitsplätze in Gefahr. Und schließlich ist Deutschland der größte Nettozahler europäischer Agrarsubventionen. Aber auch die Franzosen, die am meisten kassieren, sind nicht zufrieden.

Niemand will etwas abgeben, weder an die Newcomer in der EU noch an die Entwicklungsländer, denen mit der bisherigen Politik der Markt kaputtgemacht wird. Immerhin geht zurzeit die Hälfte der EU-Ausgaben in die Landwirtschaft – rund 44 Milliarden Euro. Dabei betreiben in der gesamten EU nur noch 5 Prozent der Menschen Ackerbau und Viehzucht. Man wird was ändern müssen. Nur wie weiß niemand.

Arbeitskosten: Darf es noch ein bisschen mehr sein?

Einen ganz wesentlichen Teil der Arbeitsmarktpolitik stellen die Arbeitskosten dar. Sie entscheiden darüber, in welchem Land mit wie vielen Beschäftigten produziert wird. Die Arbeits-

ARBEITSKOSTEN IM INTERNATIONALEN VERGLEICH

Kosten je Arbeitsstunde in der Verarbeitenden Industrie in Euro (2002):

	Stundenlohn	Personalzusatzkosten	Gesamtkosten
Norwegen	19,60	9,31	28,52
Deutschland (West)	14,74	11,62	26,36
Schweiz	17,20	9,03	26,24
Dänemark	19,64	6,09	25,73
Belgien	12,22	11,12	23,35
Finnland	13,05	10,15	23,20
Niederlande	12,63	10,01	22,64
USA	16,18	6,26	22,44
Schweden	12,90	8,97	21,86
Österreich	11,19	10,45	21,64
Japan	12,06	8,12	20,18
Großbritannien	13,76	6,14	19,89
Luxemburg	13,03	6,64	19,67
Frankreich	10,20	9,30	19,50
Kanada	12,58	4,86	17,44
Irland	12,29	4,88	17,17
Italien	8,53	8,08	16,60
Deutschland (Ost)	9,96	6,47	16,43
Spanien	8,42	6,90	15,32

Quelle: Institut der deutschen Wirtschaft

kosten setzen sich aus dem eigentlichen Stundenlohn und den Personalzusatzkosten zusammen. Die Personalzusatzkosten oder Lohnnebenkosten gliedern sich wiederum in gesetzliche sowie tariflich und arbeitsvertraglich festgelegte Kosten.

Zu den gesetzlich festgelegten Kosten gehören die Sozialversicherungsbeiträge der Arbeitgeber, die Entgeltfortzahlung im Krankheitsfall und verschiedene sonstige Zusatzkosten, die zum Beispiel durch das Mutterschutzgesetz oder durch das Schwerbehindertengesetz geregelt werden. Es gehören aber auch die bezahlten Feiertage dazu.

Die tariflichen oder arbeitsvertraglichen Personalnebenkosten entstehen durch den Urlaub und durch das Urlaubsgeld, durch mögliche Sonderzahlungen wie ein 13. oder 14. Monatsgehalt, durch Gewinnbeteiligungen und Gratifikationen, aber auch durch die betriebliche Altersvorsorge, Zuschüsse zur Vermögensbildung und sonstige Zusatzkosten wie zum Beispiel Abfindungen.

Deutschland darf für sich in Anspruch nehmen, dass es innerhalb Europas die höchsten Arbeitskosten hat, die aber nicht dem Arbeitnehmer zugute kommen, jedenfalls nicht sofort und nicht direkt, sondern durch die höchsten Lohnnebenkosten verursacht werden.

Regulierungswut: Umwelt und Energie

Neben den klassischen Feldern der Wirtschaftspolitik eröffnen sich die Vertreter der verschiedenen Parteien auf Bundes- und Länderebene immer neue Spielwiesen. Durch immer kompliziertere Regelungen im Bereich der Sozialpolitik wird in die na-

DIE INTERESSENVERTRETUNGEN

Die Unternehmerseite wird in Deutschland gleich von vier großen Verbänden vertreten. Es sind der Bundesverband der Deutschen Industrie BDI, die Bundesvereinigung der Deutschen Arbeitgeberverbände BDA, der Deutsche Industrie- und Handelstag DIHT und der Zentralverband des Deutschen Handwerks ZDH. Ihnen steht auf Arbeitnehmerseite der Deutsche Gewerkschaftsbund DGB gegenüber.

Im Bundesverband der Deutschen Industrie sind 35 fachliche Spitzenverbände der Industrie zusammengeschlossen. Gegründet wurde der BDI 1949. Der BDA ist die Spitzenorganisation der Arbeitgeberverbände. Als Dachorganisation nimmt die Bundesvereinigung der deutschen Arbeitgeberverbände die Interessen von über tausend rechtlich und wirtschaftlich selbstständigen Arbeitgeberverbänden der verschiedensten Branchen wahr. Der BDA führt zwar selbst keine Tarifverhandlungen, er vertritt als Lobby-Organisation jedoch die Arbeitgeberpolitik gegenüber den Parlamenten, Regierungen und Gewerkschaften.

Der DIHT ist die Spitzenorganisation aller 82 Industrie- und Handelskammern IHK in Deutschland. Seit dem 1. Juli 2001 heißt der DIHT Deutscher Industrie- und Handelskammertag, was an seiner Organisation und Ausrichtung, nämlich die Interessen der gewerblichen Wirtschaft zu vertreten, nichts ändert.

Der Zentralverband des Deutschen Handwerks ZDH ist die Spitzenorganisation des deutschen Handwerks. Ihm gehören 55 Handwerkskammern und 46 Zentral-Fach-

> verbände an. Mit rund 850 000 Betrieben und rund sechs Millionen Beschäftigten sind das Handwerk und sein Zentralverband ein überaus wichtiger Interessenvertreter gegenüber Regierungen und Parlamenten. Gerade die breite Auffächerung in verschiedene Wirtschaftsbereiche macht den ZDH zu einem sehr gefragten Ansprechpartner.
>
> Der Deutsche Gewerkschaftsbund ist der Dachverband von verschiedenen Einzelgewerkschaften. Die größte ist inzwischen die Vereinte Dienstleistungsgewerkschaft Ver.di vor der IG Metall. Auch der DGB führt keine selbstständigen Tarifverhandlungen, sondern vertritt die gemeinsamen Interessen gegenüber den Arbeitgeberverbänden, den Regierungen und Parlamenten.

türlichen wirtschaftlichen Prozesse ebenso eingegriffen wie durch die Förderung bestimmter Wirtschaftszweige im Rahmen der Forschungspolitik und durch Maßnahmen der Bildungspolitik.

In der Umweltpolitik wird ständig an einer neuen Schraube gedreht (u.a. Zwangspfand für Einwegverpackungen). Oft bleibt bei vielen dieser Eingriffe der schale Geschmack: Na ja, der Steuersäckel soll gefüllt werden, wie auch immer.

An der Schnittstelle zwischen Umweltpolitik und Wirtschaftspolitik liegt die Energiepolitik und wird so entweder zum Zankapfel oder zum Profilierungsinstrument. Ein äußerst diffiziler Bereich: Mit der Auflösung der Absatzmonopole auf dem deutschen Strommarkt 1999 kam es zu der bisher größten Deregulierung. Die Energieversorgungsunternehmen müssen ihre Leistungen zu Wettbewerbspreisen anbieten. Die Folge waren zunächst die ersten Preissenkungen, aber sehr schnell schälten sich die bekannten Strukturen heraus. Viag und VEBA hießen zwar E.on: neuer Name, aber alte Macht. Und immer neue Fusionen, damit Konzentrationen.

Eingriffe im Bereich der Energiepolitik sollen einerseits der Sicherung der Energieversorgung dienen, andererseits aber unter Umweltgesichtspunkten auch den sparsameren Umgang mit Energie fördern. Dazu gehören sowohl steuerliche Maßnahmen, zum Beispiel die Erhöhung der Mineralölsteuer oder die Einführung der Ökosteuer, als auch Maßnahmen wie die Wärmeschutzverordnung, die Heizanlagenverordnung oder die Energieeinsparverordnung.

Durch derartige Verordnungen werden immer bestimmte Bereiche der Wirtschaft gegenüber anderen bevorteilt. Von der Wärmeschutzverordnung zum Beispiel, die neue Richtwerte bei Neubauten vorschreibt, profitierte besonders die Dämmstoffindustrie. Dass man im Zusammenhang mit solchen gesetzlichen Regelungen gern auf eine aktive Lobby-Arbeit schließt, lässt sich wohl nicht vermeiden.

Die unter dem Stichwort »Aufbau Ost« gebündelten wirtschaftspolitischen Programme sind sicherlich notwendige, aber eben stark regulierende Maßnahmen, die das Ziel verfolgen, die Lebensverhältnisse in den ostdeutschen Bundesländern an die in den westdeutschen anzupassen. Auch wenn viele der notwendigen und sinnvollen Projekte (Ausbau von Straßen, Sanierung, Modernisierung und Neubau von Wohnungen) noch nicht so greifen, wie man es sich wünscht, sind es doch besonders die millionenschweren Fehlinvestitionen, die den Bürgern besonders ins Auge fallen.

Regionalflughäfen, von denen keine Flugzeuge starten, die aber besser ausgerüstet sind als manche Luftraumüberwachung, Binnenhäfen, die noch niemals ein Schiff gesehen haben, oder Gewerbezentren, für die es keine Mieter gibt, sind Beispiele für mit Finanzspritzen gesteuerten Größenwahn. Gerade beim Aufbau Ost zeigt sich, wie groß die Diskrepanz im wirtschaftlichen Denken zwischen dem deutschen Verwaltungsapparat und den deutschen Unternehmern ist.

Dass die deutschen Politiker besonders gern und besonders viel in der Wirtschaft regeln, schlägt sich auch in den Staatsausgaben nieder. Bei der Staatsquote (Staatsausgaben im Verhältnis zum Bruttoinlandprodukt, BIP) steht die Bundesrepublik mit 46 Prozent weltweit an vierter Stelle nach Spitzenreiter Schweden (51 Prozent), Dänemark (50 Prozent) und Frankreich (49 Prozent). Japan (38 Prozent) und die USA (31 Prozent) liegen deutlich niedriger, obwohl das Nippon-Land nach der 13-jährigen Wirtschaftskrise den Stand von 1992 (31 Prozent) inzwischen wieder deutlich erhöht hat.

WAS DER STAAT NIMMT, WAS ER GIBT

Was der Staat nimmt:
Besitzsteuer, Biersteuer, Branntweinsteuer, Dividendensteuern, Einfuhrumsatzsteuer, Einkommensteuer, Erbschaftsteuer, Ertragssteuern, Feuerschutzsteuer, Getränkesteuer, Gewerbesteuer, Grunderwerbsteuer, Grundsteuer, Heizölsteuer, Hundesteuer, Jagd- und Fischereisteuern, Kaffeesteuer, Kapitalertragsteuer, Kirchensteuer, Körperschaftsteuer, Kraftfahrzeugsteuern, Lohnsteuer, Lotteriesteuer, Mehrwertsteuer, Objektsteuern, Ökosteuer, Personen- oder Subjektsteuern, Quellensteuer, Rennwett-, Lotterie- und Sportwettsteuern, Schankerlaubnissteuer, Schaumweinsteuer, Schenkungssteuer, Solidaritätszuschlag, Spekulationssteuer, Spielbankabgabe, Straßenverkehrsabgaben, Stromsteuer, Substanzsteuer, Tabaksteuer, Umsatzsteuer, Unternehmenssteuern, Verbrauchssteuern, Vergnügungssteuer, Vermögenssteuer, Verpackungssteuer, Versicherungssteuer und Zweitwohnungssteuer.

Was der Staat gibt:
Arbeitnehmersparzulage, Arbeitsförderung, Ausbildungsbeihilfen, BaföG, Eigenheimzulagen, Familienlastenausgleich, Familienleistungsausgleich, Erziehungsgeld, Kindergeld, Sozialhilfe, Sozialleistungen, Wohngeld, Wohnungsbauförderung, Subventionen.
Freibeträge bei der Steuererklärung.

8
Aufstieg und Fall von Borgward bis Neckermann

Die deutsche Nachkriegszeit und die Zeit des aufkommenden Wirtschaftswunders waren nicht etwa, wie man heute meint, von großen Unternehmerpersönlichkeiten geprägt. Vielmehr hatten die Großbanken das Sagen und besonders Hermann Josef Abs von der Deutschen Bank. Sowohl die Industrie als auch der Handel blieben in kartellähnlichen Gruppierungen zusammengefasst, die noch auf das Dritte Reich zurückgingen und die sie mit Zehen und Klauen verteidigten. Obgleich die Ideen Ludwig Erhards keineswegs übermäßig modern waren, wurden sie von den Vertretern der alten Garde der deutschen Wirtschaft äußerst skeptisch betrachtet.

Unbestritten gab es einige Ausnahmepersönlichkeiten, die man mit den Idealen des Unternehmens verbindet und die das auch waren. Dazu gehörte **Willy Schlieker** (1914–1980). Er war der Vertreter des Wirtschaftswunder-Unternehmers schlechthin. Sein Know-how sammelte das Multiverkaufstalent im Rüstungsministerium des Dritten Reiches. Dort lernte er, wie die Geschäfte in der Schwerindustrie und im Metallgewerbe laufen. In der Zeit nach 1945 machte er dieses Wissen zu Geld, indem er abenteuerliche und zum Teil hoch riskante Dreiecksgeschäfte mit amerikanischer Kohle, deutschem Stahl und Partnern im Ostblock inszenierte.

1961 besaß Schlieker in Hamburg nicht nur eine der modernsten Werften der Welt, sondern auch zwei Walzwerke im Rheinland und einen Stahlhandel. Er beschäftigte 7000 Mitarbeiter, und sein Umsatz lag bei 800 Millionen DM jährlich. Als ein Jahr später der Schiffbau in die Krise geriet, bekam er Liquiditätsprobleme. Aber anders als heute sahen weder die Banken noch der Staat die Notwendigkeit einzugreifen, um Arbeitsplätze zu retten. Dabei hätte man das Unternehmen mit ein bisschen gutem Willen leicht um die Klippen einer vorübergehenden Zahlungsunfähigkeit herumschiffen können.

Karl Friedrich **Wilhelm Borgward** (1890–1963) hatte im Jahre 1919 mit dem Bau von Autokühlern und Kotflügeln begonnen. Schon vor dem Zweiten Weltkrieg lieferte er komplette Autos, den dreirädrigen Goliath-Kleinlaster und die Hansa-Limousinen. 1949 brachte Borgward den ersten europäischen Personenwagen mit Ponton-Karosserie nach amerikanischem Vorbild heraus, es war der Hansa 1500. Der Kleinwagen Lloyd folgte 1950. Seine Karosserie bestand aus mit Kunststoff bezogenem Holz. Bis 1963 wurden von diesem Wagen über 350 000 Exemplare produziert. 1954 kam die legendäre Borgward Isabella auf den Markt, die bis 1961 über 200 000-mal verkauft wurde.

Borgward schien es hervorragend zu gehen. Er führte sein Unternehmen als Einzelkaufmann, beschäftigte in seinen besten Zeiten 23 000 Mitarbeiter und setzte rund 650 Millionen DM pro Jahr um. Neben VW, Opel und Ford gehörte Borgward zu den bekanntesten Automarken auf dem deutschen Markt. Selbst Mercedes war in den Fünfzigerjahren kleiner als Borgward. Als es Ende 1960 eine Absatzflaute gab, fand sich die Bremer Landesregierung nicht bereit, das Unternehmen zu stützen. Der Konzern wurde zerschlagen und von der Konkurrenz geschluckt.

Josef Neckermann (1912-1992) kaufte 1937 sein erstes Versandgeschäft von einem in die Schweiz emigrierten Juden. 1939 gründete er gemeinsam mit dem Hertie-Chef Georg Karg ein Unternehmen, das Uniformen für deutsche Soldaten lieferte. Gleichzeitig wurde er stellvertretender Reichsbeauftragter für Kleidung und verwandte Gebiete. Dadurch blieb ihm in der deutschen Textilindustrie nichts verborgen. Nach der Währungsreform gründete er das Unternehmen, das sich später Neckermann Versand KG nannte.

Mit dem Versandhandel versuchten viele ihr Geld zu verdienen. 1951 gab es in Deutschland zirka 3000 Unternehmen dieser Art. Nach dem Start mit Textilien nahm Neckermann immer mehr Produkte in seine Kataloge auf, 1953 Radios, 1954 Kühlschränke und Fernsehgeräte und 1955 Waschmaschinen. 1956 gab es bei Neckermann sogar Mopeds zu kaufen. Der bis heute bekannte Slogan lautete: »Neckermann macht's möglich«. Denn Neckermann versuchte zu konkurrenzlos günstigen Preisen zu liefern.

Im Jahr 1963 stieg der erfolgreiche Dressurreiter Neckermann in das Geschäft mit dem neu aufkommenden Massentourismus ein. Als sein Hauptfinanzier Friedrich Flick im Jahre 1963 das Unternehmen verließ und sein Geld in Höhe von 70 Millionen DM mitnahm, gelang es Neckermann zwar, neue Geldgeber zu finden und das Unternehmen mit kurzfristigen Krediten über Wasser zu halten, doch im Jahre 1976 musste er an den Karstadt-Konzern verkaufen.

Rudolf Münemann (1908-1982) gehört ebenfalls zu den Schöpfern des Wirtschaftswunders. 1928 gründete er in München eine Firma als Finanzmakler. Er entwickelte das so genannte Revolver-Prinzip, indem er aus mehreren kurzfristigen Krediten langfristige Darlehen machte. Nach dem Zweiten

Weltkrieg war er lange Zeit der Einzige, der Risikokapital vergab, die großen Banken ließen von dem Geschäft die Finger.

1960 versuchten die Banken Münemann zu stoppen, indem sie mit ihrer Lobby ein Gesetz durchbrachten, das auch die Finanzmakler den Regeln des Kreditwesengesetzes unterwarf. Münemann gründete selbst eine Bank, die Investitions- und Handelsbank in Frankfurt. Als jedoch 1969 die Frankfurter Bundesbank ihre Kredite verknappte, wurde Münemann zahlungsunfähig und gab auf.

Max Grundig (1908–1989) begann mit 14 Jahren eine Elektrikerlehre. Im Alter von 22 Jahren gründete er mit einem Freund den Radiovertrieb Fürth Grundig & Wurzer. Das war 1930. Schon acht Jahre später machte er mit Transformatoren einen Umsatz von einer Million Reichsmark. Da nach dem Krieg der Verkauf von Rundfunkgeräten in Deutschland verboten wurde, stellte Grundig einen Bausatz zusammen, den er Heinzelmann nannte. Die Nachfrage war überwältigend. Schon bald war er die Nummer eins der Branche.

1972 wandelte Grundig seine Firma in eine Aktiengesellschaft um. Dann verkaufte er an den holländischen Philips-Konzern. Max Grundig war neben dem Versandhausgründer Werner Otto einer der wenigen großen Nachkriegsunternehmer, die die Zeit des Wirtschaftswunders unbeschadet überstanden haben.

Von Tankern und Schnellbooten

Der Erfolg eines Unternehmens hängt nicht unbedingt von seiner Größe ab. Auch kleine und mittelständische Unternehmen können heute sowohl in nationalen Märkten als auch international erfolgreich sein. Es geht immer weniger darum, dass die Großen die Kleinen fressen, sondern die Schnellen die Langsamen. Viele Konzerne sind zu großen Konglomeraten herangewachsen, die unbeweglich und langsam geworden sind. Andere haben es geschafft, auch als transnationale Unternehmen ihre Anpassungsfähigkeit an Veränderungen und ihre schnelle Reaktionsfähigkeit im Markt zu erhalten. Das Geheimnis ist: Gut geführte Unternehmen leben länger.

Beispiel Siemens: Das Unternehmen galt über lange Zeit als ein schwerfälliger Tanker, der gemächlich vor sich hin dümpelnd über die Weltmeere zog. Der Kapitän Heinrich von Pierer hielt viele Jahre den Kurs, ohne sich durch heraufziehende Stürme beirren zu lassen. Doch dann zeigte sich, dass er auch anders konnte. 1998 leitete er eine radikale Veränderung ein. Das Tankermodell wurde ausgemustert und eine Flotte von Schnellbooten auf Kiel gelegt. Mit seinem »10-Punkte-Programm zur nachhaltigen Steigerung der Ertragskraft« veränderte von Pierer den Konzern so stark wie nie zuvor in seiner Geschichte. Die Börse staunte: Aus dem »Softi« von Pierer war ein Hardliner geworden. Ein Sieg der Finanzmärkte, des »Shareholder-Value«.

Der Bereich Halbleiter wurde in die Infineon Technologies AG umgewandelt und an die Börse gebracht. Andere Unternehmensteile wurden in der Epcos AG zusammengefasst und ausgegliedert. Wieder andere Sparten wurden verkauft oder in Joint Ventures eingebracht. Aber es gab nicht nur einen Ausverkauf von Aktivitäten, Siemens kaufte auch im großen Stil ein. Allein in den USA gab Siemens seit 1998 rund 8 Milliarden US-Dollar für die Übernahme von Unternehmen aus.

Heute verfügt Siemens nach den Worten von Pierers über ein robustes Geschäftsportfolio, das allen Stürmen trotzen kann, weil es unterschiedlichen Marktzyklen folgt. 30 Prozent des

Umsatzes werden in Märkten gemacht, die langfristig stabil sind, wie Kraftwerksbau, Bahntechnik und Medizintechnik. Weitere 30 Prozent werden in Bereichen erwirtschaftet, die von kürzeren Zyklen abhängen. Dazu gehören die Automatisierungstechnik und Osram. Die restlichen 40 Prozent des Umsatzes stammen aus der Informations- und Kommunikationstechnik, der Automobilelektronik und Logistiksystemen. Hier bestimmen spezielle Branchenzyklen den Erfolgsrhythmus.

Siemens ist heute in über 190 Ländern der Erde vertreten. Fast 80 Prozent des Konzernumsatzes werden außerhalb Deutschlands getätigt, und nur noch 170 000 der 417 000 Mitarbeiter arbeiten im Inland. Als Voraussetzung für Wachstum gelten auch dort Innovationen. Mit über 7000 Erfindungsmeldungen ist Siemens in Europa der zweitgrößte Patentanmelder.

Ein ganz anderes Konzept als Siemens verfolgt hingegen DaimlerChrysler. Statt auf Diversifikation und Stärke im Detail setzt man hier auf Konzentration und noch mehr Größe. Als die Säulen der Unternehmensstrategie wurden globale Präsenz, starkes Markenportfolio, umfassendes Produktprogramm sowie Technologie- und Innovationsführerschaft definiert. Der Grundsatz lautet: mehr von demselben. Dabei hofft der Vorstandsvorsitzende Jürgen E. Schrempp, dass sich langfristig der Erfolg schon einstellen wird. Noch geben ihm aber die Zahlen nicht Recht.

Weder die Fusion mit der Chrysler Corp. noch die Beteiligungen an der Mitsubishi Motors und an der Hyundai Motor Company brachten in den Kernbereichen Personenwagen und Nutzfahrzeuge den Kick nach vorn. Und Schremppsv Strategie ist umstritten. Den Typus des idealen Managers erreicht eh keiner: eine Mischung aus Albert Einstein, Alexander dem Großen und Thomas Gottschalk.

Mittelstand: Die heimlichen Weltmeister

Zum Mittelstand zählen kleine und mittlere Unternehmen aus Industrie, Handwerk, Handel und dem Dienstleistungsbereich sowie aus den freien Berufen. In der Regel gelten Unternehmen mit weniger als 500 Beschäftigten oder einem Umsatz von bis zu 50 Millionen Euro als Mittelstand. In den Bereichen Handelsvermittlung, Einzelhandel, Verkehr und Nachrichtenübermittlung, Banken, Versicherungen sowie Dienstleistungen liegt die Umsatzmarke bei 12,5 Millionen Euro.

Der Mittelstand wird gern als Motor oder Rückgrat der deutschen Wirtschaft bezeichnet. Aber er ist ein Motor, der weitgehend im Verborgenen läuft, und so erfolgreich, dass Amerikaner voller Hochachtung von den »hidden Champions« sprechen. Oft pflegen erfolgreiche Mittelständler auch diese Zurückhaltung nach dem Motto »tue Gutes und rede darüber«. Die große Bedeutung des Mittelstands in Deutschland lässt sich an folgenden Fakten ablesen:

99,7 Prozent der Unternehmen sind mittelständisch. Insgesamt sind es 3,3 Millionen Firmen mit einem Jahresumsatz von mindestens 16 617 Euro (Definition für »Mittelstand«). Davon stellen das Handwerk 569 000 (Stand 2002) und die freien Berufe 783 000 (Stand Anfang 2003). Der Anteil der Beschäftigung liegt bei 69,7 Prozent und beim Umsatz (2001) bei rund 42 Prozent). Besonders eindrucksvoll ist der Anteil der Mittelständler an der Ausbildung: knapp 83 Prozent.

Der Mittelstand erwirtschaftet nach dem letzten Stand der Auswertung (1999) mit 20 Millionen Beschäftigten knapp 49 Prozent der so genannten Bruttowertschöpfung aller Unternehmen. Vergleiche mit früheren Jahren sind schwierig, da im Zuge der

Privatisierung frühere öffentliche Unternehmen (Staatsbetriebe) jetzt den (privaten) Großunternehmen zugeordnet werden.

Immerhin: Der lange vernachlässigte »Zug zur Selbständigkeit« ist in den letzten Jahren wieder in Fahrt gekommen. Existenzgründer sind wieder gefragt, werden von der Politik umworben und mit Finanzhilfen wesentlich flexibler »bearbeitet« als bisher. 452 000 Unternehmen gründeten sich 2002. Allerdings stellten im gleichen Jahr auch 389 000 aus den verschiedensten Gründen den Betrieb (wieder) ein. Unter dem Strich also versuchten 63 000 Unternehmen ihr Glück.

Vom »Loslassen« bis Basel II

Kaum Nachfolger

Die meisten Mittelständler sind Familienunternehmen, in der Regel werden sie von den Eigentümern geführt (regiert), die aber oft nicht rechtzeitig »loslassen« können. Seit 2002 steht bei rund 400 000 Unternehmen ein Führungswechsel an. Der zuständige Bundesverband der mittelständischen Wirtschaft schätzt jedoch, dass rund 30 000 das Handtuch werfen müssen, weil die Erben/Familiennachfolger abwinken und auch sonst keiner gefunden wird, der den Betrieb fortsetzen will.

Geringe Produktivität

Bei aller Bedeutung für die Wirtschaft, der deutsche Mittelstand arbeitet nicht produktiv genug. 39 Prozent der Arbeitszeit (rund 85 Arbeitstage) werden verschwendet, hat eine Studie der Unternehmensberatung Czipin & Proudfoot ermittelt. Die Produktivität der Mittelständler ist danach im Jahr 2001 von 64 auf 61 Prozent zurückgegangen.

Hauptgrund: Managementfehler. 38 Arbeitstage werden wegen mangelnder Planung und Steuerung verschenkt, 17 Tage wegen schlechter Führung und Aufsicht und zehn Tage durch schlechte Kommunikation. Daneben geht durch fehlende Arbeitsmoral, EDV-Probleme und mangelnde Qualifikation Arbeitszeit verloren. Aber die Firmenchefs, die ihre Produktivität verbessern wollen, planen vor allem Kostensenkungen im Produktionsbereich, anstatt ihre Selbsteinschätzung zu überprüfen und eigene Fehler zu korrigieren.

Mittelständische Unternehmen haben an der gesamten deutschen Bruttowertschöpfung mit 1893,88 Milliarden Euro (2000) einen Anteil von 44,7 Prozent. Damit gehen durch die verschwendete Arbeitszeit rund 200 Milliarden Euro verloren. Anders ausgedrückt: Die deutsche Bruttowertschöpfung könnte um rund 11 Prozent höher liegen, wenn der Mittelstand seine Leistungsfähigkeit ausnutzen würde.

Im internationalen Vergleich (neun Länder wurden untersucht) rangiert Deutschland nach Angaben der Studie mit Produktivitätsverlusten von 39 Prozent gemeinsam mit den USA aber immer noch an der Produktivitätsspitze, gefolgt von Österreich mit 40 Prozent Verlusten. Für Frankreich wurden 46 Prozent ermittelt, für Ungarn 47 Prozent und für Großbritannien 52 Prozent. Der Durchschnitt der neun Länder lag bei einem Produktivitätsverlust von 43 Prozent.

Altes Leid: Zu wenig Eigenkapital

Jedes dritte Unternehmen in Deutschland hat Probleme, einen Kredit zu bekommen. Die unzureichende Eigenkapitalquote ist der am häufigsten genannte Grund für die Verweigerung (52 Prozent), was mit über 80 Prozent vor allem Einzelunternehmen trifft. Und: Je jünger das Unternehmen desto häufiger die Ablehnung. Weitere Gründe: Unzureichende Sicherheiten, geringe Rentabilität, aus Sicht der Kreditgeber nicht überzeugende Investitionsvorhaben und auch dieses: Die betreffende Bank hat ihre Geschäftspolitik geändert. Gerade in der Bankenkrise (ab 2000) haben sich Geldinstitute zum Teil massiv aus der Mittelstands-Finanzierung zurückgezogen bzw. die Bedingungen verschärft. Inzwischen hat die Politik auf die Finanzkrise der »Kleinen« reagiert und stellt über die Kreditanstalt für Wiederaufbau (KfW) auch Mittel ohne Bürgschaft bereit. Alles mit dem Ziel: mehr Existenzgründer und Selbständige braucht das Land!

Die neuen Richtlinien zur Vergabe von Krediten (Stichwort »Basel II«), die ab 2006 gelten, sehen ein Rating des potenziellen Schuldners vor, wobei das vorhandene Eigenkapital eine gewichtige Rolle spielt. Wer über wenig Eigenkapital verfügt, wird deutlich höhere Zinsen zahlen müssen. Und nach Angaben des Bundesverbandes Mittelständische Wirtschaft (BVMW) arbeitet jeder zweite Mittelständler völlig ohne Eigenkapital, jeder dritte ohne Gewinn. Nicht einmal jeder fünfte mittelständische Betrieb verfügte im Jahr 2000 über eine als solide geltende Eigenkapitalquote von 30 Prozent, während knapp 40 Prozent mit einer Quote von weniger als 10 Prozent als unterfinanziert gelten (Wirtschaftsauskunftei Creditreform).

Die Mittelständler stehen also vor der Aufgabe, einerseits für höheres Eigenkapital zu sorgen und andererseits Alternativen zum Bankkredit zu suchen. Doch gerade dabei tun sie sich noch immer schwer. Knapp 60 Prozent aller Befragten setzen weiterhin auf einbehaltene Gewinne, um die Eigenkapitalquote zu erhöhen, und es gibt überall im Mittelstand noch Berührungsängste zu Anbietern anderer Finanzierungen. Bei Wagniskapitalgebern haben traditionelle Mittelständler ohnehin kaum Chancen, weil bei ihnen keine großen Umsatzsprünge zu erwarten sind. Und da viele Chefs nur zögernd Mitspracherechte einräumen, kommt für sie das so genannte Venture Capital auch gar nicht infrage. Das gleiche Problem gibt es bei der von Eigenkapitalgebern geforderten Transparenz über die Geschäftszahlen und Business-Pläne.

Der BVMW rechnet daher damit, dass in den nächsten Jahren jeder vierte Mittelständler aufgeben wird.

Keine Antenne für Krisen

Die meisten Unternehmenskrisen sind vermeidbar, und fast jede Firmenkrise ist auch eine Managementkrise – so das Ergebnis einer Studie über Sanierungs- und Restrukturierungsfälle in Deutschland, die von der Unternehmensberatung Dr. Wieselhuber & Partner durchgeführt wurde. Besonders Familienunternehmen haben Probleme damit, auf eigene Defizite einzugehen. Die geringe Eigenkapitalquote macht gerade kleine und mittlere Firmen anfällig für Krisen. Als Gefahrenquellen nennt die Studie: niedriges Renditeniveau, ausgeprägte Komplexität, hohe Struktur- und Overheadkosten. Fazit: Den Mittelständlern fehlt die Sensibilität für Krisensymptome, sie handeln oft zu spät.

Fusionitis: Wer kann überleben?

In der zweiten Hälfte der Neunzigerjahre rollte eine Welle von Fusionen. Jeden Tag neue Schlagzeilen: Wer mit wem, wer schluckt wen? Als Ursachen werden die Liberalisierung und Globalisierung der Märkte, die Entstehung der Europäischen Währungsunion und ein hoher Rationalisierungsdruck genannt sowie neue Informationstechnologien, die die Transaktionskosten senken.

1995 lag das Transaktionsvolumen von angekündigten Fusionen weltweit bei 948,7 Milliarden Dollar, 1999 bei 3,4 Billionen Dollar. Die Zahl der Fusionen stieg in dieser Zeit von 23 637 auf 32 332. Das Transaktionsvolumen von Fusionen mit deutscher Beteiligung wuchs von 34,2 Millionen auf 359,5 Millionen Dollar. Die Fusions- und Übernahmewelle (Merger & Aquisition, M&A) erreichte im Boomjahr 2000 ihren vorläufigen Höhepunkt mit einem angekündigten Transaktionsvolumen von sage und schreibe 3,5 Billionen Dollar. Dann die abrupte Wende: 2002 »nur« noch ein Volumen von 996 Milliarden Dollar. Konjunktur- und Börsenkrise ließen grüßen. Die aufgeblähten Investmentbanking-Abteilungen der großen Geldhäuser mit Spezialisten, die mit ihren »Verdiensten« die Gehälter von Vorstandssprechern zum Teil weit in den Schatten stellten – diese schöne neue Welt brach regelrecht weg, keine Aufträge mehr.

Warum entschließen sich Unternehmen zu Fusionen? Laut einer Umfrage des *Handelsblattes* in Zusammenarbeit mit Arthur Anderson werden als Hauptgründe genannt (Mehrfachnennungen waren möglich):

- Technologievorteile (63 Prozent)
- Bedarf an Wissen (51 Prozent)
- Verbesserte Kundenbeziehungen (49 Prozent)

- Globalisierung (49 Prozent)
- Bedarf an Mitarbeitern (40 Prozent)
- Verbesserter Markenwert (40 Prozent).

Weitere Vorteile, die man sich davon erhofft: Verbesserung der Marktposition, Erweiterung der Produktpalette, Stückpreissenkung bei Massenproduktion, Risikostreuung durch globale Präsenz sowie der Abbau von Überkapazitäten im Verbund.

Unternehmensstrukturen als »Bremsklotz«

Viele Fusionen scheitern, bevor sie stattgefunden haben. Nur drei von zehn geplanten Transaktionen kommen überhaupt zustande. Hauptgrund sind Managementprobleme. So platzte die Hochzeit zwischen der Deutschen Bank und der Dresdner Bank – Transaktionsvolumen 29 Millionen Dollar – wegen Differenzen des Managements, obwohl die Liaison allgemein als wirtschaftlich sinnvoll angesehen wurde.

Aber noch mehr Fusionen oder Übernahmen scheitern, nachdem sie vollzogen worden sind. Denn ein großer Teil der Manager hat nur ein unklares Bild von den Faktoren, die wirklich entscheidend sind für den Erfolg einer Fusion. Einer Studie der Unternehmensberatung Accenture von Mitte 2001 zufolge sind die beiden Hauptfehleinschätzungen: 82 Prozent der befragten Manager behaupten, Widerstände der Mitarbeiter stellten die größte Integrationsbarriere dar. Und jede sechste Führungskraft fordert eine schnelle Umsetzung der Fusion.

Wenn ein Zusammenschluss fehlschlägt, wird meist auf widrige Rahmenbedingungen verwiesen, ohne diese im Detail zu erläutern. Es stimmt zwar, dass die Bedeutung von Unternehmensgröße und regionaler Herkunft sehr oft unterschätzt wird, aber vielen Managern fehlt es an Wissen und Erfahrung, wie man zwei unterschiedliche Unternehmenskulturen integrieren kann, so die Studie. Bei so scheinbar einfachen Dingen wie der Vernetzung der Computer beider Unternehmen können so große Fehler gemacht werden, dass sie die gesamten Synergieeffekte einer Fusion auffressen.

Auch eine Studie der Wirtschaftsprüfungsgesellschaft KPMG aus dem Jahr 2002 zeigt, dass Fusionen an mangelnder Integration scheitern, am Streit darüber, welches EDV-System und welche Firmenkultur übernommen wird. Sie belegt ferner, dass bei Übernahmen und Akquisitionen viel Geld vernichtet wird, und zwar das Geld der Aktionäre. Untersucht wurden hier größere Transaktionen mit einem Volumen von mindestens 150 Millionen Euro.

In 59 Prozent aller Fälle wurde Shareholder-Value zerstört, in nur 38 Prozent gab es echte Wertsteigerungen. Vor allem wenn die Aktien des Übernehmenden vorher unterbewertet waren, stiegen die Aktienkurse nach der Transaktion. Umgekehrt fielen die Kurse, wenn der Erwerbende vorher überdurchschnittlich hoch bewertet war. Übrigens: Von der Absage des Fusionsvorhabens Deutsche Bank/Dresdner Bank haben die Aktionäre profitiert. Sofort nach der Ankündigung schossen die Aktienkurse beider Unternehmen in die Höhe.

Ein Negativbeispiel ist der Zusammenschluss von Daimler und Chrysler. Die Aktienkurse sind nach einem kurzen Höhenflug drastisch abgestürzt, die Geschäftsergebnisse ebenfalls. Der Konzern rutschte 2001 mit 660 Millionen Euro in die roten Zahlen, ein Jahr später sogar mit dem Zehnfachen (2002: 6,3 Milliarden). Von wegen: Die Fusion der angeblich zwei »Gleichen« bringe rasch Vorteile für alle. Das »Abenteuer« Chrysler entpuppte sich immer mehr als fast unkalkulierbar und drückte den deutsch-amerikanischen Konzern tief in die Verlustzone.

> ### AUSGEWÄHLTE MEGA-FUSIONEN UND MEGA-ÜBERNAHMEN
>
> **Mega-Fusionen (in Klammern Transaktionswert in Milliarden DM):**
> 1997   Hypo-Bank und Vereinsbank (18,7)
> 1998   Daimler Benz und Chrysler (75)
> 1998   Krupp und Thyssen (12)
> 1999   Rhône-Poulenc und Hoechst (50)
> 2000   Veba und Viag (33)
>
> **Mega-Übernahmen:**
> United Airlines, die größte Fluggesellschaft der Welt, kaufte im Mai 2000 den Konkurrenten US Airways für umgerechnet 4,7 Milliarden Euro. Es entstand ein Konzern mit 30 Milliarden Euro Umsatz und mehr als 145 000 Beschäftigten.
> AOL, der weltweit größte Online-Dienst, erwarb Anfang 2000 das weltweit größte Medienunternehmen Time Warner Inc, der Transaktionswert betrug 165 Milliarden Dollar. Der neu entstandene größte Medienkonzern der Welt hat einen Umsatz von 40 Milliarden Dollar und rund 80 000 Mitarbeiter.
> Die feindliche Übernahme von Mannesmann durch die britische Vodafone Airtouch war der bisher größte Zusammenschluss der Wirtschaftsgeschichte mit einem Transaktionwert von 371 Milliarden Dollar.

Die Gier der Bosse

In letzter Zeit machten Zahlen über horrende Abfindungszahlungen für Spitzenmanager die Runde. Klaus Esser, der ehemalige Mannesmann-Chef, hat sich seinen Weggang mit 62 Millionen DM versüßen lassen. Und der frühere Konzernchef des schweizerisch-schwedischen Elektro- und Maschinenbaukonzerns ABB, Percy Barnevik, brachte es sogar auf 100 Millionen Euro. Der frühere ABB-Vorstandschef Göran Lindahl kassierte immerhin 54 Millionen Euro. Dabei schrieb ABB im Jahr 2001 mit einem Nettoverlust von 777 Millionen Euro rote Zahlen. Nach heftiger Kritik in der Öffentlichkeit zahlten die ABB-Manager einen Teil ihrer Abfindung zurück. Wie gnädig.

Angesichts dieser Summen zweifelt die Öffentlichkeit immer mehr an der Moral unserer Spitzenmanager. Deshalb bemüht man sich inzwischen sowohl auf der Seite der Politik als auch auf Unternehmensseite verstärkt um ein besseres Ansehen der Unternehmen und um mehr Transparenz.

Die Initiative Corporate Governance soll eine bessere Kontrolle und Steuerung der Unternehmen erreichen. Es geht darum, wie Aufsichtsräte effizienter, Wirtschaftsprüfer unabhängiger und Vorstände kontrollierbarer arbeiten können. Unter Führung von Gerhard Cromme, dem früheren Vorstandsvorsitzenden von Krupp-Thyssen und jetzigen Aufsichtsratschef, hat eine von Bundeskanzler Schröder beauftragte Kommission Vorschläge für Verhaltensregeln für börsennotierte Unternehmen erarbeitet.

Der Ende Februar 2002 vorgelegte Kodex enthält 50 Vorgaben zur Verbesserung der Unternehmensführung. Er lässt die Unabhängigkeit der Vorstände unangetastet, fordert aber, dass Interessenkonflikte offen gelegt werden. Aufsichtsräte sollen in Zukunft nicht mehr als fünf Posten wahrnehmen und nicht als

Berater bei Wettbewerbern arbeiten. Außerdem wird vorgeschlagen, dass die Vorstandsgehälter zukünftig im Geschäftsbericht veröffentlicht werden. Weitere Themen sind die Gleichbehandlung von Aktionären und das Verhalten bei Übernahmen. Allerdings formuliert der Kodex nur unverbindliche Verhaltensrichtlinien.

Noch weiter als Corporate Governance geht der Ansatz Corporate Citizenship. Ein Unternehmen braucht nicht nur good money und good people, sondern auch good will, Akzeptanz in der Gesellschaft. Es geht um bürgerschaftliches und soziales Engagement der Unternehmen, das ihnen letztendlich auch selbst zugute kommt, und zwar als Imageverbesserung sowie in Form einer erhöhten Motivation und sozialen Kompetenz der Mitarbeiter. Beides ist wichtig sowohl für die Kunden als auch für die Anteilseigner.

In den USA wird Corporate Citizenship oder Corporate Volunteering bereits seit fünfzig Jahren praktiziert. Freiwillig leisten die Mitarbeiter gemeinnützige Arbeit, für die sie von den Unternehmen teilweise oder auch ganz freigestellt werden. Inzwischen wurde das Prinzip auch in Deutschland entdeckt: das Unternehmen als »Bürger«.

So bezeichnet sich DaimlerChrysler selbst als »Good Corporate Citizen – und dies in allen Ländern der Welt« und praktiziert im Rahmen des Konzern-Sponsoring gesellschaftspolitisches Engagement. Die Siemens-Unternehmensberatung hat eine Kinderfonds-Stiftung gegründet. Auch ein spezielles Angebot für die eigenen Mitarbeiter zur Altersvorsorge sieht Siemens-Chef von Pierer als Teil des Corporate-Citizen-Prinzips. Bei BMW gehört die Übernahme von Verantwortung im gesellschaftlichen Bereich zu den Leitsätzen der Unternehmensphilosophie. Und im Rahmen von Corporate Citizenship wird nicht nur die Aids-Bekämpfung in Südafrika unterstützt, sondern auch Kulturförderung betrieben.

Gerade von den »Multis« erwartet die Öffentlichkeit heute, dass sie eigene, gesellschaftlich akzeptierte Regeln aufstellen. Dazu zählen Engagement im Umweltschutz sowie Beiträge zur Lösung der durch die Globalisierung entstandenen Probleme.

Bezahlung »erfolgsabhängig«

Die Moral der Manager wird immer häufiger auch an der Höhe ihrer Bezüge gemessen. Rolf-E. Breuer, der frühere Sprecher der Deutschen Bank, hat, wie er im Mai 2002 offen legte, in 2001 insgesamt 8 Millionen Euro verdient: Ein Drittel davon waren Festgehalt, ein Drittel erfolgsabhängig, und ein Drittel erhielt er in Form von Aktienoptionen, die in der Zeit von 2005 bis 2008 ausgeübt werden können. Nach seinen Angaben war das Gehalt von 2001 um 30 Prozent geringer als in 2000. »Wir müssen auch bei der Bezahlung mit unseren Wettbewerbern mithalten«, so Breuer, schließlich kassiere der Boss der Citibank Group über 30 Milliarden Dollar.

Im Schnitt hat 2002 jedes Vorstandsmitglied eines der 30 Spitzenunternehmen an der Börse (DAX) rund 1,25 Millionen Euro kassiert nach 1,16 Millionen im Vorjahr. Besonders reichlich griff der Vorstand des Weltunternehmens DaimlerChrysler zu: 3,7 Millionen betrug die Vergütung für den Gesamtvorstand. Das ist mehr als das Doppelte von 2001 (1,6 Millionen). Immerhin: Die Deutsche Bank reduzierte auf 2,0 (2,9) Millionen und auch Volkswagen auf 1,8 (1,9) Millionen Euro. Dagegen zeigte sich Reifenbauer Continental spendabler als ein Jahr zuvor: 0,967 nach 0,495 Millionen. Als »Schlusslicht« bei der Aufstellung der Deutschen Schutzvereinigung für Wertpapierbesitz (DSW) figuriert Chipproduzent Infineon mit 0,279 (2001: 0,202) Millionen Euro).

Insgesamt, so die DSW, liegen deutsche Vorstände im internationalen Vergleich »eher im Mittelfeld«. Was ist angemessen, was nicht? Eine ungeklärte Frage. Immerhin ist sich die Fachwelt einig: Wenn Vorstände wie in den USA um über 500mal höher bezahlt werden als ein durchschnittlicher Facharbeiter, dann ist das krass überbezahlt und »unanständig«. Schließlich tragen nicht die Manager, sondern die Unternehmer die Risiken. Zum Vergleich: Der Multiplikator liegt in Mexiko bei 45, in Großbritannien bei 25, in Frankreich bei 16, in Deutschland bei 11 und in Japan »nur« bei 10. Wohlgemerkt: im Durchschnitt. Auswüchse/Ausreißer gibt es überall und immer wieder. Wie kritisierte einer der schillerndsten und erfolgreichsten Unternehmer, Nicolas Hayek? »Ein Unternehmer ist ein Künstler wie Picasso. Er produziert neue Dinge und verkauft sie. Und was macht ein Manager? Er übernimmt eine Firma, die schon existiert und versucht, so viel Geld wie möglich zu verdienen.«

Die Größten

Meist werden Unternehmensranglisten nach der Höhe des Umsatzes und den Beschäftigtenzahlen erstellt, also ohne Banken und Versicherungen. Das größte Industrie- und Dienstleistungsunternehmen in Europa ist DaimlerChrysler, Volkswagen steht auf Platz 5, Siemens auf Platz 6 und E.on auf Platz 7. Es folgen: 15 Metro, 18 RWE, 20 Deutsche Telekom, 23 Rewe-Gruppe,

24 ThyssenKrupp, 25 BASF, 26 BMW, 29 Deutsche Post, 30 Robert Bosch, 32 Edeka-Gruppe, 34 Bayer, 43 Tengelmann-Gruppe.

Da Umsatzgröße nichts über die Qualität eines Unternehmens aussagt, lässt die *Financial Times* in ihren jährlichen Top-Listen die Unternehmen auch nach ihrer Dynamik bewerten.

Als Kennziffer wird die Marktkapitalisierung verwendet, das ist die Anzahl der öffentlich gehandelten Aktien einer Aktiengesellschaft, multipliziert mit dem Aktienkurs an einem Stichtag (hier: 28. März 2003). In dieser Liste sind Banken und Versicherungen mit drin. Der größte Vorteil ist jedoch, dass auch die Zukunft bewertet wird, denn Aktienkurse enthalten die Erwartungen der Anleger über das zukünftige Abschneiden eines Unternehmens.

DIE ZEHN GRÖSSTEN INDUSTRIE- UND DIENSTLEISTUNGSUNTERNEHMEN EUROPAS

(Umsatz in Milliarden US-Dollar im Jahr 2003):

1	Royal Dutch/Shell, NL/GB	179,431
2	BP, GB	178,721
3	Vodafone, GB	35,819
4	GlaxoSmithKline, GB	33,258
5	Novartis, CH	23,607
6	HSBC, GB	n. a.
7	Total Fina Elf, F	110,262
8	Nestle, CH	64,937
9	Nokia, FIN	32,276
10	Royal Bank of Scotland, GB	n. a.

DIE ZEHN SPITZENUNTERNEHMEN DER WELT

(Marktkapitalisierung in Milliarden US-Dollar im Jahr 2003):

1	Microsoft, USA	264,003
2	General Electric, USA	259,647
3	Exxon Mobil, USA	241,037
4	Wal-Mart Stores, USA	234,399
5	Pfizer, USA	195,948
6	Citigroup, USA	183,887
7	Johnson & Johnson, USA	170,417
8	Royal Dutch/Shell, NL/GB	149,034
9	BP, GB	144,381
10	IBM, USA	139,272

Die Liste der Top 500 umfasst die weltweit größten Unternehmen, gemessen an ihrer Marktkapitalisierung. Hier dominieren logischerweise die amerikanischen Unternehmen. An der Spitze wechseln sich seit 1996 General Electric und Microsoft ab. Deutsche Unternehmen tauchen in dieser Liste erst ab Platz 56 auf (Deutsche Telekom).

DIE ZWANZIG SPITZENUNTERNEHMEN DEUTSCHLANDS

(Erste Zahl Marktkapitalisierung in Milliarden Dollar, zweite Zahl Umsatz in Milliarden Dollar, dritte Zahl Rang in der internationalen Liste im Jahr 2003):

1	Deutsche Telekom	47,260	57,744	56
2	Siemens	37,483	90,343	77
3	DaimlerChrysler	30,540	160,847	98
4	EON	29,318	39,850	102
5	Deutsche Bank	26,844	k. A.	116
6	SAP	25,350	7,971	127
7	BASF	21,587	34,642	150
8	BMW	18,571	45,464	179
9	Schering	16,407	5,401	207
10	Allianz	14,418	k. A.	235
11	Volkswagen	13,136	93,496	261
12	RWE	11,932	50,754	292
13	Munich RE	11,416	k. A.	304
14	Deutsche Post	10,829	42,211	322
15	Bayer	10,280	31,855	348
16	Infineon	10,138	5,599	353
17	Beiersdorf	9,231	5,099	399
18	Henkel	8,283	10,383	448
19	Energie Baden-Württemberg	8,199	9,310	453
20	T-Online	8,112	1,226	458

9
Old Economy und New Economy – die Seifenblase ist geplatzt

Wer heute noch der New Economy nachtrauert, hat wahrscheinlich viel Kohle verloren. Aus den meisten Dotcom-Unternehmen sind inzwischen Dot-gone-Unternehmen geworden. Pleite, weg vom Markt, aufgekauft oder bis zur Unkenntlichkeit geschrumpft. Ausnahmen wie Amazon.com bestätigen nur die Regel.

Erst heute dämmert den großen Propheten der New Economy, dass nicht nur sie, sondern wahrscheinlich die meisten Beteiligten gar nicht recht wussten, was unter dem Begriff zu verstehen ist. Das Einzige, woran sie ganz fest geglaubt haben, war: Da kannste ganz schnell viele Mäuse machen!

Leider wurden aus den riesigen Gewinnen ganz fix riesige Verluste. Sicher haben einige an der Spitze ihre Milliönchen zur Seite geschafft. Nur die vielen kleinen Aktionäre und die Mitarbeiter mit ihren Unternehmensbeteiligungen standen nackt da. Aber das ist auch in der Old Economy nicht anders – Gier frisst Hirn.

Was war denn nun die New Economy? Den Begriff nehmen die einen als Bezeichnung für den Wirtschaftsaufschwung der USA in der zweiten Hälfte der Neunzigerjahre des letzten Jahrhunderts, der von der Informationstechnologie-Branche getragen wurden. Für andere ist die New Economy der hauptsächlich mit

Wagniskapital finanzierte Gründungsboom von Internet-Firmen im Jahr 2000. Die so genannten Start-ups gingen, kaum dass sie ihre Ideen den Finanzanalysten einigermaßen plausibel erklären konnten, sofort an die Börse.

Neue Geschäftsfelder und Dienstleistungen wurden in rasendem Tempo konzipiert und oft genug nicht einmal im Ansatz realisiert. Viele Firmen hatten nur eine Idee, sonst nichts. Beispiele dafür sind EM.TV und Gigabell. Viele sind inzwischen pleite. Warum? Die Idee allein reichte nicht. Ohne realistische Geschäftsmodelle, die auf Dauer profitabel sein können, und ohne solide Finanzierungskonzepte läuft es nicht. Unternehmen, die nur andere Ideen abgekupfert haben, sind ebenso gescheitert.

Die Vorstellung, dass es einen unendlich großen Markt für virtuelle Produkte und Dienstleistungen geben müsse, der nicht mehr nach den Regeln von Angebot und Nachfrage funktioniert, in dem Kosten keine Rolle spielen, weil irgendwann in der Zukunft irrsinnig große Gewinne winken, auf die man bloß zu warten braucht, stellte sich ab Mitte 2000 als Irrtum heraus. Die Aktienkurse purzelten ins Bodenlose. Rund 5 Milliarden Euro Anlegerkapital lösten sich in Nichts auf.

Manche verwechselten die New Economy auch mit dem Begriff Neuer Markt. Der Neue Markt ist aber nicht die New Economy, sondern ein spezielles Börsensegment für wachstumsorientierte High-Tech-Unternehmen, das im März 1997 an der Börse in Frankfurt am Main ins Leben gerufen wurde.

Die New Economy wurde auch ganz direkt mit Wissensgesellschaft gleichgesetzt. Unternehmensberater Roland Berger forderte die Deutschen im Sommer 2000 auf, im Hinblick auf die New Economy ein Bündnis für Wissen zu bilden, an dem sich der Staat, die Gewerkschaften, die Unternehmen und jeder

Einzelne beteiligen sollten. Um mit den Veränderungen Schritt zu halten, müsse man bereit sein, ein Leben lang zu lernen. Sein Vorschlag lautete, jeder solle zusätzlich zu seiner normalen Arbeitszeit wöchentlich vier Stunden für die persönliche Weiterbildung aufwenden. Keine schlechte Idee. Nur zerplatzte sie zur selben Zeit wie die Seifenblase der New Economy.

Wer heute noch nicht von der New Economy lassen möchte, definiert sie um zum Begriff für den Transformationsprozess von der späten Industriegesellschaft zur Wissensgesellschaft. Damit lässt sich leben, denn schließlich ist ja einiges von der New Economy übrig geblieben: sehr viele schöne neue Begriffe, etliche neue Kommunikationsmöglichkeiten, mit denen man sich die Zeit vertreiben kann und von denen manche tatsächlich einen Nutzen bringen, sowie verschiedene neue Formen des Handels mit echten Gewinnchancen. Es war allerdings ein Irrtum, dass die New Economy die Old Economy ablösen wird.

Die Old Economy hat nur gewartet und dann, nach einer gewissen Zeit des Schweigens, zugeschlagen. Klassische Industrieunternehmen kaufen inzwischen die in Finanznot geratenen Unternehmen aus der New Economy auf und verleiben sie sich ein.

Die restlichen Unternehmen der New Economy befinden sich in einer Phase der Konsolidierung. Nur die wirklich guten haben bis heute überlebt. Das sind vor allem jene, die einen echten Mehrwert für den Kunden bieten, die innovativ sind, schneller, besser und billiger als ihre Wettbewerber. Sie müssen einen hohen Marktanteil in ihrem Segment halten, besser noch: Marktführer sein und nach Möglichkeit eine Marke aufbauen, die Brand. Wichtig sind darüber hinaus selbstverständlich ein professionelles Management sowie eine gesicherte Finanzierung des Wachstums.

Inzwischen hat sich bei den Start-ups nach der Pleitewelle herumgesprochen, dass erfahrene Manager aus der Old Economy im betriebswirtschaftlichen Alltag äußerst nützlich sein können. Beispiel: Beim Medienriesen AOL Time Warner, entstanden aus dem Online-Dienst AOL und dem Traditionsverlag Time Warner, haben jetzt wieder die Oldies von Time Warner das Sagen. Der Internet-Boss von AOL musste passen wegen Erfolglosigkeit.

Angesichts der Internet-Euphorie wurde die Bedeutung des persönlichen Kontaktes häufig völlig vergessen. Man glaubte, allein mit schlecht gepflegten Websites die Kunden zu gewinnen. Werbung außerhalb des Internets hielt man für überflüssig.

Die Old Economy ist weitaus flexibler und lernfähiger, als man gedacht hat. Der große Teil der traditionellen Industrieunternehmen hat die Bedeutung des Internets erkannt und nutzt das E-Business, um up-to-date zu sein, und spart dabei auch noch Kosten. Mit E-Commerce Geld zu verdienen, ist nicht einfach, aber es geht. Dabei profitiert die Old Economy davon, was in der New Economy erprobt worden ist:

- Neue Marktplätze entstehen.
- Die New Economy schuf eine neue Arbeitskultur, deren wichtigstes Element die Vernetzung ist.
- Die New Economy verändert auch das Marketing, aus Verkaufen wurde Beraten.
- Die New Economy setzte auf Wissen und Ideen.

E-Commerce heißt Verkauf von Produkten oder Dienstleistungen per Computer über das Internet, entweder mit dem Endkonsumenten (B2C) oder zwischen Unternehmen (B2B). Im Jahr 2002 sprang der weltweite E-Commerce-Umsatz beim B2B auf 823 (2001: 474) Milliarden Dollar und 2003 sogar auf 1,4 Billionen (!!) Dollar. Für 2004 gehen Schätzungen von 2,4 Billionen aus. Beim Geschäft mit dem Endkunden liegen die Zahlen bei 167 Milliarden (2002) bzw. 250 und 428 Milliarden Dollar in 2003 und 2004. Innerhalb Europas liegt Deutschland mit insgesamt 119 Milliarden Dollar E-Commerce-Umsatz klar vorne. 2004 soll es mit 288 Milliarden noch mal mehr als eine Verdoppelung geben.

E-COMMERCE-UMSATZ IN EUROPA

Umsatz in Milliarden Dollar (2003)

Deutschland	118,7
Großbritannien	110,1
Frankreich	44,9
Niederlande	33,2
Schweden	31,0
Finnland	23,8
Italien	15,5
Dänemark	14,2
Norwegen	13,7
Spanien	5,9
Übrige Länder:	5,1

Literaturverzeichnis

Bücher:

Aktuell 2002, Dortmund 2001.
Borst, Arno, *Lebensformen im Mittelalter,* Frankfurt am Main 1991.
Castells, Manuel, *Das Informationszeitalter I. Die Netzwerkgesellschaft,* Opladen 2001.
Chossudovsky, Michel, *Global Brutal. Der entfesselte Welthandel, die Armut, der Krieg,* Frankfurt am Main 2002.
Crainer, Stuart, *The Ultimate Business Library. 50 Books that Made Management,* Oxford 1997.
– *Die 75 besten Managemententscheidungen aller Zeiten,* München 2002.
Diamond, Jared, *Arm und Reich. Die Schicksale menschlicher Gesellschaften,* Frankfurt am Main 1999.
Ehrenreich, Barbara, *Arbeit poor. Unterwegs in der Dienstleistungsgesellschaft,* München 2001.
Engelmann, Bernt, *Das ABC des großen Geldes. Macht und Reichtum in der Bundesrepublik – und was man in Bonn dafür kaufen kann,* Köln 1985.
Eucken, Walter, *Grundsätze der Wirtschaftspolitik,* Hamburg 1959.
Der Fischer Weltalmanach 2001, Frankfurt am Main 2000.
Forrester, Viviane, *Der Terror der Ökonomie,* Wien 1997.
Der forsa-Meinungsreport 2002. Was Deutschland bewegt, Frankfurt am Main 2002.
Friedman, David, *Der ökonomische Code. Wie wirtschaftliches Denken unser Handeln bestimmt,* München 2001.
Friedman, Thomas L., *Globalisierung verstehen,* München 2000.
Gablers Wirtschafts-Lexikon, Wiesbaden 1988.
Grube, Frank und Richter, Gerhard, *Das Wirtschaftswunder. Unser Weg in den Wohlstand,* Hamburg 1983.

Hanesch, W. u. a., *Armut und Ungleichheit in Deutschland,* Hamburg 2000.

Herz, Wilfried, *Zeit-Bibliothek der Ökonomie. Die Hauptwerke der Ökonomen,* Frankfurt am Main 2000.

Horx, Matthias, *Die acht Sphären der Zukunft. Ein Wegweiser in die Kultur des 21. Jahrhunderts,* Wien, Hamburg 2000.

– und Wippermann, Peter, *Markenkult. Wie Waren zu Ikonen werden,* Düsseldorf 1995.

Huntington, Samuel P., *Kampf der Kulturen. Die Neugestaltung der Weltpolitik im 21. Jahrhundert,* München, Wien 1997.

Jenner, Gero, *Die arbeitslose Gesellschaft. Gefährdet Globalisierung den Wohlstand?,* Frankfurt am Main 1997.

Johnson, Spencer, *Die Mäuse-Strategie für Manager,* München 2000.

– und Wilson, Larry, *Das 1-Minuten-Verkaufstalent,* Reinbek 1985.

Klein, Naomi, *No Logo,* New York 1999.

Koesters, Paul-Heinz, *Ökonomen verändern die Welt. Wirtschaftstheorien, die unser Leben bestimmen,* Hamburg 1985.

Kotteder, Frank und Bauer, Martin, *Das Who is Who der internationalen Großkonzerne,* München 2000.

Kurz, Robert, *Schwarzbuch Kapitalismus. Ein Abgesang auf die Marktwirtschaft,* Frankfurt am Main 1999.

Landes, David, *Wohlstand und Armut der Nationen. Warum die einen reich und die anderen arm sind,* Berlin 1999.

Lebenslagen in Deutschland. Der erste Armutsbericht der Bundesregierung, Berlin 2001.

Lehmann, Frank, *Wie stehen die Aktien?,* München 2001.

Lundberg, Ferdinand, *Die Reichen und die Superreichen. Macht und Allmacht des Geldes,* Hamburg 1969.

Martin, Hans-Peter und Schumann, Harald, *Die Globalisierungsfalle. Der Angriff auf Demokratie und Wohlstand,* Reinbek 1997.

McClellan, James E. und Dorn, Harald, *Werkzeuge und Wissen. Naturwissenschaft und Technik in der Weltgeschichte,* Hamburg 2001.

Micklethwait, John und Wooldridge, Adrian, *Die Gesundbeter,* Hamburg 1998.

Miegel, Meinhard, *Die deformierte Gesellschaft. Wie die Deutschen ihre Wirklichkeit verdrängen,* München 2002.

Naisbitt, John, *Megatrends. 10 Perspektiven, die unser Leben verändern werden,* München 1985.

Opaschowski, Horst W., *Deutschland 2010. Wie wir morgen arbeiten und leben – Voraussagen der Wissenschaft zur Zukunft unserer Gesellschaft,* Hamburg 2001.

– *Wir werden es erleben. Zehn Zukunftstrends für unser Leben von morgen,* Darmstadt 2002.

Ortega, Bob, *Wal-Mart, Der Gigant der Supermärkte. Die Erfolgsstory von Sam Walton und dem größten Handelskonzern der Welt,* München 2001.

Peters, Thomas J. und Waterman Jr., Robert H., *Auf der Suche nach Spitzenleistungen. Was man von den bestgeführten US-Unternehmen lernen kann,* München 1984.

Pohl, Hans (Hrsg.), *Deutsche Börsengeschichte,* Frankfurt am Main 1992.

Popcorn, Faith, *Der Popcorn Report. Trends für die Zukunft,* München 1995.

– *Clicking. Der neue Popcorn Report. Trends für unsere Zukunft,* München 1996.

Pritzkoleit, Kurt, *Wem gehört Deutschland. Eine Chronik von Besitz und Macht,* München 1957.

Rau, Joachim, *Märkte, Mächte, Monopole. Was die Wirtschaft im Innersten zusammenhält,* Zürich 2001.

Reich, Robert B., *Die neue Weltwirtschaft. Das Ende der nationalen Ökonomie,* Frankfurt am Main, 1997.

Riesman, David, *Die einsame Masse,* Reinbek 1967.

Rifkin, Jeremy, *Das Ende der Arbeit und ihre Zukunft,* Frankfurt am Main 1997.

Sakaiya, Taichi und Kakumei, Chika, *Die Geschichte der Zukunft, Der japanische Megaseller über die Zukunft von Wirtschaft und Gesellschaft,* Düsseldorf 1994.

Scheuch, Erwin K. und Ute, *Deutsche Pleiten. Manager im Größen-Wahn oder Der irrationale Faktor,* Berlin 2001.

Schmeh, Klaus, *Die 55 größten Flops der Wirtschaftsgeschichte. Krimis, Krisen, Kuriositäten,* Wien, Frankfurt am Main 2002.

Schneider, Michael, *Kleine Geschichte der Gewerkschaften. Ihre Entwicklung in Deutschland von den Anfängen bis heute,* Bonn 1989.

Scitovksy, Tibor, *Psychologie des Wohlstands. Die Bedürfnisse des Menschen und der Bedarf des Verbrauchers,* Frankfurt am Main 1989.

Simoneit, Ferdinand (Hrsg.), *49 Köpfe der deutschen Wirtschaft. Macher & Motive,* Stuttgart 1995.

Sombart, Werner, *Luxus und Kapitalismus,* München, Leipzig 1913.

Spiegel Almanach 2002, Hamburg 2001.

Statistisches Bundesamt (Hrsg.), *Statistisches Jahrbuch 2001,* Wiesbaden 2001.

Stiftung Entwicklung und Frieden, *Globale Trends 2002. Fakten Analysen Prognosen,* Frankfurt am Main 2001.

Toffler, Alvin, *Die Zukunftschance. Von der Industriegesellschaft zu einer humaneren Zivilisation,* München 1980.

– *Machtbeben. Powershift. Wissen, Wohlstand und Macht im 21. Jahrhundert,* Düsseldorf 1990.

UNDP, Bericht über die menschliche Entwicklung 1998, Bonn 1998.

– *Bericht über die menschliche Entwicklung 1999,* Bonn 1999.

Weber, Max, *Wirtschaft und Gesellschaft,* Tübingen 1976.

Weimer, Wolfram, *Deutsche Wirtschaftsgeschichte. Von der Währungsreform bis zum Euro,* Hamburg 1998.

Werner, Klaus und Weiss, Hans, *Schwarzbuch Markenfirmen. Die Machenschaften der Weltkonzerne,* Frankfurt am Main 2001.

Worldwatch Institute (Hrsg.), *Overfed and Underfed, The Global Epidemic of Malnutrition,* Washington 2000.

Register

Abfindungszahlungen 276
Abs, Hermann Josef 261
Absatzmärkte 62
AEG (Allgemeine Electricitäts-Gesellschaft) 10f.
Agrargesellschaft 24f., 39, 104 (→ Landwirtschaft)
Aktien 12, 105, 166, 202, 204, 280
– nennwertlose 202
Aktienbank 49
Aktiengesellschaft 203
Aktienkurs 9f., 166, 208, 280, 284
– Gewinne 10, 205
Aktienoptionen 278
Aktionäre 90, 203, 274
– Gleichbehandlung 277
Albrecht, Karl und Theo 162
Altersarmut 154 (→ Armut)
Altersversicherung 195–197, 255
Altertum 24f., 29, 32, 34
Analphabetenquote 135
Analysten 10, 200
Angebot und Nachfrage 75, 84, 140, 205
Angestellten-Unternehmer 9 (→ Selbstangestellter)
Anleger 212
Anlegerkapital 280
Anlegertypen 201
Anleihe 204
Anti-Corporate-Bewegung 130
Anti-Materialismus 31
Arbeit 132, 170f., 192
– als Ware 38
– flexible 171
– knapp werdende 118, 128, 192
Arbeiterklasse 61
– Ausbeutung 38
– Verelendung 52, 80
Arbeitskosten 253–255 (→ Lohnnebenkosten)
Arbeitskraft 44, 74, 189
– eingesparte 73
– Überangebot 52
Arbeitslosenversicherung 196, 198
Arbeitslosigkeit 15, 127, 132, 135, 144, 186, 194, 245
Arbeitsplätze 32, 54, 89, 267 (→ Vollbeschäftigung)

– ergonomische 56
– neue 127
– Sicherung der 218, 262
Arbeitsteilung 53, 55
– Fließbandarbeit 53
– internationale 55, 71, 232
– Skepsis gegenüber 54
Arbeitsverhältnis 64, 182, 184, 215
Arbeitsvolumen 189
Arbeitswertlehre 79
Arbeitszeiten 35, 183–186, 193, 215
(→ Normalarbeitszeit; Teilarbeitszeit)
– feste 41
– flexible 183
– freie 41
– verschwendete 268
Arbeitszeitguthaben 183
Aristokratie 29
Armut 43, 75, 91, 103, 144, 146, 149, 152, 241 (→ Reichtum)
– absolute 147, 149
– Gleichgewicht der 91
– globale 149
– in Deutschland 155
– mehrdimensionaler Charakter 153
– öffentliche 90
– relative 146
– Schere zwischen Reichtum und 146, 155, 158, 169
– Teufelskreis der 150
– zunehmende 144
Armutsbekämpfung 149, 239
Armutsrisiko 154
Aufbau Ost 258f.
Aufsichtsrat 188
Ausbeutung 38, 101
Außenhandel 237, 246
Automobilindustrie 90, 219, 224, 229, 235
– arbeitsteilige 57

Bär 10
Becker, Gary 102
Begriffe, die man kennen muss 61–65, 132–143, 214–216
Bell Laboratories 224
Bell, Daniel 176
Berühmte und weniger berühmte Ökonomen 96–98

Besitzstandswahrung 172
Bessemer, Henry 44
Bessemer-Konverter 44
Betriebsverfassungsgesetz 251
Betriebswirtschaftslehre 132
Bettencourt, Liliane 163
Bevölkerungsentwicklung 32, 40, 100, 133
Bevölkerungsexplosion 36, 38, 232
Bevölkerungsfalle 75
Bilanzfälschung 14
Bismarck, Otto von 195
Blanc, Honoré 53
Blanchard, Kenneth 112, 118
Bodenrente 72–74
Borgward, Wilhelm 262
Börse 128, 199
– schwache 160, 166
Börsenboom 13, 202
Börsengurus 121, 123
Börsenindex 203
Börsenkrise 270
Börsenkurse 159
Börsenmakler 72
Börsenspekulanten 124
Börsenverluste 168
Bosch, Robert 51
Brand → Markenname
Brandt, Willy 196
Bruttoinlandsprodukt (BIP) 133, 147, 158, 189, 245
– amerikanisches 48
– deutsches 48, 259
– englisches 48
Bruttosozialprodukt (BSP) 134, 197
Bruttowertschöpfung 267, 269
Buffett, Warren 123, 160, 163
Bulle 10
Bundessozialhilfegesetz 196 (→ Sozialhilfe)
Bundesverband Mittelständische Wirtschaft (BVMW) 270 f.
Bündnis für Arbeit 170
Bürokratie 81
Bush, George 125
Bush, George W. 234

Cheap Wealth 191
Clinton, Bill 120
Computerchip 224
Corporate Citizenship 277
Corporate Governance 276
Covey, Stephen R. 120

Daimler Benz 11
DaimlerChrysler 11, 179, 188, 266, 274, 277
Dampfmaschine 39, 44, 173, 219, 223, 225
Darwin, Charles 21 f.
DAX 203
Deflation 136
Dell, Michael S. 163
Depression 218
Deregulierung 128, 247, 257
Derivate 212 f.
Deutsche Bank 273, 278
Deutsche Telekom 279, 281
Deutscher Zollverein 46
Devisentransfer 102
Dezentralisation 114
Diamond, Jared 26
Dienstleistung 53, 181 f., 191, 240, 267
– statt Produktion 172
Dienstleistungsgesellschaft 16
– im → Mittelalter 35
Dirigismus 43, 138
Dividende 203
D-Mark-Millionäre 154, 158
Domestikation 24 f., 33
Dotcom-Unternehmen 121, 283
Drei-Klassen-System 191
Drei-Stände-Lehre 32
Dresdner Bank 273
Dritte Welt 58–60, 64, 91, 100, 130, 144, 235
Drucker, Peter F. 113
Dynamomaschine 39, 226

E-Commerce 286 f.
Economy und Business 249
Edison, Thomas Alva 11
Einkommen 84 f., 146, 154, 278 (→ Volkseinkommen)
– aus → Vermögen 190
– Ungleichheit 154
– Verteilung 190
Einkommensarmut 154
Einkommensquellen 192
Einkommensteuer
– negative 94, 204
– progressive 94
Eisenbahn 45 f.
Eisenbahnnetz 39, 46
Eiszeit 20 f., 23
Elektrische Energie 39, 150, 173
Empiriker 69

293

Energiepolitik 258
ENIAC 224, 227
Entscheidungsverhalten 103
Entwicklungsbank 49
Entwicklungshilfe 105, 241
– Schädlichkeit 94
Entwicklungsländer 58, 101, 135, 147, 151, 241
Entwicklungspolitik 100
Erfindungen und Ereignisse von besonderer wirtschaftlicher Bedeutung 225–228
Erhard, Ludwig 86, 261
Erste Welt 58f.
Erwerbsarbeit 171, 182, 214
Esser, Klaus 276
EU (Europäische Union) 244, 252f.
Eucken, Walter 63, 68, 86–88, 101
Europäische Zentralbank 245
EWWU (Europäische Wirtschafts- und Währungsunion) 244
Existenzminimum 74f.

Feudalgesellschaft 49
Financial Futures 213
Finanzanalysten 284
Finanzmärkte 10, 104
→ Globalisierung 145
Finanzprodukte 199
Fischler, Franz 252
Fiskalpolitik 247 (→ Steuer-...)
Flick, Friedrich 263
Fließbandfabrik 220
Fonds 208f.
Fondsanteile 209f.
Fondsmanager 210f.
Fondsvermögen 212
Forbes-Liste 124, 159
Ford, Henry 57, 164, 173, 220, 226
Ford-T-Modell 57, 220f., 226
Forrester, Viviane 127, 129
Freiberufler 194, 215 (→ Selbstangestellter; Selbstständiger)
Freihandel 137, 235
– internationaler 71
Friedman, Milton 14, 69, 85, 92f., 101, 136
Frühkapitalismus 23, 130 (→ Kapitalismus)
Fusionen 272 (→ Übernahmen)
– gescheiterte 273
– Mega-Fusionen 275
Futures 212f.

Galbraith, John Kenneth 88–92
Gates, Bill 160–162
GATT (Allgemeines Zoll- und Handelsabkommen) 236, 240
Geld 13, 135, 152
– geringer Stellenwert 158
– vernichtetes 13, 274
Geldpolitik 136, 247
Geldverleih 205
General Motors 188
Generationenvertrag 197
Gerken, Gerd 117
Gesellschaft
– Grundübel der 38
– Klassengesellschaft 61
– klassenlose 58, 78
– Ungleichheit in der 23, 29
Gesundheitskosten 88, 91
Getty, Paul 164
Gewerkschaften 192–194
Gewinne, investierte 50, 79
Gigareiche 157f., 163f.
– *Forbes*-Liste 160
Gleitzeit 183
Global Sourcing 180, 235
Globalisierung 16, 26, 72, 101, 124, 128, 137, 144, 170, 242, 272, 278
– Folgen 103, 194
– Komplexität 131
Globalisierungsgegner 95, 102f., 126f., 130, 152, 171, 239
Globalsteuerung 246
Graham, Benjamin 199
Großaktionäre 188
Grundig, Max 264

Handel 35f., 137, 256
– Beschränkungen 46, 48
– Fernhandel 36f.
Handwerk 35, 49 (→ Zunft)
– Sonderstellung 35
Hayek, Friedrich August von 97, 100f.
Hedge-Fonds 124, 212
Hedley, William 45
Hidden Champions 267
High Net Worth Individual (HNWI) 156
Hochgeschwindigkeitswirtschaft 11f.
Hochindustrialisierung 48, 171 (→ Industrialisierung)
Höller, Jürgen 120
Holzmann 15, 248
Horx, Matthias 117, 189

Human Development Index (HDI) 102, 149
Hunger 103, 150

Ich-AG 194
Ikea 162
Indexzertifikate 203
Individualisierung 16, 43, 171, 177, 183
Industrialisierung 20, 39, 58, 169f., 217, 220, 222, 236
- Aufwärtsbewegung 46
→ Dritte Welt 91
- Entwicklungsphasen 52
- frühe 21, 52, 54, 144, 188
Industriegesellschaft 92, 170
Industriekapitalismus 80 (→ Kapital-...)
industrielle Produktion 47, 53, 58, 60
industrielle Revolution 29, 38f., 49, 60, 79
- in Deutschland 45-47
- in den USA 47f.
- in England 42-47
Infineon Technologies AG 265, 279
Inflation 73, 135
Information, asymmetrische 104
Informationstechnologien 272
Informationsungleichgewicht 104
Informationsverarbeitung 224
Informationsvorsprung 105
Innovationen (technische) 49, 83, 217f., 266
Internationaler Währungsfonds (IWF) 105, 236, 239
Internet 13, 178, 224, 284, 286f.
Interventionismus 138 (→ staatliche Einmischung)
Invalidenversicherung 195
Investition 139, 151, 246
Investitionsgüter 84
Investitionsplanung 87
Investmentbanking 10, 272
Investmentfonds 210

Jäger und Sammler 23
Jobhopper 185, 215
»Jobless Growth« 189
Johnson, Spencer 112, 118
Junkbonds 206

Kampf ums Dasein 21
Kamprad, Ingvar 161f.
Kapital 44, 125, 170
- Grenzleistungsfähigkeit 84
- konstantes 79
- und → Arbeit 170-172
- variables 79
Kapitalbesitzer 38, 49, 60, 90, 124, 187
Kapitalerhöhung 203
Kapitalgesellschaft 49
Kapitalismus 79
- protestantische Grundlage 80
- Zusammenbruch 82
Kapitalisten 50, 80, 187f.
Kapitalprofit 79
Kartelle 48, 247, 250
Kartellgesetz 142, 247, 250
Kaufkraft 147
Keynes, John Maynard 68, 78, 82-86, 92, 95
Kinderarbeit 41, 64
Klassenbewusstsein 61 (→ Arbeiterklasse)
Klassengesellschaft 61
Klassenunterschiede 58
Klein, Naomi 129f.
Kleinaktionär 187
Kleptokratie 29, 62, 105
Kohl, Helmut 196
Kollektiveigentum 58
Kolonialismus 22, 59, 62
Kommunismus 78
- Zusammenbruch des 59
Kompromisswirtschaft 88
Kondratjew, Nikolaj 218
Kondratjew-Zyklen 218f.
Konjunktur 139
Konjunkturkrise 272
Konkurrenzkampf 23 (→ Wettbewerb)
Konsumgesellschaft 39, 56, 140
Konsumgüter 84
Kooperation 24
Kostolany, André 121-123, 200
Krankenversicherung 191, 195, 197
Krankenversorgung 90
Kredite 48, 263, 270
Krupp 51, 232, 275
Kulturformen 24
Kultursponsoring 129
Kursgewinne 10, 204 (→ Aktienkurs)
Kurzzeitarbeitsverhältnis 183 (→ Arbeitszeit)

Laissez-faire-Wirtschaft 63, 86
Landwirtschaft 31, 52, 58, 60 (→ Agrargesellschaft)
- nicht lohnende 33
- staatliche subventionierte 26f., 252f.
- Verstädterung 52, 59

295

Lebensarbeitszeit 185
– verlängerte 197
Lebenserwartung 133, 143, 185
Lebensstandard 143, 171, 191, 193, 217
Lernen, lebenslanges 172, 186
Liberalismus 62
– wirtschaftlicher 62
Lifestyle-Produkte 35
Löhne 72, 87, 140, 193
– leistungsorientierte 56
Lohnnebenkosten 255
Lohnniveau 132
– natürliches 74
Lucas jr., Robert E. 102
Luxus 30, 35f., 63

Machiavelli, Niccolò 36
Makroökonomie 138
Malthus, Thomas 22, 68, 75f., 141
Managementfehler 269
Management-Gurus 67, 113, 116
Managementindustrie 112
Managementtheorien 112f., 131 (→ Mäuse-Strategie)
Manager 11, 187
Manchester-Liberalismus 50, 63
Margins 213
Markenkampagnen 129f.
Markenname (Brand) 129, 166, 285
– als Schandmale 130
Markt 140
– freier 104
– unsichtbare Hand 71, 83, 100
– Wachstum 70
Marktfähigkeit 11
Marktführer 285
Marktgleichgewicht 141
Marktkapitalisierung 280ff.
Marktposition 273
Marktwirtschaft 59, 140, 218
– soziale 86, 198
Marx, Karl 11, 68f., 77–81, 142, 170, 172f., 191
Massenarbeitslosigkeit 52
Massenarmut 52
Massenkonsum 48
Massenproduktion 48, 57, 273
Massentourismus 263
Materialistische Orientierung 26f., 30
Mäuse-Strategie 66, 119
Mehrwert 79, 142, 285
Merkantilismus 43, 64, 71
Microsoft 160–162

Mikroökonomie 103, 131, 138
Mikroprozessor 227f.
Mill, John Stewart 68
Minuten-Manager 119
Missmanagement 114
Mitbestimmung 170
Mittelalter 26f., 31–35, 37, 65
Mittelmeerraum 37
– als Wirtschaftsraum 32
Mittelstand 49, 61, 264, 267f.
Mixed Economy 100
Mixed Income 190
Mobilität 39, 217
– vertikale 95
Monetarismus 86, 92, 136
Motivationsgurus 121
Mr. Market 199f.
Münemann, Rudolf 263
Myrdal, Gunnar 100

Naisbitt, John 112, 116–118, 189
Nationalökonomie 70, 131, 141
Nationalstaaten 28
Neckermann, Josef 263
Nemax 203
Nennwertaktie 202
Neoliberalismus 63, 92, 100, 104, 247
Neuer Markt 13, 284
New Economy 234f., 283–286
Nobel, Alfred 98
Normalarbeitsverhältnis 182, 184 (→ Arbeitsverhältnis)
Normalarbeitszeit 184, 186 (→ Arbeitszeit)
Nullkupon-Anleihen 205

Oberschicht 61
OECD 242
Ökonomen, berühmte 96–98
Ökonomie 16 (→ Wirtschaft-...)
– als Philosophie 14
– bargeldlose 191
– Menschenwürde 14
Ökonomischer Code 14
Old Economy 283, 286
Oligopole 90f.
Opaschowski, Horst W. 118
Optionsanleihen 207
Optionsprämie 213
Optionsrecht 207, 213
Optionsscheine 207f., 212
– nackte 207
Ordoliberalismus 63, 86
Otto, Werner 264

Perquel, Adrien 121
Peters, Thomas J. 112, 114 f., 118, 127
Pflegeversicherung 197
Pierer, Heinrich von 265, 277
Planwirtschaft 86, 101, 141
- zentralistische 60
Popcorn, Faith 117
Popper, Karl R. 67, 124
Portfolio 202, 210
Preisgestaltung 89
- Mittelalter 34
Preisniveau 136
Produktion, industrielle 141, 188, 217, 222
Produktionskapital 199
Produktionssteigerung 103
Produktivität 72 f., 93, 128, 252
Produktivitätsverlust 268
Profit 142
Profitrate 79
Pro-Kopf-Einkommen 149, 217 (→ Einkommen)
Protektionismus 137
Provisionen 10, 156

Quandt, Johanna 163
Quartalsbericht 9

Rathenau, Walter 10 f.
Rationalisierungsdruck 272
Reagan, Ronald 93
Reich, Robert B. 180 f.
Reichtum 29, 43, 152, 167, 169 (→ Armut)
- materieller 31
- mehrdimensionaler Charakter 153
- persönliche Leistung 51
- relativer 146
- zunehmender 144
Rendite 168, 206
Rente 187, 196–198
Rentenpapiere 211
Rentenversicherung 196, 198
Reuter, Edzard 11
Rezession 218 f.
Ricardo, David 68, 72–74, 79, 141
Ricupero, Rubens 241
Riester-Rente 198 (→ Rente-...)
Robbins, Anthony 120
Rockefeller, John D. 164
Rogers, Jim 124
Rueff, Jacques 245

Samuelson, Anthony 100
Sauvy, Alfred 59

Say, Jean-Baptiste 68, 76
Saysches Theorem 77
Schiller, Karl 247
Schlieker, Willy 261
Schrempp, Jürgen E. 266
Schumpeter, Joseph Alois 68, 78, 82
Schwellenländer 60
Selbständiger 41, 183, 185, 215
→ Arbeitszeiten 183
Selbstangestellter 41 f., 172, 194, 215
Selten, Reinhard 99
Sen, Amartya Kumar 102
Shareholder-Value 265, 274
Shortselling 124
Siemens 11, 265 f., 277, 282
Siemens, Werner von 39, 226
Sklaverei 30, 47, 64
Smith, Adam 63, 68, 70–72, 79, 141
Solidarität 194
Solow, Robert 217
Sonntagsarbeit 195
Soros, George 124 f.
Sozialabgaben 189, 191
Sozialdarwinismus 21
Soziale Gerechtigkeit 95, 101, 144, 194
soziale Partnerschaft 170
Sozialgesetzgebung 195
Sozialhilfe 197
Sozialismus 83
Sozialstaat 192, 195
Sozialversicherung 196
Spekulant 121
Spence, Michael 105
Spezialisierung 174 f.
Staat, traditioneller 26 f.
- Bereitstellung von Grundfunktionen 77, 92
Staatliche Einmischung 30, 43, 63, 71 f., 77, 83, 92, 95, 248
- Ablehnung 101 f.
- im → Ordoliberalismus 86
- in Krisenzeiten 84
Stabilitätsgesetz 144, 249
Stahlmarkt 44 f., 232 f.
- Schutzzölle 234
Stammaktien 203
Standardisierung 173–176
Start-up 284, 286
Stephenson, George und Robert 45
Sterbekassen 65
Steuereinnahmen 77
Steuererhöhungen 246
Steuern 29

297

- progressive 87, 94
Steuerpolitik 76, 246
Steuersenkungen 77, 85
Stiglitz, Joseph 105, 240
Symbolanalytiker 180f.
Synchronisierung 174, 176

Tauschhandel 30, 70f., 191
Taylor, Winslow 55
Taylorismus 55f.
technischer Fortschritt 34, 38f., 44, 220f.
Technologievorteile 272
Technostruktur 90
Teilzeit- und Befristungsgesetz 251
Teilzeitarbeit 184, 251 (→ Arbeitszeit)
Telekommunikation 13, 178, 230f.
Terminbörsen 213
Thatcher, Margaret 93, 125, 184
Theoretiker 69
Theorie der rationalen Erwartungen 102
Tobin, James 101
Tobinsteuer 102
Toffler, Alvin 116
Träger des Nobelpreises für Wirtschaftswissenschaften 106–110
Transaktionsvolumen 272, 275
Transformationsländer 59, 150
Transistor 224, 227
Trendforschung 116–118
Tribut 29

Überflussgesellschaft 89
Übernahmen 10, 264, 272f.
- feindliche 275
- Megaübernahmen 275
Ultra High Net Worth Individual (UHNWI) 156
Umverteilungsprogramme 151
Umweltbedingungen, bessere 20, 23
Umweltbelastungen 91
Umweltkosten 88
Umweltpolitik 257
Umweltschutz 90, 278
UNCTAD 241
UNDP (Entwicklungsprogramm der Vereinten Nationen) 149
Unfallversicherung 196, 198
Ungleichheit 24, 29, 94, 144
Ungleichverteilung (von Gütern) 24, 144
Universalbanken 49
UNO 76, 133, 145, 236, 238

Unterernährung 150
Unternehmen 139, 188, 264, 279
- als »Bürger« 277
- börsennotierte 276
- dezentral geführte 113
- mit beschränkter Haftung 87
- Mitbesitzer 203 (→ Aktionär)
- mittelständische 180, 264, 267
- soziales Engagement 277
- transnationale 145, 151
Unternehmen, größte
- Deutschland 282
- Europa 280
- Welt 281
Unternehmensgewinne 188
Unternehmensgründung 121
Unternehmenskrisen 271
Unternehmenskultur 180, 274
Unternehmensranglisten 279
Unternehmensstrategie 10
Unternehmensvermögen 157 (→ Vermögen-...)
Unternehmer 11, 49f., 60, 187f., 248
- Zukunftshoffnungen 84
Unterschicht 61

Verlagssystem 36
Vermögen, zu vererbendes 190
Vermögensmillionäre 154, 161–168
Vermögensverteilung 154, 190
- Ungleichgewicht 153
Versandhandel 48
Verschuldung 154
Verteilungswirtschaft 86
Verzinsung 205
Völkerwanderung 27
Volkseinkommen 72, 74, 142, 246 (→ Einkommen; Wertschöpfung)
- Verteilung 87
Volkswirtschaftslehre 104
Vollbeschäftigung 15, 33, 85, 127, 132, 183, 250
Vorzugsaktien 203 (→ Aktien)

Wagniskapital 271
Wal-Mart 164f.
Walton-Familie 160–162, 164f.
Warentermingeschäfte 213
Was der Staat nimmt, was er gibt 260
Waterman, Robert H. 114f.
Watt, James 44, 225
Weber, Max 68, 80f.
Weltbank 147, 236, 240

Welthandelsorganisation (WTO) 240
Weltwirtschaftskrise 84, 196
Wertpapiere 13, 156, 213 (→ Aktie)
– festverzinsliche 205
Wertpapierfonds 211 (→ Fonds-...)
Wertschöpfung 134, 142, 164, 222
Wettbewerb 23, 86, 142, 250
– freier 63
– konkurrenzfähiger 79
– Verzerrung 247
Wettbewerbsbeschränkung 142, 247 (→ Kartell-...)
Wettbewerbspreise 258
Wettbewerbswirtschaft 101, 247
Wirtschaft 16 (→ Markt-...; Ökonom-...)
– durch den → Markt gesteuerte 31
– »glokale« 179
– menschenwürdige 86
– unsichtbare Gesetze 66
– Zunahme der Konzentration 80
Wirtschaftsdarwinismus 20–22
Wirtschaftshistoriker 30
Wirtschaftsnobelpreis 92, 98, 100, 106–110
Wirtschaftspolitik 255, 257
– antizyklische 249
Wirtschafts-Triade 15
Wirtschaftswachstum 15, 143, 217 f., 220
– ohne neue → Arbeitsplätze 189
Wirtschaftswissenschaft 19, 22, 70, 82, 99, 106, 111, 132
Wissensarbeiter 114

Wissensgesellschaft 16, 172, 177, 180, 285
Wissensökonomie 104
Wohlfahrtsstaat 92, 101
Wohlstand 19, 90, 143, 156, 190 (→ Lebensstandard)
→ Arbeitsteilung 70
– Bevölkerungsfalle 75
– für alle 72
→ Sklaverei 47
– wachsender 73 f.
Wohlstandsberg, wandernder 190
Wohlstandsgesellschaft 89
Wohlstandswende 118

Zeitlohn 216 (→ Arbeitszeit)
Zeittakte 178
Zentralisierung 174, 176
Zinskupons 205
Zinssenkungen 85
Zölle 29
– Ablehnung 77
Zollschranken 46
Zukunftsforschung 189
Zunft 35, 65
→ Industrialisierung, Behinderung der 48
Zunftzwang 65
Zusammenfassung 37, 60, 130, 169
Zuse, Konrad 224, 227
Zuteilungswirtschaft 86
Zweite Welt 58 f.
Zweiter Weltkrieg 59, 86, 112, 162, 217, 219, 236, 246

dtv zum Thema Wirtschaft:
kompetent und aktuell

Francis Fukuyama
Der große Aufbruch
Wie unsere Gesellschaft eine
neue Ordnung erfindet
Übers. v. K. Dürr und
U. Schäfer
ISBN 3-423-36271-5

Niall Ferguson
Politik ohne Macht
Das fatale Vertrauen in die
Wirtschaft
Übers. v. K. Kochmann
ISBN 3-423-36307-X

Harald Klimenta
**Was Börsen-Gurus
verschweigen**
12 Illusionen über die
Finanzwelt
ISBN 3-423-36282-0

Frank Lehmann
Wirtschaft
Worauf es wirklich ankommt
ISBN 3-423-34096-7

Joan Magretta
Basic Management
Alles, was man wissen muß
Übers. v. M. Bauer
ISBN 3-423-34064-9

Justin Martin
Alan Greenspan
Eine Biographie
Übers. v. K. Binder
ISBN 3-423-36301-0

Thomas Öchsner (Hg.)
Die Riester-Rente
Strategien für eine gesicherte
Altersvorsorge
Aktualisierte Neuausgabe 2003
ISBN 3-423-34042-8

Amartya Sen
**Ökonomie für den
Menschen**
Wege zur Gerechtigkeit und
Solidarität in der Marktwirtschaft
Übers. v. C. Goldmann
ISBN 3-423-36264-2

Bernd Senf
**Die blinden Flecken der
Ökonomie**
Wirtschaftstheorien in der
Krise
ISBN 3-423-36240-5

Linus Torvalds
David Diamond
Just for Fun
Wie ein Freak die Computerwelt revolutionierte
Die Biografie des Linux
Erfinders
Übers. v. D. Märtin
ISBN 3-423-36299-5

Bitte besuchen Sie uns im Internet: www.dtv.de

»Money-Coach Bodo Schäfer rüttelt auf und vermittelt
sofort umsetzbares Wissen.«
Süddeutsche Zeitung

Bodo Schäfer
Der Weg zur finanziellen Freiheit
Die erste Million

ISBN 3-423-34000-2

Ist Geld Ihr Sorgen-Thema? Der Autor verrät Ihnen bewährte Geheimnisse über den Aufbau von Reichtum, und er liefert Ihnen verblüffend einfache, aber sofort wirksame Techniken zum Umgang mit Geld: Wie Sie schnell Ihre Schulden loswerden. Wie Sie richtig sparen und dabei ein Vermögen aufbauen. 11 überraschende Methoden, mit denen Sie sofort Ihr Einkommen erhöhen. Insiderwissen über Geldanlagen, das Ihnen keine Bank verrät.

»Mit Sachkenntnis und Schreibwitz... nimmt er den Leser
an die Hand.«
Focus

»Unter der Vielzahl von Büchern, die sich mit dem besten
Weg zu Wohlstand und Reichtum beschäftigen,
ragt dieses weit heraus.«
Die Welt

Die Gesetze der Gewinner
Erfolg und ein erfülltes Leben

ISBN 3-423-34048-7

Bodo Schäfer hat 30 leicht nachvollziehbare Strategien entwickelt, die beruflichen und persönlichen Erfolg befördern. Jedes Gesetz wird ausführlich erklärt und enthält einen Praxisteil mit Übungen, die der Leser gleich ausprobieren kann.

Bitte besuchen Sie uns im Internet: www.dtv.de

Amartya Sen

Ökonomie für den Menschen
Wege zu Gerechtigkeit und Solidarität
in der Marktwirtschaft
Übers. v. C. Goldmann

ISBN 3-423-36264-2

Als einer der bedeutendsten Wirtschaftstheoretiker der Gegenwart fordert Amartya Sen die Moral in der Marktwirtschaft ein und packt das Weltproblem Nr. 1 an: die sich immer weiter öffnende Schere zwischen dem global agierenden Turbokapitalismus und der zunehmenden Arbeitslosigkeit und Verarmung. Eindringlich stellt der Nobelpreisträger dar, dass Freiheit, Gleichheit und Solidarität
fundamentale Voraussetzungen für eine prosperierende, gerechte Weltwirtschaft sind. Eine Programmschrift, die ökonomische Vernunft, politischen Realismus und soziale Verantwortung zusammenführt.

»Man kann all das Kluge, was Sen vorträgt,
gar nicht oft genug sagen und lesen.«
Frankfurter Allgemeine Zeitung

Bitte besuchen Sie uns im Internet: www.dtv.de